JN211683

フランス料理の歴史

ジャン＝ピエール・プーラン
エドモン・ネランク
辻調グループ 辻静雄料理教育研究所
山内秀文＝訳・解説

角川文庫
20266

Jean-Pierre POULAIN et Edmond NEIRINCK:
"HISTOIRE DE LA CUISINE ET DES CUISINIERS"
© Delagrave édition, Paris, 2004
This book is published in Japan by arrangement with
Editions Albin Michel, through le Bureau des Copyrights Français, Tokyo.

ソフィーとヴィクトールに
「食べる」とは、どんなことなのかを
わかってくれるように……

J.-P.プーラン

序に寄せて

教育者としての道を選んだ二人の料理人、エドモン・ネランクとジャン＝ピエール・プーランの研究と協力の結実たる本書を、ここにご紹介できることをとてもうれしく思っています。

この著作は、料理人についての知識の空白を埋め、また必要に応ずるものといえます。プロの料理人やレストラン、美食に興味をお持ちのあらゆる方々にとって、手放せない道具のひとつになることでしょう。内容は、料理の進歩の要因を見いだすべく、ちょっとした挿話から多様な事例におよびます。料理史を作り上げる様々な出来事の研究から明らかなように、生活における他の分野と同様、料理の歴史もまた、絶えざる変化にさらされています。こうした変化をとらえることによって、料理人の料理は刷新され、また、変化を先取りすることさえできるのです。著者の言葉を借りれば、まさに「過去は未来の根」にほかなりません。

真摯《しんし》で申し分のない労作ですが、けっしていかめしい書物ではなく、小説でも手にしているように次の場面への興味に駆られ、飽きることがありません。『フランス料理の歴史』は、その上、偉大な料理人やミステリアスな料理名への常備の手引きにもなることかと思います。

料理の知識が文化という次元につながっていく面もとても重要です。すべての料理人にとって、また、美食の洗練が文明の反映であることを理解している方々にとって、これは見落とすわけにはいきません。

トゥールの「職人の遍歴修業博物館」に、ギリシャの哲学者アナクサゴラスの銘文が展示されています。「人は考える、なぜなら手を持っているからだ」。巧緻《こうち》と熟慮をうかがわせる仕事、すなわち傑作と呼ばれるための条件は、内省と行動の二つです。技術の進歩はうんざりするような仕事の繰り返しを減らし、考えるという余裕が生まれます。個性を身につけるのに必要な栄養を、文化が精神に与えるのです。こうして料理人は創造的、独創的になり、ここに、新しい知性の時代の中で、料理人の生きる道が生まれるのです。

二人の同業者によるこの著作が、教養ある料理人への扉を開いてくれることでしょう。科学が技術を、そして文化は芸術をもたらすのです。

ジョエル・ロビュション

目次

人物コラム――スーパーシェフ&偉大な食通一覧（掲載順）

はじめに

フランス、イギリス、アメリカを中心に数多くのフランス料理の歴史を扱った本が出版され、邦訳されたものも少なくない。そんな中でこの本の最大の特徴、それは終始グランド・キュイジーヌ、オート・キュイジーヌと呼ばれる最高料理の流れに焦点をあてて、フランス料理の歴史をたどっているということだ。料理、料理法・技術、調理器具、調理設備、食材、サーヴィス方法、食事のマナーそして料理人と美食家などを素材として、社会学、文化人類学的な視点を交えて、フランス料理の流れがつむがれてゆくが、その視線の先には常に現代のオート・キュイジーヌがある。

このようにオート・キュイジーヌに重点を置いているのは、もともとこの本が、主に料理人（キュイジニエ）と特にフランスのホテル・調理関係の学校で学ぶ学生を対象に刊行された、プロのためのフランス料理史だから、ということが大きな要因である。そのためもあって、特に料理法・調理技術の変遷とサーヴィス形態の変化に関しては、非常に詳細で精緻《せいち》な分析がなされている。また、料理史を彩るアルケストラトスからタイユヴァンを経て現代のアラン・デュカス、マルク・ヴェラにいたる47名の大料理人、美食家を本文と別にコラムを設けて業績を取り上げていて、この部分だけでもフランス料理史の小列伝といえる充実した内容になっている。これも本書の大きな特色である。

アナル派の歴史観が台頭してからは、大衆的な料理、日常食と高級料理を等価に扱う歴史書が多い。もちろんこうした歴史の捉《とら》え方も重要だが、ただフランス料理が普遍的な料理として世界に君臨している理由を考慮すれば、高級料理に焦点をあてた料理史は、ある意味で本道といえるし、日本のプロの料理人、料理の愛好家にとっては納得しやすく、かつ実用的なフランス料理史といえよう。

原書(洋書)の初版は1988年に刊行され、ここに訳出した2004年版は5度目の改訂にあたる。今回の改訂では各時代とも増補が行なわれているが、特にヌーヴェル・キュイジーヌ以降、エル・ブリ現象に至るまでの現代のフランス料理史が大幅に加筆されている。そこで語られる現在のフランス料理の鋭い状況分析は、この本に新たな魅力を与えているといえるだろう。

原書初版は、1994年に辻静雄料理教育研究所のスタッフだった藤井達巳氏、故藤原節さんの翻訳で同朋舎出版から刊行、改訂版は山内の翻訳で、2005年に学習研究社から出版されている。

角川ソフィア文庫に所収されるにあたって、2005年の翻訳に手を入れ、また巻末に2005年以降のフランス料理の動向を追加した。もともとプロの料理関係者向けに翻訳したこともあり、本文中の調理法、料理名などは、ほぼフランス語発音の日本読み表記にしている。一般読者の方々には、少し解りづらいかもしれないが、章末の原注の翻訳・訳注を参照していただきたい。
終わりに、改訂版に続いて編集作業に尽力いただいた林崎豊さん、そして、この翻訳に再び光を当ててくださった、KADOKAWAの泉実紀子さん、大林哲也編集長にお礼を申し上げます。

辻静雄料理教育研究所　山内秀文

編集注記

・本書の本編は、フランス料理史の時代区分ごとに、【訳出本文→注釈→人物コラム】という三部仕立てで構成されています。
・注釈は、欧文原書に付された原注と翻訳者の裁量で加えた訳注との2段構えになっています。当該箇所の行間に、原注は括弧（）で、訳注は約物＊で、各々それと表示しています。そこに添えられた数字は、その時代区分内での通し番号です。
・人物コラムの原稿は専ら、共著者の一人エドモン・ネランク氏の手になるものです。各コラムの末尾にある署名「E.N.」は同氏のイニシャルです。

アペリティフがわりに

料理の誕生は、人類の歴史の始まりとみなされることがある。現代の人類学者たちは、火を使った料理と技術の記憶をもって、人類文化の真の出発点とするほどなのである。

私たちの遠い親戚《しんせき》、霊長類の研究では、食行動を大きく二つのタイプに分けている。この二つは、いまだに現代人の中にも残っているらしいのだ。

◎移動しつつ食べること。すなわち、採集である。木の実、果物、穀物、小動物などを見つけたら、とって食べる。食事がきっちり準備されることはない。これは、樹上生活の小霊長類の行動である。この行動様式は、現代の昼食や、17、18世紀のフランス式サーヴィスに、部分的に見られる。

◎決まったスタイルで食事をとること。これは、狩猟で食物をとったり、栽培（農業）をするための集団を想像させる。仕事の分担や、みなそろっての食事があらわれる。草原にすむ大型の猿の行動に見られる。

先史時代の料理は、おもしろいテーマではあるが、この本の枠組みを大幅に越えるため、とりあえずここでは、料理技術の発達をもたらした大きな発見を記述するにとどめよう。

火で料理すること

火は調理の第一歩である。狩りや、漁や、採集でとってきたものを、直火《じかび》で焼いたり串《くし》に刺してあぶったりすることはもちろん、燻製《くんせい》にすることもできる。こうして調理することは、味を調え、洗練し、食べやすくするばかりではなく、保存の手段にもなるのである。

加熱の方法を増やすには、そのための道具の発明をまたねばならない。熱の当たりを分散するものや、液体の中での加熱を可能にする容器類である。こうした道具は、鉄器時代以前にすでに使われていた。フライパンやソトワールの先祖はしかし、真っ赤に熱せられた、ただの石板である。直接火に当てずに加熱することができるので、穀物を挽《ひ》き水分を加えて作るガレットを、焦がさずに焼けるようになった。

水を沸かして加熱できる最初の容器は、革袋や土器である。中に水を入れ、真っ赤に熱した小石を投げ込む。小石の熱によって水は沸騰する。これを繰り返し食材に火を通す。

火にかけられる土器や、とりわけ鋳物の容器が発明されて以来、上記の方法はすっかり姿を消した。

ここで、以後何世紀にもわたって人類の食事の基礎になる二つの料理が登場する。スープと穀物粥《がゆ》である。

基本的発見「発酵」

食物の貯蔵は、人類の食のうえで、昔も今も大きな問題である。加熱に続いて、食習慣を革命的に変えた発見は、発酵であった。まず第一に、発酵は、短期間で傷んでしまう食べ物や飲み物を保存する手段で、普通なら腐敗をもたらす要因を利用する逆説的な方法である。もちろん発酵のメカニズムを理解したうえではなく、経験的に発見されたのであろう。

また、発酵は保存手段のみにはとどまらない。葡萄《ぶどう》など果物類のジュースや、穀物と水の混ぜ物を発酵させる例を見ればわかるように、口あたりや風味をすっかり変えてしまうのである。穀物を発酵させれば、乾いて固いガレットが、ふっくらとしてなめらかなパンに変わる。

また、果物や穀類を使って、アルコール飲料、つまりワインやビールを作り出す。日持ちして口に美味《おい》しく、そのうえ、人を酔わせて会食を盛り上げる飲み物である。牛乳への作用も驚くべきものがある。あの傷みやすく均質な液体から、無数の種類のチーズを生み出すことができるのである。

ギリシャ人とローマ人

この本のテーマはフランス料理に限られるが、フランス文化自体の起源は、古代ギリシャ・ローマを源とする西洋の伝統に深く結びついている。そのため、ギリシャのアルケストラトスやローマのルクルス、アピキウスなど著名な人物の名を紹介するとともに、古典古代の美食と食卓作りについて少しだけ書いておきたい。

古典古代の食べ物と料理は、神話的な儀式にそって、構成されていた。バッカスからコムス[*1]にいたる神々は、儀式上、特定の食べ物や、ときには特定の食事にさえ結びついていた。

ディオニュソス祭[*2]やバッカナーレなどのローマの酒神祭については、このようなことを念頭においたほうがよい。放埒《ほうらつ》な振る舞いしか見ないと、古典古代の人びとの神秘主義的、宗教的な側面を見落とすことになる。

さて、加熱方法の面では、ギリシャ・ローマ人は、三つの基本的なテクニックを知っていた。ロティ（火であぶること）、ブイイ（ゆでること）、ラグー（煮込むこと）である。

この三つには、象徴的な序列があって、各々の方法は、人類のおかれた状態と、進歩の方向を示すのである。

ギリシャ世界についての卓越した専門家、マルセル・ドゥティエンヌ*3が次のように述べている。

「あぶることからゆでることにいたる順序は、時間的であると同時に、文化的な意味も持っている。これは、未熟から成熟にいたる人間の進歩の順序づけであり、また次のようなことも含意する。つまり、人は煮込み料理の技術を身につける以前には、火であぶったものを食べていた、ということである」。

葡萄酒は、必ず何かで割って飲んでいたことにも注目しよう。海水、タール、樹脂、石炭、大理石の粉など、驚かずにはいられぬものが数多くある。

また料理には、無分別に思えるほどの量の香辛料（古典古代から中世にいたるまでよく見られる）が、ローマ人の好んだガルムとともに用いられている。ガルムというのは、魚の内臓を発酵させて作った調味料で、ベトナム料理のニョク・マムに似たものかと思われる。

ただしフランスの美食は、一方でゴール人の料理、つまり、彼らのシャルキュトリ[*4]と大麦ビールの醸造技術の遺産であることも忘れてはならない。

以上、いくつか道しるべを立てたところで、フランス料理と料理人の研究に移るが、料理の仕事は、サーヴィスの仕事と食卓の作法に分かち難く結びついていて、この三者のうちのいずれかの要請が他の二者に影響を与えることがある。そのような理由で、この書物には、次のような副題を与えたい。「中世から現代にいたるフランスの料理技術と食卓をめぐる慣行について」。

＊1　コムス（Comus）　古代ローマの美食の神。シレノスとともに、食卓のあらゆる楽しみを司る。

＊2　ディオニュソス祭　ディオニュソスに捧げられる祭。祭の間中おびただしい量のワインが飲まれ、性的な乱行もみられた。バッカナーレはバッカスに捧げられた祭でディオニュソス祭のローマ版である。

＊3　マルセル・ドゥティエンヌ（Marcel Detienne）

＊4　シャルキュトリ（Charcuterie）　豚肉加工の技術。

Archestrate　アルケストラトス　（紀元前4世紀）

アルケストラトスは紀元前4世紀、当時ギリシャの植民都市だったシチリア島のジェラで生まれた。アテネの大政治家ペリクレスの息子の友人だったといわれている。アルケストラトスは料理人だという説もあるが、正しくはない。美食に好奇心を燃やしていたこの人物は、詩人にして大旅行家でもあり、広大なアテネ領内を巡り歩き、食材と土地ごとの料理の詳細な研究を残した。彼は、食習慣と文明の密接な結びつきを理解していた。

遍歴の末、アルケストラトスは一冊の書物を出版する。『アルケストラトスの美食術』とか『美食学（ガストロロジー）』とか、ギリシャ学者にいろいろな書名で呼ばれている著作だ。この書物は、彼の経験と発見とを詳述した体系的研究という形をとっていたらしい。ただ残念なことに、ほんのわずかな断片しか今日に伝わっていない。

その大食ぶりにもかかわらず、アルケストラトスはひどくやせていた。「アルケストラトスのように軽い」といういい回しが残っている。

E.N.

Lucullus　ルクルス　（紀元前106—紀元前39）

ルキウス・ルキニウス・ルクルスは紀元前106年頃、ローマの執政官の家に生まれ、文学、哲学、兵法を修める。

知に富み聡明《そうめい》で、将軍としてパルティア王ミトリダテスとの戦いをはじめ数多くの遠征に勝利を収め、敵に恐れられた。しかしご多分にもれず、兵士たちの反乱にあい、ローマに帰還せざるをえなくなる。しかし度重なる遠征の間に、彼は巨万の富を築いていた。

この財産を費やして、ルクルスは数々の富裕と贅沢《ぜいたく》の伝説を作り上げる。ローマでは、彼の名を冠した「ホルティ・ルクラム」という極めて美しい庭園を町中に作らせた。夏の間居を移したトゥスクルムには、数多くの美術品を収集する。またナポリでは、海水の生簀《いけす》に給水するために送水路まで引いている。

ローマの邸宅の居間は、それぞれ違った神に捧《ささ》げられていた。部屋ごとに異なる調度品、祭壇、料理が用意され、それぞれ招待客の身分によって、また彼らに示す敬意の度合いによって使い分けられた。その目を見張るような宴《うたげ》には、キケロやポンペイウス、カトーらも招かれている。

こうして彼は莫大《ばくだい》な富を費やしていったのだった。ルクルスの名は、富裕の象徴となり、また、トリュフやフォワ・グラを使った古典的料理の数多くのルセットに、この輝かしい名が与えられている。

過って処方された媚薬《びやく》を飲んで命を落としたとされる。享年67歳。

E.N.

Apicius　アピキウス（紀元前91年から紀元192年の間）

三銃士というわけではないが、古代ローマには、アピキウスの名で呼ばれる人物が4人いる。ただし、資料が極端に少ないので、その事績と時代考証は十分に慎重を期する必要がある。

4人のアピキウスは、ルキウス・コルネリウス・シッラ（紀元前91年）からティベリウス、ネロ、トラヤヌスら諸皇帝を経て紀元192年のコンモドゥス帝にいたる各時代に登場する。

この同姓の4人のローマ人には血のつながりはないが、食卓への執着ぶりにはどこか共通したところがある。

トラヤヌス帝時代（紀元98年―117年）のアピキウスは生牡蠣《なまがき》の保存方法の発明者として知られている。

しかし、彼らのうちで最も有名なのは、もちろんネロ帝時代のマルクス・ガウィウス・アピキウスである。ネロの相談役だった大哲学者セネカも、その著作の中でこのアピキウスを引用している。

大美食家アピキウスは大勢の料理人を雇い、完璧《かんぺき》な技法を駆使して洗練された料理を創造した。使う食材の質にも気を配り、例えば、乾燥いちじくと蜂蜜《はちみつ》入りの葡萄酒で牝豚《めすぶた》にガヴァージュ（強制飼育）を施している（後にこの方法は鵞鳥《がちょう》に応用されることになる)。

自分の料理の知識を伝えようと、大アピキウスは料理学校を開く。さらに、『デ・レ・コクイナリア』という名でも知られる、『アルス・マギリカ』なる料理書を著す。これこそ、今日に伝わる最古の料理書である。

その中でアピキウスは、当時の基本的な料理を詳述している。これによって次のようなローマ料理の特徴を知ることができる。多量の香草の使用、塩味と甘味の混用、ガルムでの味付けなどである。

ローマの大火のあと黄金宮で伝説的な饗宴《きょうえん》を開いた皇帝ネロにならって、大アピキウスは大宴会を開き「ローマのお歴々」を招いた。莫大な財産を蕩尽《とうじん》し、そしてある日、自分の財産が、もはや宴を続けるには充分でなくなっていることを悟ると、友人たちを最後の食事に招き、その後毒をあおった。

E.N.

中世●君臨するタイユヴァン

フランス料理の歴史は、中世末期、最初の「グラン・シェフ」として名を残す、一人の人物の出現とともに幕を開ける。ギヨーム・ティレル、通称タイユヴァンその人である。当時は、料理は親方から見習いに、口承の伝統にのっとって伝えられていた。タイユヴァンは口伝の料理を体系化し、書き記して本にした最初の一人だった。印刷技術の発明以前のことである。彼のおかげで14世紀末シャルル6世の食卓を飾った料理のルセット[*1]を手にすることができる。

食卓

三回に分けてサーヴィスされる食事

Premier service
第一のセルヴィス

Chapons au brouet de cannelle
去勢鶏のブルエ＊2　シナモン風味

Poules aux herbes
雌鶏の香草風味

Choux nouveaux et puis la venaison
新キャベツと狩猟肉

Deuxième service
第二のセルヴィス

Rôt le meilleur
上等のロ（火であぶった肉や魚料理）

Paons au célereau
孔雀のセルロ添え

Pâté de chapons
去勢鶏のパテ

Levrault au vinaigre rosat, et chapons au moutichan
兎の薔薇香酢風味と去勢鶏のムチシャン

Troisième service
第三のセルヴィス

Perdrix à la trimolette
やまうずらのトリモレット

Pigeons à l'étuvée
鳩の蒸し焼き

Pâté de venaison
狩猟肉のパテ

Gelées et lesches
ゼリーと肉のレーシュ＊3

Quatrième service
第四のセルヴィス

Four
焼菓子

Crème frite
クレーム・フリット

Pâtés de poires
洋梨のパテ

Amandes toutes sucrées
アーモンドの砂糖がけ

Noix et poires crues
胡桃と洋梨

では、中世の料理とはどんなものだったのだろうか。タイユヴァンがエタンプ殿下に供したメニューを例に見てみよう。

まず皿数の多さに驚かされる。考えられない食欲！　そこで、中世から19世紀半ばに至るまでの食事の構成と進行を理解するためにも、このころのフランス式サーヴィスについて説明しておこう。メニューの中に「セルヴィス」という表現が見てとれるが、（第一のセルヴィス、第二のセルヴィス…）、これは、食事を数回に分けて供する際の、各々のサーヴィスのことを示している。第一のセルヴィスで、食卓に料理が並べられると、会食者は好みのものを自分でとって切り分けて食べる。デクパージュ[*4]は、何かと人目を引きたがる帯剣貴族たちの仕事のひとつである。第一のセルヴィスの後、食卓はきれいに片付けられ、違った料理が新たにテーブルを飾る。これが第二のセルヴィスで、以後各回同様に続く。宴会のさなか料理が下げられる段になると、セルヴィスの合間の時間をつぶすため、芸人、軽業師、歌手（トゥルバドゥールやトゥルヴェール）、踊り手などが登場する。この余興がアントルメである（字義的には「セルヴィスの間」の意）。

ルネサンス以降の食事は三回のセルヴィスからなる。第一、第二のセルヴィスが料理で第三のセルヴィスがデザートである。しかし、中世末期にはセルヴィスが四、五回、ときには六回に及ぶこともあった。

このように、フランス式の食事で出される料理のリストを、現代のコースのように考えてはいけない。会食者は、すべての料理を相当の分量食べなければならないわけではない。すべての料理を食べるにしても、せいぜいひと口ふた口つまむ程度のことであったろう。

さらに、当時のルセットは、会食者の人数に応じて材料の分量を増やせるようには書かれていない。野兎、仔羊《こひつじ》、鶏のような、基本となる食材の調理法集なのである。そこで宴会の客が大人数に上るときには、単に各セルヴィスごとの皿数を増やすだけで対応していた。

皿も、フォークも、ナプキンもない

14世紀までは、フランスでは各人用の皿は使っていなかった。液体分の多い料理には鉢を使い、それも、二人でひとつの鉢を共用していた。『メナジエ・ドゥ・パリ(パリの家政の書)』の中で、ひとテーブルに16人がつくことを示すために、「食事には八つの鉢を出した」と書かれている。また、『ペルスフォレの物語』にも次のような大宴会の描写がある。

「800人ほどの騎士が席についていて、みなご婦人と鉢を共にしていた」。

流れ出さない料理には、丸く切った厚いパンすなわちパン・トランショワール、あるいはタイヨワールと呼ばれるものが、皿の代わりに用意された。食卓にナイフとスプーンは用意されたが、フォークはまだ使われていない。ほとんどの場合、みな自分の指を使って食べていたのだ。そのうえナプキンもまだ発明されていなかったので、会食者のほうに長く垂らされたテーブル・クロスで指をふいた。そのために、クロスの端は二重の厚みに仕立てられていた。王侯たちの食卓には、宝石をちりばめた貴金属製の食器入れである船形の「ネフ」が登場し、会食者の目を奪った。食事の後は鍵《かぎ》をかけて、王の食器類や、とくに当時の貴重品、香辛料がしまわれていた。

ナイフは、主に幅広の短刀や短剣を用いている。つまり武器と食器を共用していたわけだ。ほとんどの場合はローストした一頭分丸のままの獣肉の塊を、家の主人が長剣で切り分ける。食事の価値を上げようと招いた高貴な客に対して与えられる最大の栄誉は、肉のデクパージュをこの客自身に行なうように勧めることである。権力を、武器にものを言わせて勝ちえる騎士社会で、優れた剣の使い手であることをうかがわせるこのデクパージュは、その社会的地位を勝ち取る資質を見せつけ、演出する手段であった。

調理場に入ってみよう

タイユヴァンのルセットをより細かく調べる前に、彼の働きぶりを知るために、調理場にご案内しよう。案内役は、建築史の最も優れた専門家の一人、ヴィオレ＝ル＝デュックだ[*5][(1)]。彼の書くところによると、

「中世の住居では、暖炉は広くて高い。人が身をかがめずに入ることができ、炉床のまわりには、10人から12人が楽に立つことができた。暖炉の中には、炉の中に投げ込む大量の薪を支え、部屋に転がり出ないよう、ランディエ[*6]という鉄の丈夫な薪台を置く必要があった。

ランディエには、調理場用と、部屋用とがある。調理場用は様々な用途に応ずるために、複雑な形をしている。支柱には、焼き串《ぐし》を置けるように支えや鉤《かぎ》がつき、先端は広がっていて、調理や保温のためのレンジの形になっていた。

調理場には、いくつかに区分けされたかまどもあったが、今日ほどは頻繁には使われなかった。調理にはむしろ暖炉の火を使った。

容易に理解できることだが、激しい火のストーヴは、かきまぜながら火を通したり、小さなフライパンで作ったりする料理には、向いていなかったからである。

ランディエの支柱の先の、熾《おき》の詰められたレンジは、調理をしやすくするために、暖炉の火床から外れていて、ちょうど手の高さにつけられていた。ときには、支柱の先が二つのレンジに分かれていて、火床の外で、同時に四つの料理を作ることができ

る。火床の上には、自在鉤や三脚を使って、寸胴鍋《ずんどうなべ》を掛けることができる。火の前では、いくつか肉の刺さった串が、1、2本回っている。大量の食事を用意するのにも、暖炉ひとつで十分だったのである。

13世紀の建築家は調理場の中に、かまどや、食卓に出す前の料理を盛り付けるテーブルを作り始めた。14世紀になると、料理術の中でも、ソースを作ることが特に好まれ始める。またこの時代から、調理場の設備が、次第に整ってきた」。

中世の調理場にはまだオーヴンも、かまどもなかったと述べられているが、この点は修正しよう。貴族やブルジョワの家にはすべて、パン焼き用のオーヴンがついており、トゥルトやフランを作るためによく使われていた。一方、ヴィオレ＝ル＝デュック自身が指摘しているように13世紀からかまどが現われる。レンガ作りで、燠を入れるようにくぼみがつけられ、その上に寸胴鍋をのせるタイプである。

現在の私たちの調理場では手軽な調理器具が、当時では、大設備に当たる。フライパンや小さな片手鍋、長い把手《とって》のついた鍋、ココットの先祖に当たる三本足のコカス、タルトやパテを焼くためのトゥルティエ、暖炉の中に掛けられた把手つきの大型寸胴鍋などはすべて、「ディナンドリ」*7という総称で呼ばれていた。フィレアス・ジルベール(2)が述べるように、真鍮《しんちゅう》製品で名の知れていた、ベルギーの町ディナンにちなんだ呼び名である。

堂々たる料理人団

タイユヴァンの調理場では150人以上の料理人団が働いていた。ここで例として、1385年シャルル6世に仕えていた時分に、彼が指揮していた料理人団の構成を見よう。

パヌトリ（パン部門：パンの仕入れ、管理、サーヴィス）

第一パヌティエ（総部門長）1人
パヌティエ（総合管理と王のテーブルのパンのサーヴィス担当）6人
第一ヴァレ・トランシャン（トランショワールのサーヴィス、管理係長）1人
ヴァレ・トランシャン（同助手）5人
クレール（書記、パヌティエ補佐）3人、ソムリエ（会計、仕入れ管理）3人
ポルトシャップ（パン保管管理係）3人
エド（またはヴァレ）・ドゥ・ナップ（テーブル・クロス助手、または係）5人
ウーヴリユール1人 *8
パシェ（仕入れたパンの配送係）1人

ラヴァンディエ（テーブル・クロスの洗濯係）1人

エシャンソヌリ[*9]（ワイン部門：ワインの仕入れ、管理、サーヴィス）

第一エシャンソン（総部門長）1人
エシャンソン（総合管理と王のワインのサーヴィス）8人
クレール4人、ソムリエ7人、バリリエ（ワイン樽管理係）3人
ギャルド・ユシェ（ワイン庫管理係）3人
エド（ワインの調達・管理助手）10人
ユイシエ（守衛）1人、ヴォワチュリエ（運搬車係）1人

調理場

エキュイエ（調理関連の総合管理、タイユヴァンもこの一人）11人
第一クー（総料理長）1人、クー（料理長）5人
クレール3人、エド（料理長助手）3人
アトゥール（ロティスール：ロースト係）5人、ポタジエ（煮込み係）4人
ポワソニエ（魚係）1人、ソーシエ（ソース係）2人
スフルール（ふいご係）5人、ビューシェ（薪係）2人
アプロパン（マルミトン：洗い場担当）6人、ユイシエ2人
ブロワイエ・オ・モルティエ（挽《ひ》き臼《うす》係）1人

ポルトゥール・ドー（水運び）1人
フュルティエ（フュレットで兎を狩る係）1人
ヴァレ・セルヴァン・ドゥ・レキュレエル（食器係）7人
ルキュイユール・デキュレル（食器保管係）1人
ヴァレ・ドゥ・ソースリ（コミ・ソーシエ：ソース係助手）4人
ギャルド・ドゥ・ソースリ（ソース保管係）1人
ヴァレ・ドゥ・ショーディエール（大鍋係）2人、ヴォワチュリエ1人

フリュイトゥリ（果物部門：果物加工、ジャム製造・保管）

第一フリュイティエ（部門長）1人、フリュイティエ5人
クレール3人、ソムリエ3人、ギャルド・フリュイ（ジャム保管係）1人
ショフ＝シール*[10]2人

限られた加熱のテクニック

こうして調理場をざっとのぞいてみると、当時のルセットでは、なぜ四つの加熱方法しか使っていなかったのかがよくわかる。ロティール*[11]する、ポシェ*[12]する、フリールする（揚げる）、ブレゼ*[13]するの四つである。はじめの三つの料理法の存在は理解でき

るだろうが、4番目については説明を加えたほうがよいだろう。実は、タイユヴァンがブレゼという言葉を使った例はない。しかし、ポタージュ*14のルセットをよく見ると、肉のブレゼやラグー*15であることがわかる。さらに、「濃度をつけたポタージュ」の中には、「小鳥のシヴェ」や「野兎のシヴェ」のように「シヴェ」の名を持つものもある。オーヴンを使うのは、トゥルトを焼くのに限られているのだが、タイユヴァンは二つのトゥルティエールにはさんで暖炉の熾火の中に埋めて焼くパテの作り方を説明している。

焼く前に肉をゆでること

『ヴィアンディエ（食物譜）』のルセットをたどっていくと、現代の料理人を驚かせずにはおかないような調理法に出会う。肉をロティール（ロースト）する前に、ゆでるのである。この調理法は18世紀の末まで残っていた。

それでは何のために？

実は、調理技術と衛生の両面での利点があるのだ。まだ冷蔵庫のなかった時代に、肉は地下室や、貯蔵用に掘った穴の中に、吊《つる》して保存されることがあった。しかし調理場の中に吊しておかれるほうが普通であり、室内温度は季節によって15度から30度以上になることもある。さらに、かまどによる熱も計算に入れねばならない。調理場の中に家禽《かきん》や野禽や肉の塊が掛かっている挿絵が、数多く残っている。

また肉は（とりわけ赤身肉は）、新しいうちには食べない。柔らかくするために熟成させる必要があり、食肉解体後少なくとも8日から10日かける。この熟成は、3～6度を最適温度として、同時に進む一連の複雑な現象の結果である。

冷蔵庫のない時代の保存条件では、肉の表面に細菌が繁殖し、味をそこね、ベタベタしたものに変わってしまう。ここで料理人は、ひとつのジレンマにおちいる。選択肢のひとつは、肉をすぐに使ってしまうこと。この場合、表面の菌の繁殖は、肉の風味を変えるほどにはいたらない。ただし、熟成し柔らかくなるまでの時間がないので、肉は固いままである。もうひとつは、肉を最大限柔らかくするために、熟成させることだが、味を悪くする危険を冒すことになる。さらに重大なことには、食中毒をひきおこす可能性も出てくるのである。

こうした条件のもとでは、ブランシール*16という方法は、次のような実際的な利点があるわけだ。

◎ロティールするときに肉が乾きすぎることを避け、肉をより柔らかく仕上げ、熟成の不足を補う。

◎特に、肉の表面で細菌の繁殖がおこす、いやなにおいを除く。

あぶるときに、火の強力な作用が肉の外側の蛋白質《たんぱくしつ》を凝固させ、液体を通さない外皮を作る。表面の細胞を通った血液やリンパ液は、肉の中央部分に押し返される。この結果、血液とリンパ液はいやなにおいを集め、悪い味を肉全体に伝えてしまう。

ブランシールをする場合にも、湯が表面の蛋白質を凝固させ、肉汁を中に閉じ込めるのだが、同時に肉の表面は洗われて、いやな味は除かれる（それにゆで汁は捨てる）。つまりブランシールの本当の役割は、熟成の欠点を補うことにあったのだ。

中世のソース：酸味と香辛料

中世の料理書では、(3) ソースはほとんどすべて、酸味のある液体を基本にしている。ヴィネーグル、ムー、ヴェルジュ*17、レモンやオレンジの液、グロゼイユ・ア・マクロなどである。

ソースの中には多種類の香辛料を溶かし込んでいるか、または、単に、混ぜている。タイユヴァンは次のようなリストを残している。生姜《しょうが》、粉末のシナモン、丁字、グレーヌ・ドゥ・パラディ*18、ナガコショウ、メース*19、エピス・アン・プードル、シナモンの花、サフラン、ナツメグ(4)。さらにニンニク、パセリ、シブール、それに砂糖と蜂蜜《はちみつ》も当時は香辛料の一種と見なされていた。

この時代のルセットはとても簡略で、読者が調理技術に通じていることを前提としている（プロの料理人によってプロ向けに書かれている）。

それにしても、タイユヴァンの『ヴィアンディエ』のカムリーヌのルセットの中で「シナモンをたっぷり」のように頻繁に使われる表現から、大量の香辛料を使っていたことがわかる。

ただ、使用する香辛料はあまり固定してはいなかったようだ。ルセットにはしばしば、「どれを入れても良い」とあって、追加のリストが続くことがある。[20]大切なのは香辛料が入っていることで、どれを使うかではないのだ。

ソースはときとして、液体に浸したパンや卵黄でつないで濃度をつけた。脂肪分は、事実上使われていない。ルーによるつなぎも、発明されてはいなかった。香辛料をきかせて調合した酸味の強い液体。これをロティールした肉に添えたり、この中に肉や魚の塊をつけて食べる。それが中世のソースだった。現代のマスタードは当時から生き延びてきた珍しいソースのひとつで、中世のソースの良い例である。

香辛料：味のマスキングか、社会的ステイタス誇示か、それとも栄養学か？

なぜ、これほどの香辛料を使ったのだろうか？

三通りの説明が可能だが、たぶんさらに補足が必要だろう。第一は社会学的レベルの説明である。高級な料理にはふんだんに香辛料を使った。なぜなら香辛料は高価で、またオリエントの神話的雰囲気をただよわせているから。それは富の象徴であった。その価格は消費する者の物質的豊かさを示し、大衆と隔りを広げる。香辛料が食べ手の社会的地位を表すのだ。

他の二つは、技術的レベルと美食的レベルの説明である。まず第二の説明は最も論議の的となっているもので、香辛料が味をマスクし、食材を保存する役割をになっていたのであろうという説である。その強烈な香りゆえに、香辛料は、それなりに適正な状態で保存されていた肉の悪い風味、あるいは羽をつけ直して飾った孔雀《くじゃく》や白鳥の「味覚的欠陥」を和らげるか、覆い隠すために使われたのではないか。しかし、食物史の研究家の中には――ジャン＝ルイ・フランドランも含まれるので無視することはできない――この仮説に強く反論を唱える向きもあり、次の三つの論拠をかかげている。

◎「中世の肉は現代より新鮮な状態で食されていた」。カルパントラにおける食肉取引に関するルイ・ストゥッフ[*21]の研究がその論証とされている。その中で、肉屋の肉のほとんど全てが、解体したその日に売られていたという事実が明らかにされている。

◎特に当時の市の法令によれば、冬季は食肉解体後3日、夏季は1日を越えた肉の販売を禁止していた。

◎「中世の保存法は、まず塩、そしてヴィネーグル、油、香辛料である」。

しかしながら、肉が解体して即日、あるいは3日後に売られたからといって、買ってすぐに食べてしまったという証拠はない。ことに肉を吊す掛け鉤を備えた厨房《ちゅうぼう》では、その調理場の中で肉を保存していたと考えられる。

前に見たように、ロティールする前にブランシールするという技術が、その証左となる。ジャン＝ルイ・フランドランは、議論を展開する上で、「腐敗肉」あるいは「感染味」のような、ことさらに戯画化ともいえる激しい表現を用いて、中世の料理が洗練とはほど遠い粗雑なものだったのでは、という考えに論駁《ろんばく》しようとしている。我々も、この点に関してはフランドランと同意見だが、洗練と味をマスクする技術とは、いささかも矛盾するものではない。

結局、保存の手段として明確には認識されていなかったにしても、食して消化するまで、香辛料が技術的に抗菌と滅菌の役割を果たしていた、という事実をしりぞけることにはならない。

香辛料の大量使用の三番目の理由は、栄養・医療面の効用であろう。ブリュノ・ロリウ[*22]によれば、香辛料がヨーロッパに輸入されたのは、初めはその医療効果のためだった。香辛料の輸入量の増大を促したのは、中世の学説ではそれぞれの香辛料に別々の医学的効用が充てられていたということが、主な要因になっている。フランドラン自身も示唆しているように、料理に香辛料を使うのも、医学的あるいは消化促進の目的だった、とも考えられる。だが、今日まで伝わっているタイユヴァンの『ヴィアンディエ』の数種の写本を分析してみると、中世末期については、慎重にかまえた方がよいようだ。というのも、同じルセットの中で、写本の違いで、使用する香辛料が変化しているからだ。ルセットの締めくくりに頻出する「多量の香辛料」という表現も、香辛料の量こそが主な問題だった、と考える余地を残している。この時代に、香辛料が栄養学的な役割を担っていたという可能性も捨てきれないが、タイユヴァンがごく洗練された香辛料の調合技術を駆使していたとは考えにくいようだ。

相互に衝突し排斥し合うというよりは、この三通りの説が共に成り立ち、補完し合うように思える。

脂肪分のないソース

ここで、もうひとつの疑問がわいてくる。なぜ脂肪分がほとんど使われなかったのか？(5)

経済的に見て、脂肪を多く含んだものは、当時食物以外の使いみちがあり、入手しづらく高価だったのだろうか。

決してそんなことはなかった。サフランやナツメグ、シナモンで料理に味つけをした人々なら、バターや油でコクをつけたソースを添えることができたのは明らかである。となると、中世の金持ちたちが、ロティールした肉や煮込みを、脂肪分のないソースで食べていたのは、やむをえずそうしていたわけではなく、味の好みだったのだ！

強い香辛料が、食材のあやしげな風味を隠してしまうのとは逆に、脂肪分は、揮発性の香りをとどめ、食材そのものの味を生かしてしまう。脂肪分が避けられたのは、こんな理由からだった。

高貴な食材

『ヴィアンディエ』のルセットを読むと、20世紀の料理人は食材自体に驚かされる。仔牛、牛、豚、家禽類は現在と同様だが、ジビエ*23として白鳥、孔雀、コウノトリ、鷺《さぎ》、サンカノゴイ（サギの一種）、鵜《う》、鶴、千鳥などが同時にしかも大量に登場する。

旧体制下の貴族には、主な仕事が二つある。戦争と狩猟である。狩猟のほうは、農民や農奴には禁じられていた。貴族が狩りの獲物に目がないのは、それが、貴族としての地位にふさわしい食べ物であると考えたからであった。野生の動物は貴族と同様、生まれながらに自由である。この特権こそ野生の動物を、貴族が食するのにふさわしいものとするのだ。

これらの動物はもっぱら丸のままロティールされ、食卓に運ばれる。白鳥、雉《きじ》、孔雀、コウノトリなどの大型の野鳥は解体しロティールしてから、再び羽をつけられ、食事の間に運ばれた。

＊1　ルセット（recette）　料理の作り方。または、料理自体。
＊2　ブルエ（brouet）　澄ませたスープ。
＊3　レーシュ（lesche）　肉を紐状に切ったもの。
＊4　デクパージュ（découpage）　肉、家禽、魚を客前で捌く技術。
＊5　ヴィオレ＝ル＝デュック（Viollet-le-Duc）　１８１４〜１８７９。建築家。中世ゴシック建築の理論家として名高い。
（1）　中世の調理場の設計については、ミシェル・ムロ（Melot）著『フォントヴロー修道院（L'Abbaye de Fontevrault）』１９８６年　Éd. Laurens 刊も参照のこと。12世紀の調理場をいくつか紹介している。
＊6　ランディエ（landier）　薪台。
＊7　ディナンドリ（dinanderie）　真鍮製品。
（2）　料理人、料理史研究家。エスコフィエ門下。（P．２２１の人物コラム参照）
＊8　ウーブリユール（oublieur）　ウーブリを作る係。ウーブリとは、「ホスチア（ミサで拝領する聖体のパン）」の形をしたお菓子。２枚の鉄板にはさんで焼く。
＊9　エシャンソヌリ（échansonnerie）　ワインの仕入れ・管理・サーヴィスをする部門。
＊10　ショフ＝シール（chauffe-cire）　保存のきく果物の貯蔵を受け持つ係。果梗などをコーティングする技術を用いた。
＊11　ロティール（rôtir）　あぶり焼きする。
＊12　ポシェ（pocher）　十分な量の湯でゆでる。
＊13　ブレゼ（braiser）　蒸し煮する。
＊14　ポタージュ（potage）　中世から18世紀後半までは、煮込み料理。81ページ、注＊14参照。

＊15　ラグー（ragoût）　煮込み。
＊16　ブランシール（blanchir）　したゆでする。
(3)　主なものは次の通り。
ギヨーム・ティレル、通称タイユヴァン著『ヴィアンディエ（Le Viandier）』14世紀、『メナジエ・ドゥ・パリ（Mesnagier de Paris）』14世紀末、プラーティナ著『高雅なる悦楽（De honesta volup tate）』15世紀、『すぐれたる書（Le Livre fort excellent）』16世紀前半
＊17　ヴェルジュ（verjus）　未熟葡萄の果汁。
＊18　グレーヌ・ドゥ・パラディ（graine de paradis）　アフリカ産の胡椒（プリニウスの『博物誌』第7巻に記述がある）。「マニゲット」の名で知られている。
＊19　メース（macis）　ナツメグの表皮。
(4)　『ヴィアンディエ』手稿本34ページ参照。
＊20　カムリーヌ（cameline）　シナモンのきいたソース。当時、「香辛料で支払う」という表現があったことを思い起こしてほしい。この時代は香辛料は交換通貨と見なされるほど高価であった。
＊21　ルイ・ストゥッフ（Louis Stouff）　フランス中世史研究家。
＊22　ブリュノ・ロリウ（Bruno Laurioux）　食糧史研究家。
(5)　より深く研究するためには以下の著作を参照のこと。
J.-L.フランドラン（Flandrin）著『脂肪の用法に関する、味わいと必要性について（Le goût et la nécessité sur l'usage des graisses）』Amates ESC 刊　1983年
＊23　ジビエ（gibier）　野禽獣。

Taillevent　タイユヴァン（1310―1395）

タイユヴァンは、フランス料理史の一時代を画した人物である。

タイユヴァン（本名ギヨーム・ティレル Tirel, Guillaume）は、1310年頃ノルマンディ地方のポン＝トードゥメールに生まれ、1395年頃没。イヴリーヌ県のエンヌモンの墓地に埋葬されている。

タイユヴァンが料理人としての人生を送り、またおそらく軍役まで務めたのもフランス王の宮廷だった。

＊1326〜1346年　ジャンヌ・デヴルーの料理見習いから正料理人。

＊1346〜1350年　フィリップ（6世）・ドゥ・ヴァロアの料理人。

＊1350〜1368年　王太子ノルマンディ公のエキュイエ・ドゥ・キュイジーヌ（料理長）。

＊1368〜1371年　シャルル6世のメートル・ドゥ・クー（総料理長）兼メートル・ドゥ・ギャルニゾン（管理頭）。

最後の職務は、ティレルがいかに信頼されていたかを物語っている。事実、彼の責任範囲は、単なる料理長の仕事を大きく超え、エシャンソヌリ、パヌトリ、フリュイトゥリにまで及ぶ。

さらに、貴金属細工品の保管も任され、宝物は祝宴のときに陳列された。パンの質に目を光らせたり、当時は日常茶飯事だった毒殺を防ぐべくワインの取り扱いを監督するのも彼の任務だった。

しかしタイユヴァンは、とりわけ一冊の著作を残したことで名高い。(異論はあるが)彼の著書と目される『ヴィアンディエ(食物譜)』である。

このフランス語で書かれた最初の料理書は、料理の改革を、中でもソースと香辛料の重要性を説いている。

この本の中で次のような語がよく使われていることに気づく。アビエ(habiller：下ごしらえする)、アパレイエ(appareiller：調和させる)。

数々の手がかりから、タイユヴァンが錬金術師だったことは想像に難くない。彼の著書の中の、多くの綴《つづ》りの間違いや理解不能な文章はこのあたりの事情によるようだ。それらは再版を重ねる間にも、故意に残したままにされているように思える。錬金術の文献は、まさに同じような調子で書かれていることが多いのだ。

そのうえ、エンヌモンの墓地にある彼の墓石に刻まれた紋章には、上下三つずつの薔薇《ばら》にはさまれた三つの大鍋が描かれていて、これらはいずれも錬金術師のシンボルなのである。

E.N.

ルネサンス●食卓の再生

ルネサンスはヨーロッパの重心が大きく動いた時代である。まずイタリアからイベリア半島（スペイン、ポルトガル）へ、続いてフランスへと移動していった。この時代、イタリアの優位性と地政的重要性は二つの基盤の上に成立していた。まず第一は文化である。科学的思考はキリスト教的世界観に亀裂《きれつ》を生じさせ、古代の異文化との対話が可能となった。こうしてヨーロッパの知的エリートたちの眼差《まなざ》しは、古代ギリシャ、そしてとりわけ古代文化の聖地ローマへと向けられることになる。以来、イタリアへの旅は紳士への文化的イニシエーションのステップとなった。

第二は経済。ヴェネツィアとジェノヴァの大商人たちが、中近東との香料貿易の覇権を掌握したのは、イタリアが地中海世界の中央に位置していたことが要因である。大商人たちは商船団を組織し、アジアからキャラヴァンで運ばれてくる商品を求めて、中東へと赴いた。この商取引からもたらされる税収によって芸術保護政策が進展し、その恩恵は、建築、絵画、音楽のみならず、料理、製菓、金銀細工、ガラス等のあらゆるジャンルの芸術家に及んだ。

だが、新世界の発見はヨーロッパの地政的重心をスペイン、ポルトガルそして大西洋岸へと大きく移動させた。スペインでは「黄金の世紀」と呼ばれる100年の間、ポルトガルも50年弱ではあったが、この二ヵ国が世界を支配する。植民地化を進めるプロセスで重要なのは、1493年、教皇アレクサンドル6世がアゾレス諸島の西端とカポ＝ベルデ諸島を結ぶ地図上の線によって世界を二分し、それぞれの地をこの二ヵ国に分け与えたことである。すなわち境界線の西側で発見された土地はスペインに、東側はポルトガルに帰属することになった。教皇はこれら二つの王国に、新たに発見した土地の住民への布教を行なう使命を与えた。翌年に結ばれたトルデシリャス条約では、境界線を西に移し、ブラジルはポルトガルの支配圏に組み込まれた。初期、新世界を領有することによってもたらされる富は、植民地化を促進するのに充分に見合うものであった。冒険心をそそる多様な領地と新たに発見した文明、豊かな物的・生物的資源によって、植民地国家の威信は確固たるものになった。だが、次の時期に移ると、新たな富を生み出す機構を組織し、とりわけそれを維持するには、経済的・人的な投資を見込まねばならない。この負担がこれら二ヵ国を疲弊させることになる。

それから50年後、ポルトガルは、その人口からすれば手に余る広大な植民地の重圧に押しつぶされてしまうことになった。

バリャドリッドの論争で、アメリカ・インディアンに神の前での平等を認め、植民地の規則が規定し直された。しかし、アフリカ黒人の奴隷は暗に認められ、こうして三角貿易が生み出される条件が整えられていった。

16世紀末、植民地領有の動きは、イギリス、フランス、オランダ、ベルギーなど他のヨーロッパ諸国に広がった。これらの国々はスペインの圧倒的な優位を突き崩し、パワーゲームの舞台は旧大陸へと立ち戻った。重心は再びヨーロッパの内部へと移り、そして次第にフランスが中心的地位を占めるようになっていく。

タイユヴァンの栄光とその影響は、14世紀を過ぎても衰えを見せなかった。彼の『ヴィアンディエ』は手稿本だったために当初あまり流布していなかったが、印刷術の発明後、15世紀末から17世紀初頭まで、多くの版を重ねることになる。これは、ほかの中世の書物でも同じで、例えば『あらゆる料理の大料理人』の最古の写本は1350年にさかのぼるが、1540年から1620年にかけて、ピエール・ピドゥル*1の手で繰り返し再版された。また、クレモナのプラーティナ（著名なイタリア人）の『高雅なる悦楽』は1474年ラテン語で書かれ、最初のフランス語訳が1505年にリヨンで出版されている。

200年近くもこれらの書物が好評を博し続けたのは、ルネサンス期の料理がいまだにほとんど中世風のものであったことを示している。香辛料の多用、酸味のきいたソース、ジビエを偏愛すること…。事実、フランス料理の精神はまだ芽吹いていない。17世紀まで、ヨーロッパの貴族の食事のとり方はほとんど共通していた。当時の料理における汎《はん》ヨーロッパ性はぜひとも記しておかねばならない。フランス王の宮廷でも、神聖ローマ帝国の諸侯の食卓でも、地方貴族の館の中でも、同じ料理が同じサーヴィスで供される。

ただ、このきまりきった食事のとり方の中にも、より洗練された料理の誕生を予告するような変化を見ることはできる。

礼儀の原理

1530年、ロッテルダムのエラスムス*2は『幼児の精神的礼法（Civitate morum puerilium）』と題する本を出版した。フランスでは『幼児教育』という題で翻訳されたが、そこには「礼儀（シヴィリテ）*3」、すなわち社会の中での自らの振る舞い方が取り上げられている。さらに食事の作法に関しては、長文の一章を充てている。この書物は、ヨーロッパの多数の言語に翻訳され、大きな成功を収めた。ノルベール・エリアス(1)によれば、「礼儀」という言葉の登場は、当時の社会生活の変化の表れであり、その象徴でもある。そして「礼儀」が宮廷社会を支える屋台骨となる。礼儀は、人間が社会の中でなすべき行動、ことに「肉体の外観の装飾（externum corporis decorum）」、つまり体の外見、自分の見せ方、人前での振る舞い、こうしたものに対するすべての対処法を包含している。この本が端緒となって、「上品なマナーと行儀作法の手引き」という文学ジャンルが生まれ、数世紀の間、文句なく好評を博した。

礼儀の目的は、社会の「上層階級と下層階級を識別すること」である、とエラスムスは述べている。マナーは社会階層の区分を明らかにするための手段となり、中でも、体を使って人前で演技して、身振りを抑えながら食物を摂《と》る、こうしたことからテーブル・マナーが最重要視された。異なる国の人々が共通の言語を使って表現し合う、これもマナーと関連する現象だ。ラテン語の果たした役割を引き継いで、新たな国際共通言語となったのは、まずイタリア語、続いてフランス語である。この新たな共通言語と新たな社会事象つまり礼儀によって、ルネサンス時代のヨーロッパに社会的統一がもたらされた。

テーブル・マナーの発達の基軸を示し、「文明化へのプロセス」の中心的要因を形作るいくつかの潮流を見てみよう。

個人主義の台頭

皿、ナプキン、グラスなどのテーブル器具類の種類が増え、機能の分化が進み続けた。隣と同じ杯から酒を飲んだり、ポタージュ用の鉢を共用したりするのは煩わしい振る舞いになった。食卓での集団と個人の境界線、これは非常に正確に見分けられる。たとえば、エラスムスの説明によれば、特に下品なマナーとは、いったん自分の皿にとった肉を他の会食者に勧めることで、自分の口にしたものを渡すのはさらにいけない。人前での所作、これに対して、次第に正確に処方が決められていった。この後、テーブル・クロスで洟《はな》をかむこと、床に痰《たん》を吐くこと、自分で無理に食べ物をもどすこと、これらが禁止された。まだ人前でゲップしてもよかったが、しばらくすると食事後の満足感を表すこのしぐさも、下品なことと見なされるようになった。

デクパージュの様式化・専門化

テーブル用具であり、武器でもあった短剣と短刀を使う習慣は、食べ物専用のテーブル・ナイフの登場によりすたれていった。しかし、長剣によるデクパージュは続けられ、その方法は極めて様式化されたものになった。デクパージュの教師は貴族の最終指南役であり、デクパージュで貴族教育が完成することになる。デクパージュの教師はフェンシングの師から指南役を引き継ぎ、その技術を基にして教育する。人々を前にして、左手のフォークで肉を押さえ、剣を右手に持ち、指では直接肉に触れずに、デクパージュする。これが「地位にふさわしい振る舞い」であり、帯剣貴族の一員である証《あかし》となる。後に法服貴族化が進むようになると、デクパージュの職務も専門化し、「エキュイエ・トランシャン」*4に委《ゆだ》ねられるようになっていく。

イタリア風に食べること：フォークの登場

フランスの食文化へのイタリアの影響については、専門家の間で数多くの議論が戦わされた。現在、意見の一致を見ているのは、その影響は、料理では少なく、菓子やことにテーブル・マナーに顕著であるということだ。文明化へのプロセスが始動したのは、イタリア、より正確には北イタリアで、ここからヨーロッパ中に広まっていった。

例えば、お菓子の本格的進歩は、果物の砂糖漬け*5（コンフィテュール）、ゼリー、マジパン、香料入りパン、ヌガーなどの技術で知られたイタリアの名職人たちの努力によって促された。1533年のカテリーナ・デ・メディチと後のアンリ2世との結婚、続いて1600年のマリーア・デ・メディチとアンリ4世との結婚のときに、后《きさき》たちがイタリアから菓子職人たちを伴ってきたのである。

しかし、イタリアからの主たる影響は、料理自体にというより、むしろサーヴィスや食卓作りの技術、食事作法にはっきりとあらわれている。

まず第一に、ヴェネツィアやフィレンツェから運ばれたカテリーナ・デ・メディチの荷物の中にあったフォーク。ただし、フォークを使うのが日常的になったのは、1574年から89年のアンリ3世時代に、フレーズまたはコルレットと呼ばれる襞襟《ひだえり》が流行してからのことである。「フォークを使うと、襟に染みをつけないですむことに気づいた」と、『食物と美食の歴史』の中で、A.ゴトシャルク[*6]が述べている。

フォークがとり入れられ、同時に一人ひとりが各自の皿を使わねばならなくなった。ムラノからはグラスが大量に輸入され、銀や錫《すず》メッキの杯にとってかわる。これらの品々は、利便性もさることながら、心理面でも大きな変化をもたらした。食べ物に直接触れることを避けるところに、文化の洗練が読みとれる。

以来、おいしいところを探そうとソースの中に指を突っ込んだりするのは、不潔でショッキングな光景となった。食器の共用は嫌われ、各人は自分用のものを使わねばならない。まだ指で食べてはいたのだが、自分の皿に肉の塊を移してからのことになった。加えて、手を洗うこともきまりになった。

フランスの食卓が、お隣りのイタリアから借りてきたものがほかにもある。ファイアンス（陶器）である。イタリア人は金銀細工でもすでに名声を得ていたのだが（フランソワ1世の食器に彫刻を施したのは、ベンヴェヌート・チェリーニ[*7]だった）、「貴金属食器を納め、金銭換算して債権化する」よう厳命する度重なる勅令の後、代用品としてファイアンスが登場した。その名は、イタリアのラヴェンナ近くの町、ファエンツァに由来している。陶器を釉薬《ゆうやく》でおおう技法が生み出されたのが、この町であった。

食卓の洗練へのイタリアの影響を、モンテーニュ[*8]が『エセー』の中で語っている。カラッファ枢機卿《すうききよう》のメートル・ドテル[*9]と出会ったときの話である。「彼はかの食事学について、神学上の大問題を語るかのように、重々しく尊大な態度で弁舌をふるった。空腹時と第二、第三のセルヴィスの後との食欲の違いを解明し、食欲を刺激する方法を語り、ソースについての一般論と付け合わせ材料の特質や効用についても話した。すべてが、多彩で堂々たる話しぶりで、まるで一帝国の統治論を語るような調子だった」。

新世界からの産物

使われる野菜の種類も増えた。プリニウスによればシチリア原産のアーティチョークや、スペインから伝わったカルドンが、フランスでも栽培される。アメリカの発見は、早くも16世紀半ばには、新しい食材として野菜ばかりか動物をももたらした。スペインのコンキスタドーレス（新大陸探検者）フランシスコ・ピサロがペルーから持ち帰ったトウモロコシは、1560年ごろフランスで栽培され始めた。まず家畜の飼料によく使われていたが、南仏のトゥールーズ地方のように、地方によっては、農民食のベースともなった。ミヤスと呼ばれる粥《かゆ》にして食べたのである。

トピナンブール*10も、探検家たちの荷物に混じって大西洋を渡ってきた。トマト、唐辛子、いんげん豆、じゃがいもも同様である。その他に、やがて驚くべき熱狂を巻き起こすコーヒー（イエメンから）とチョコレートももたらされた。

このように、新しい食材の多くは、スペインやイタリアを経由してフランスに持ち込まれ栽培されるようになったのである。

自国の料理に新しい食材をとり込むことができたのは、その食材をよく見極め、応用するだけの調理技術の存在が前提となる。じゃがいものように、フランスに根付くまで長い時間がかかった例はあるが、これはじゃがいもからパンを作ろうとして失敗したためだった。いんげん豆の運命となるとまた別である。ヨーロッパは、昔から豆類を食べてきた歴史を持ち、空豆や、南フランスでカスーレの主材料として使うファゼオルやムンジェットなどの料理がすでに存在していたからだ。いんげん豆も初めは教皇クレメンス7世の後押しでイタリアで栽培され、後にカテリーナ・デ・メディチがフランスに持ち込んだ。

オリヴィエ・ドゥ・セール：農業の先導者

ルネサンス時代、農業には大きな関心が払われていた。アンリ4世の農業大臣シュリの言葉「耕作と放牧はフランスの二つの乳房である」を知らぬ者はあるまい。そしてこのシュリが、時代に先んじた農業研究者オリヴィエ・ドゥ・セールに研究の成果を出版するよう勧めた。ヴィヴァレ地方の彼の農園は、その巧みな工夫と細やかな創見によって、フランス中で最も豊かな耕作地であり、野菜作りにかけてはヨーロッパ中で最も重要な実験場でもあった。こうして、1600年に出版された有名な『農業経営論』は、19版以上重ねることになる。

アンリ4世の名を聞くと思い出されるのが「鍋《なべ》に鶏を」の話だが、おそらくクリスティアン・ギイ[*11]のいうように「当時の農民が健康で新鮮なおいしい野菜の付け合わせを、その鍋に加えることができたのは、オリヴィエ・ドゥ・セールのおかげ」だった。

動物については、探検家たちは七面鳥を連れてきた。ジェズイット派の人々が飼育していたのをエルナン・コルテスがメキシコから持ち帰ったものだ。また、ほろほろ鳥はすでにローマ人には知られていたようだが、この時期にポルトガル人の手によって再びアフリカから輸入されている。

設備道具の改良

この時代の調理場の設備については、教皇ピウス5世付きの料理人バルトロメオ・スカッピ[*12]のイタリア語の書物『オペラ』から、かなり正確に知ることができる。

スカッピは調理場を設計するためのモデルを、次のように説明している。

「個人向けにしろ、大人数向けにしろ、調理場を作るためのプランと手法を知っておくことが必要である。そして調理に不可欠なすべての備品を入手しなければならない。調理場はなるべく人目につかない離れた場所に配置されるべきだ。明るく換気のよい平らな場所に、高く広い調理用暖炉を備えつけ、間取りをよく考えねばならない。マントルピースは広く、両側にU字形の鉄の掛け鉤《かぎ》をつける。また、鎖を掛けられるように、壁に金具を付けておくとよい……」。

調理場には大きな乳鉢や、貯水槽から水を引くふたつの蛇口が見える。奥には薪台と、大鍋を掛ける鉤のついた大きな暖炉がある。横には焼き串《ぐし》を回す役目の見習いを火から守るための火除《ひよけ》までついている。同じ本の中で、スカッピは時計仕掛けの自動焼き串回し機を紹介している。30分以上焼き串を回し続ける機能を持つ装置である。

右の壁の足下には、熾火《おきび》を入れたかまどが並んでいる。ここでは、揚げ物、蒸し煮、グリル焼きをする。実際に、一番奥のかまどにはグリルがのっているのが見える。部屋の中央には、調理用のテーブル三つと肉を切り分ける台がある。食材は、吊《つ》り下げた箱の中や、棚の上に保管されていて、肉は鉤に吊《つる》されている。

スカッピは、調理場のそばに、肉の切り出しや、魚の下処理のための中庭を作ることを勧めている。ここが食器、包丁類を洗うための水場を兼ねる。さらに「ラード、バター、脂肉、臭いのきつい食材、生クリーム、牛乳」を貯蔵する涼しい小部屋もひとつあれば申し分ない。

＊1　ピエール・ピドゥル（Pierre Pidoulx）　経歴不詳。『あらゆる料理の大料理人』の解説・校閲者。

＊2　デジデリウス・エラスムス（Desiderius Erasmus）　1466?～1536。宗教改革に多大な影響を与えた人文学者。

＊3　シヴィリテ（civilité）　『幼児の精神的礼法』に用いられた書名も「シヴィリテ」という。

（1）　ノルベール・エリアス（Norbert Elias）著『習俗の文明化（La Civilisation des moeurs）』1939年刊

＊4　エキュイエ・トランシャン（écuyer tranchant）　デクパージュを行なう係。

＊5　果物の砂糖漬け（confiture）　砂糖漬けやジャムは、果物のような傷みやすい食材の保存を可能にし、中世の人々の心を魅了した。ノストラダムスの名で知られた、ミシェル・ドゥ・ノートルダムが、コンフィテュールの論文を1555年にリヨンで出版したのには、こうした背景があったのである。

＊6　アルフレッド・ゴトシャルク（Alfred Gottschalk）　1873～1954。スイス人医師。『ラルース料理

大事典』の編纂協力者。
＊7　ベンヴェヌート・チェリーニ（Benvenuto Cellini）　1500〜1571。イタリアの画家、彫金師。波乱に富んだ生涯を送る。
＊8　モンテーニュ（Montaigne）　1533〜1592。『随想録』の著者として名高い人文学者。
＊9　メートル・ドテル（maître d'hôtel）　給仕長。
＊10　トピナンブール（topinambour）　菊芋。
＊11　クリスティアン・ギイ（Christian Guy）　料理史研究家。参考文献一覧参照。
＊12　バルトロメオ・スカッピ（Bartolomeo Scappi）　生没年不詳。ローマ教皇ピウス5世に仕えた料理人。著書『作品集』（1570年刊）には膨大な数の料理レシピと多数の調理設備・器具を所収。

Olivier de Serres　オリヴィエ・ドゥ・セール（1539―1619）

材料の素晴らしさが、すべての良質な料理の基盤となっているとすれば、こうした良好な状況をもたらした多くは、現代農業の先駆者オリヴィエ・ドゥ・セールのおかげである。

農業と牧畜のパイオニアとして、農村経営に関して多くの創意にあふれた提言を行なったが、これほどの変革は、19世紀における農業革命まで再び現われることはなかった。

オリヴィエ・ドゥ・セールは1539年ヴィヴァレ（現アルデーシュ県）のヴィルヌーヴ・ドゥ・ベールに生まれた。彼の家は典型的なラングドックのユグノー小貴族であった。この地方は、絶え間ない宗教戦争による騒乱にゆれていて、彼が教育を受けたのはヴァランスであった。そして当時のすべての貴族がそうしたように、軍役についている。退役を迎えられる状況になると、すぐさま軍を離れ故郷に戻った。彼はある野心的な計画を抱いていた。同時代の碩学《せきがく》、ベルナール・パリシの著作に触発され、知的かつ科学的な農業を創造することを考えていたのである。

1559年に結婚するが、その際に妻はヴィルヌーヴの近くにあるプラデルの領地を持参した。そして、ここが彼の実験と研究の舞台となった。妻は彼の挑戦の成功に大きな役割を演じることになる。夫婦の協力の大切さを強調して、彼はこんな風に述べている。「あなたの妻が温和な気質を持ち、健康で、家計の切り盛りが巧みなら、あなたは自ら領地を活用しなさい」。

オリヴィエ・ドゥ・セールの創案は国王アンリ4世の関心を呼んだ。王はベアルヌの農業地域の出で、同じように農村の刷新に心を砕いていた。時の大臣シュリとのプーレ・オ・ポを巡る逸話がその象徴である。

この時代、ラングドックのブドウ栽培技術はたち遅れていて、そのブドウ畑はとうてい自慢できるものではなかった。オリヴィエ・ドゥ・セールは、ドイツのワイン貯蔵庫の清潔さとその管理法を賞賛しているのだが、自分のカーヴはネズミの害を被っている。

彼はユグノー特有の倫理観に支えられ、資本主義の精神に感化されて、その信念を彼の農地のすべてに適用していった。収穫量を上げるため半耕、半休の2年ごとの輪作をやめた。休耕地を減らし、土地の3／4は常に耕作していた。トウモロコシを移植し、灌漑《かんがい》設備を施して稲田を開発、西洋アカネを植え、イギリスのホップを試みた。果物、野菜の生産、牧畜、狩猟、漁業、これらすべてを精力的に研究、開発の対象として取り組んでいる。当時、アメリカからもたらされた富によって、絹の取引が盛んになった。オリヴィエ・ドゥ・セールは、これに対応して、桑を植え、養蚕業を興した。

彼は、厳しく、苛烈《かれつ》な経営者としての一面も備え、最大限の利益を追求した。生産コストを引き下げるために、常雇いの使用人に比べ、賃金の低い日雇い労働者を使うように勧めている。当時、日雇い労働者への給与は半分で済んだ。

「知り、欲し、成し遂げ」ながら、学び取った知識を世に広めるために、彼は優れた農村の百科事典を編み、そこに過去の知と彼が独自につかみ取った経験のすべてを集約した。『農業経営論』は、1600年に出版され、1694年までに19版を重ねることになる。さらにアンリ4世の命により、養蚕に関する部分1万6000部を刷り増し、それは全教区に配布された。

最初の7つの場（部分）は、小麦、ブドウ、果物類、牧畜等の生産を取り扱っている。8番目は美食寄りの記述で、砂糖菓子、ジャム類、フガス（フワス）、ブラッサード、ウブリなどのルセットを紹介している。

あまりに時代に先行し過ぎ、しかも困難を抱えた地域でのことであったため、オリヴィエ・ドゥ・セールの考えには、疑問が呈せられた。戦乱の影響が影を落としていたセヴノール地方の農村にあって、圧制を敷き過酷な労働を強いていた土地所有者は、彼の理論を受け入れようとはしなかった。ことにラングドックは、経済基盤があまりに脆弱《ぜいじゃく》だったということもある。一方、イングランドやネーデルランドでは、彼の見識は広く迎え入れられた。

こうした軋轢《あつれき》に加え、1610年にアンリ4世が暗殺されたことにより、この大胆な実験に歯止めがかけられた。そして彼も1619年、世を去った。

蜜蜂《みつばち》の働きに関する彼のメランコリックな記述は、暗い予感を表したものなのかもしれない。

「sic vos non vobis mellificatis apes：かくして蜜蜂は蜜を作るが、自らのためではない」。
E.N.

Platine de Crémone クレモナのプラーティナ（1450年頃―?）

「クレモナのプラーティナ」とは、バルトロメオ・サッキの別名である。ルネサンス期のイタリアに生まれ、料理人ではなく、ヴァチカン（教皇庁）の司書官吏を務めていた。彼は、当時フランス料理の発展に決定的影響を与えたメディチ家とも関係があった。

クレモナのプラーティナを有名にしたのは1474年ラテン語で書かれた著書『高雅なる悦楽』である。この書はすぐにフランス語とドイツ語に翻訳された。

その師と仰いだエピクロスやアピキウスにならって、彼もまた美食の枠を越え、尊重すべき道徳的、美学的な規範を詳述し、健康への配慮を結びつけた。彼の書には、料理のルセットはほんのわずかしかのっていないし、それらはみな中世的な発想に従っている。

料理と健康との結合というテーマは、古代ギリシャ以来、数々の書物に登場し続け、19世紀末頃になってやっと消え去った。

この本の中で紹介されているのは、エラスムスやラブレーなどの偉大な人文主義者の時代の生活術である。プラーティナは、ブリヤ＝サヴァランの信条を2世紀も早く唱えていた人物だったといえよう。

E. N.

17世紀●グランド・キュイジーヌ[1]の誕生

1651年、デュクセル侯爵[2]のエキュイエ・ドゥ・キュイジーヌ[3]、ピエール・ラ・ヴァレンヌが『フランスの料理人』を出版した。これが最初の本格的フランス料理書といえるものであり、以後出版、再版の長い歴史をたどる近代料理書の始まりとなる。16世紀には、レシピ集が何冊かかろうじて再版されていただけで、しかもそのほとんどが中世に書かれたものだった。しかし17世紀後半から18世紀にかけて、230冊以上の初版、再版の料理書が数え上げられる。

これらの書物の中では、きわめて激しい料理論争が繰り広げられている。モダニストと伝統主義者の対立は、現代のヌーヴェル・キュイジーヌ[4]の登場が引き起こした対決を思わせずにはいない。一例として、L.S.R.が『巧みに饗応《きょうおう》する術』の中で、ラ・ヴァレンヌの料理の懐古趣味を非難している箇所を引用してみよう。

「ラ・ヴァレンヌとかいう男が主張する、非常識で吐き気がするような教えは、（この本の中では）一切書かないことにしよう。ずいぶん長い間、策を弄《ろう》して愚かで無知な民を騙《だま》し続け、自分の作ったものは間違いのない真理だと思わせていたのだ…」。

3世紀を経た今、L.S.R.とラ・ヴァレンヌの相違点はそれほど目を引くものではなく、むしろL.S.R.はラ・ヴァレンヌの偉業の後継者とみなされている。いずれにしろ、料理界に論争はつきもののようだ。

この時代の忘れてはならないもう一人の著者マシアロは、先達の企てた改革を引き継いだ。初めて辞書形式を採用した彼の著書『王室とブルジョワ家庭の料理人』や『新・王室とブルジョワ家庭の料理人』から、17、18世紀の料理の進歩の足跡をたどることができる。

ここに初めて、料理書の題名の中に、時勢を表す言葉「ブルジョワ」が登場している。ブルジョワ階級が、生活様式や食習慣において貴族の模倣を始めたのだ。モリエール[*5]が『町人貴族』の中で皮肉った彼らの態度は、一方でフランス美食趣味の発展の原動力になっていく。自分たちの特権的な行動様式をまねられた貴族のほうは、別の新しい洗練を求めることに躍起になり、今度はそれがコピーされる…という具合に繰り返す。

ラ・ヴァンンヌの『フランスの料理人』とともに、フランス料理の偉大さと栄光を確立する基本原理が整い始めたのである。

香辛料の消費が減る

中世・ルネサンスを通じて、香辛料は貴族の料理を特徴づける主たる手段だった。香辛料の美食上の価値は、何より、手に入りづらく高価だったことによる。

16世紀の新大陸発見は、香辛料のおかげだということもできる。香辛料貿易の繁栄が航海術の進歩を押し進めた。大西洋に船出した大航海家たちは、地球は丸いという仮説のもと、インドへのもうひとつの航路、つまり香辛料の新たな輸送ルートを探していたはずが、偶然にアメリカ大陸に行きあたったのである。

その結果、大洋を制覇した、イタリア、ポルトガル、スペイン、オランダ、さらに規模は小さいながらもフランスの船乗りたちが、富を築き、香辛料は少しずつヨーロッパの市場にあふれ始めるのである。値段は下がり、どんなブルジョワ家庭の食卓にも香辛料が上がるようになった。贅沢《ぜいたく》品ではなくなった香辛料の価値は、貴族階級にとっては下がる一方である。

となると、料理人はエキゾティックな材料をこれ見よがしに使うことに興味を失い、かわりに調理技術を磨くことに力を注ぐ。以後、貴族の料理とブルジョワ・民衆の料理の差別化は、もはや食材の豪華さや奇抜さでなく、調理法の複雑さと料理人の知見にかかってくるようになった。

こうしてフランス料理は複雑化の道をたどり始める。世代交代ごとに料理人はたえず先輩の残した技術を改良し、洗練し、美化し、完成をめざすのである。

ラグーとソースの誕生[*6]

料理書の項目や目次を見ると、ソースの材料構成（酸味＋香辛料）、作り方、使い方（ロティにした肉に添える）のどれをとっても中世と変わっていないように思える。例えば『王室とブルジョワ家庭の料理人』は、辞典の形をとっているが、ソースの項目はなくて、ロティの一節に含まれている。マシアロは、ロ（第二セルヴィスの中心となる肉や魚料理）とソースのとり合わせがいかに大切かを強調している。「ロティに関しては簡単なことばかりのようだが、注意しておかなければならない点がある。適切な火加減や、肉に応じて上手に焼き上げるために必要な時間ではない。説明したいのは、焼き串《ぐし》に刺す前の下準備と、その肉に最もよく合うソースである」。

L.S.R.は、ロティに一番ふさわしいソースを、この時代にいたってもヴィネグレット（！）、あるいはポワヴラードだと解説している。

「上手に火を通して、全体にこんがりと焼き上がった肉には、ヴィネグレットかポワヴラードが合う」。

ソースの意味が広がる

しかし、以上のような用法の一方で、ソースという語は新しい意味をもち、別の料理内容を表すようになる。つまりラグーの煮汁に、多かれ少なかれ香辛料や香味材料で風味をつけて、パンや粉や卵黄でつないだり、あるいは単に煮詰めて濃度をつけたものを指す場合がある。

この意味で使うのはまったく新しい用法で、当時の料理を特徴づけるには欠かせない要素である。タイユヴァンの『ヴィアンディエ』では、香味をきかせ、濃度をつけ、脂肪分を含んだブイヨンのルセットのどこを見ても、ソースという語は前記の意味で使われていない。「野兎のシヴェ」や、「コニのブサック」[*7]「兎肉または鶏肉のブルエ」などの料理はすべて「濃度をつけたポタージュ」の項に分類されている。

ただし、ラ・ヴァレンヌ以後、つないだラグーの煮汁をソースと呼ぶようになるが、料理のルセットから独立することはなく、その料理とともに生まれるものであった。というわけで、ソースのリストには、新しい意味のソースは登場しないのである。

二つの新しいつなぎのテクニック：ルーと煮詰めること

　このころまで、液体に浸したパンでソースの濃度をつけていた。ここへ新しいテクニックが登場する。小麦粉（正確にいうとルー）を使ったつなぎである。まずいくつかのルセットの中に現われ、[1]続いて独立したテクニックとして、最終的に「リエゾン」[*8]と呼ばれる。L. S. R. は次のように説明している。

「甘アーモンドをとってきて、簡単に皮がむけるように沸騰した湯にしばらく放り込んでから冷たい水に移して冷やし、乳鉢ですりつぶす。そこへごく少量の上等なブィヨンを加え、中身がペースト状になるまで煮詰める。豚の脂肪、背脂のたぐいと、上質で新鮮なバターを同分量ずつ加えて溶かし込む。これでほとんどルーが出来上がる。さらに、アクと脂かすをとり除いて、小麦粉少々をふり入れて加熱し、絶えずかき混ぜながら溶かし込み、火を通す。ダマになるまで煮詰めてはいけない…。続いてそこへレードル1、2杯くらいのブィヨンを注ぎ、鍋《なべ》をそのままとろ火にかけておく。必要なだけをとり出して、残りは鍋のまま保存する」[2]。

　つまり、脂肪分（バター＋脂）と小麦粉を混ぜ合わせたものを作って、液体（水とブィヨンで溶いたアーモンド・ペースト）に溶け込ます。熱の作用ででんぷん糊《のり》が形成され、濃度がつく。『フランスの料理人』では、148のソースのうち23%に小麦粉を使っている。パンは13・5%である。

もうひとつのテクニック（ルーやパンのつなぎと併用することもある）でも、ソース濃度を増すことができる。煮詰めることである。沸騰させてソースの一部を蒸発させるだけで、粘性が増し、風味が凝縮される。ラ・ヴァレンヌのソースのルセットの47%はこの方法を使っている。この方法は、これ以後さらにシステマティックに用いられるようになる。

ジュ[*9]とクーリ[*10]：現代のフォンの祖先

17世紀を特徴づけるものとして、ジュとクーリの出現も挙げられる。これらは2世紀後のフォンの理論の先駆けである。

ジュとクーリは、実際「ミトナード[*11]を駆逐したばかりでなく、あらゆるソースに美《お》味《い》しい味を与える」(3)ために役立つと、L.S.R.は述べている。

ジュは蓋《ふた》をして焼いた肉の肉汁をデグラッセしてできた液体にすぎないが、クーリはさらに手が加わって、現代のフォンにかなり近いものになっている。基本となる風味（骨と肉）に加えて大量の香味材料が使われている。玉ねぎ、丁字、タイム、シャンピニョン、アーモンド…など。さらにつなぎとしてパンも加える。こうして煮上がったものを、布で漉《こ》すと出来上がる。

素材の味の尊重

17世紀末の特徴としてもうひとつ、素材の味を尊重しようという意欲があげられる。香辛料の使用量はかなり減っている。フォンの理論を誕生させる近代料理の精神を、すでにかいま見ることができる。1654年、ニコラ・ドゥ・ボンヌフォン*12の筆によれば「キャベツのポタージュには完璧《かんぺき》にキャベツの味がするべきだ。ポワローのものにはポワローの、かぶのものにはかぶの。他の素材でも同様である。…ポタージュについていえることは、どんな料理にも例外なく当てはまる基本原理だと思う」(4)。

こうして1691年、マシアロはL.S.R.の「万能のクーリ」に代わって、正真正銘の「ソース・エスパニョール」を作り出す。すべてのソースの母となるソースである。ここから生まれる23を下らない数々のクーリは、基本的な風味はただひとつで、用法も明確に決まっていた。

ムース

ミキサーもフード・プロセッサーも存在しない時代に、料理人はすでにムースを完成させていた。これは料理が社会の潮流に影響された一例である。「愛の国の地図」、モリエールの『才女気どり』などを生んだ社会の追い求めた洗練に、ムースは呼応しているのである。

デカルト式の二元論では、人間を二つの階層からなる実体に分割する。ひとつは、意識的な思考の根源たる精神。もうひとつは、純粋に機械的な実体としての身体である。この思想が、キリスト教の旧来の身体合一論を改革しようという、17世紀のピューリタニズムと相まって、ピュレとムースの最初の流行をもたらした。とりわけ当時の女性たち、社会学的な正確さを期していえば「プレシューズ[*13]」たちの食べ物となったのである。

ムースは、かむという品がなく散文的な行為を人目にさらすことなしに食事することを可能にした。つまりムースは「かみくだかれた」食べ物なので、美しいご婦人は、口を動かさず、ムースを舌のうえで溶かし、ひそやかに飲み下すことができる。精神のふれあいを妨げるような音を立てずに食べられる。

このころのムースのルセットは、長く複雑である。まず、肉から筋をとり除いて乳鉢でていねいにすりつぶす。すりつぶすときに生じた熱を下げるために氷の上に置いて冷やす。裏ごしをして、氷の上に戻し、卵白、パナード、脂肪分、バター、クリームなどを、長時間かけて、練りながら混ぜ込んでゆく。ムース作りは事実上食べ物をあらかじめ消化する作業で、ムースは体に吸収する準備が完了した料理なのだ。(5)

ムースの調理法は、生物的機能の否定そのものである。ものをかむこと、つまり食べ物への身体のかかわりを抑圧し、調理場（実際、たいていは地下に作られていた）という無意識の場へと追いやるのである。

ますます洗練されるサーヴィス

同時にサーヴィスも進化し、凝ったものになる。マシアロが取り仕切り、この分野のモデルとしてあげている宴会を例にとって、サーヴィスの規則を研究してみよう。以下のようにはっきりと書いている。

「お望みならもっと大きな宴会の段取りや配置も、この基本の宴会をもとにたやすく解決できる。人数と食器の数に合わせて、皿の数を増やしたり、大きくしたりすればよい」。(6)

会食者の数によって料理の数と量は変わるが、構成は変わらない。これが興味ある点だ。「12名の客用に食卓をしつらえたければ、真ん中に大皿を置いたまま、各セルヴィスで四つの中皿と四つのオードヴルを出せばこと足りる」。実例を見てみよう。

PREMIER SERVICE
第一のセルヴィス

Potages et entrées
ポタージュとアントレ

Deux potages:
ポタージュ*14　2品

un moien plat d'une bisque de pigeons,
鳩のビスク中皿　1皿

et l'autre d'un chapon aux racines
去勢鶏、根菜添え　1皿

Les deux autres moiens plats pour entrées:
アントレ中皿　2品

l'un d'un pâté de perdrix chaud
やまうずらの温製パテ*15　1皿

et l'autre de poularde aux truffes, garni de fricandeaux
トリュフ詰め肥育鶏、フリカンドー添え　1皿

La grande entrée
主たるアントレ

Sera de deux ros de bif,
中央の大鉢にロ・ドゥ・ビフ*16

garnis de côtelettes de veau mariné frites,
仔牛をマリネして揚げたコトレット添え*17

un dégoût par-dessus, pour le bassin du milieu
上から滴った肉汁をかける

Pour les hors-d'œuvre
オードヴル

Un poupeton de pigeons
鳩のププトン*18　1皿

Un plat de cailles à la braise
うずらのブレゼ　1皿

Un de poulets farcis, coulis de champignons
若鶏の詰め物、きのこのクーリ　1皿

Un de perdrix, sauce à l'Espagnol
やまうずら、ソース・エスパニョール　1皿

Deux de fricandeaux farcis,
フリカンドー*19の詰め物　2皿

deux de ris de veau au jambon farcis
リ・ドゥ・ヴォ、詰め物をしたハム　2皿

Duex de laitues farcies à la dame Simonne
詰め物をしたレタス　シモンヌ夫人風　2皿

Deux de ris de veau piquez à la broche, et après rôtis, un bon ragoût par-dessus
リ・ドゥ・ヴォの串焼き　上等なラグー添え　2皿

Deux de fricandeaux sans être farcis,
詰め物なしのフリカンドー　2皿

deux de pains au veau
仔牛のパン　2皿

SECOND SERVICE
第二のセルヴィス

Pour le rôt
ロとして

Seize plats de rôt, autant comme de potages, composez de toutes de volailles, gibier, marcassins, cochons de lait, etc.
ポタージュと同様、家禽、ジビエ、仔猪、乳飲み豚など様々な肉　16皿

Dix petites salades
小サラダ　10皿

L'entremets
アントルメ

Deux grands pâtez de jambon
ハムの大パテ　2皿

Deux autres de poulardes et moutons
鶏と羊の大パテ　2皿

Les douze plats moiens:
中皿　12品

Deux de blanc-manger,
ブラン・マンジェ　2皿

Deux de salé,
塩漬け肉　2皿

Deux d'oreilles de veau farcies,
仔牛の耳の詰め物　2皿

Deux de galantine,
ギャランティーヌ　2皿

Deux d'asperges
アスパラガス　2皿

Hors-d'œuvre
オードヴル

Vingt-deux hors-d'œuvre qui, avec les dix salades, remplissent le même nombre qu'au premier service:
オードヴル　22皿（サラダ10皿添えて第一セルヴィスと同皿数）

Deux de mine-droit,
ミヌ＝ドロワ*20　2皿

Deux de pieds de cochon à la Sainte-Menehout,
豚足、サント＝ムヌウ風　2皿

Deux de hâtelettes grillees, panées,
衣をつけてグリエしたアトレット*21　2皿

Deux de culs-d'artichauts, sauce au jambon,
アーティチョークの芯、ハムのソース　2皿

Deux de pain au jambon,
ハムの「パン」　2皿

Deux de morilles farcies, champignons en ragoût,
モリーユの詰め物ときのこのラグー　2皿

Deux de crêtes farcies, et de foies-gras en ragoût,
とさかの詰め物と*22フォワ・グラのラグー　2皿

Deux tourtes de blanc de chapon
去勢鶏の胸肉のトゥルト　2皿

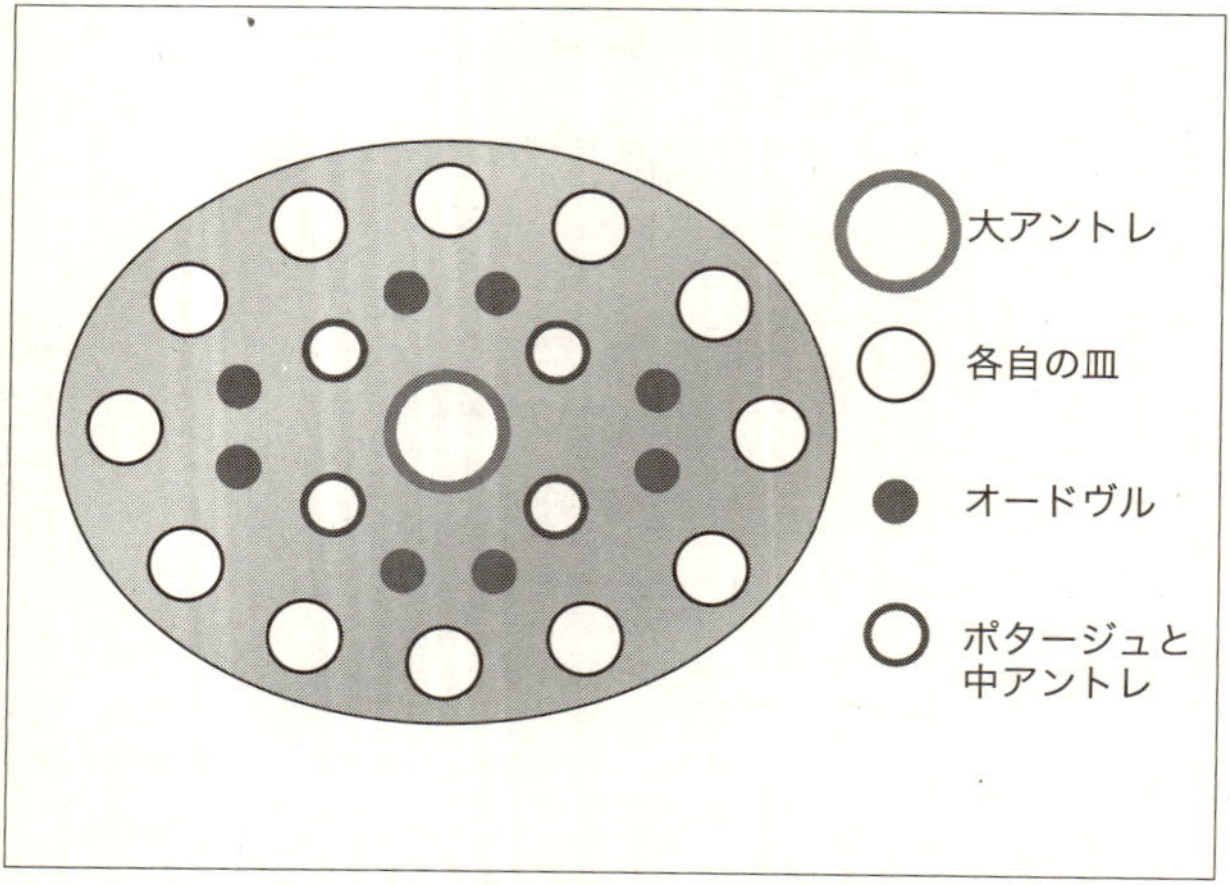

フランス式サーヴィスの配置概念図

この例を見ると、「セルヴィス」と呼ばれるまとまりが、食事をはっきり三段階(7)に分けている。「フランス式の秩序にのっとって供される正餐《せいさん》は、事実、異なった三つのセルヴィスからなる。そのうちの二つは普通の調理場で、残りひとつはオフィス(冷製料理用の調理場)で用意される」(8)。これは15世紀の食事構成そのままである。プラーティナが『高雅なる悦楽』の中でこう書いている。「食卓では、秩序を保ち、しかるべき規則を守らねばならない。すべての食事は、三つのまとまりに分けて出すよう注意せねばならない…」(9)。

この長ったらしい料理の羅列は、すべての会食者に次々と料理を出しつづけるという意味ではないのだ。現代の食卓から思い浮かぶやり方とは違う。上に羅列した料理は、第一あるいは第二セルヴィスの際に食卓に並べられる料理全部を書き連ねたものだ。すべての料理が一度に運ばれてきて、ある一定のきまりのもと食卓に並ぶ。各セルヴィスには同じ皿数が置かれ、第一のセルヴィスの一つひとつの料理が、第二のセルヴィスに対応する皿を持っている。

つまり、フランス式の食事の特色は、二重の対称性にある。セルヴィス間の対称と、各セルヴィスの食卓上の皿の配置の対称性だ。一番量の多い中央の皿から、両側にいくに従って料理の少ない皿を並べていくのである。

食卓の空間構成もまた、「五官を楽しませる」ものでなければならない。ただしここでいう五官とは、何よりもまず視覚である。こうして食卓の装飾は18世紀に頂点を迎える。

＊1　グランド・キュイジーヌ（grande cuisine）　偉大な料理。ルイ14世からフランス革命までの、宮廷、高級貴族の館で供された料理。

＊2　デュクセル侯爵（Le Marquis d'Uxelles）　ちなみに、料理のデュクセル（Duxelles）は、ラ・ヴァレンヌがエキュイエ・ドゥ・キュイジーヌ（料理長）として仕えていた、デュクセル侯爵の名をつけた、シャンピニョンの詰め物。

＊3　エキュイエ・ドゥ・キュイジーヌ（écuyer de cuisine）　料理長。

＊4　ヌーヴェル・キュイジーヌ（Nouvelle Cuisine）　新フランス料理。

＊5　モリエール、本名J・-B・ポクラン（Molière, Jean-Baptiste Poquelin）　1622～1678。18世紀を代表する喜劇作家。

＊6　ラグー（ragoût）　煮込み。

＊7　コニ（conis）　飼育兎。

(1)　参照：ラ・ヴァレンヌ著『フランスの料理人（Cuisinier françois）』より、豚の舌のラグー（煮込み）。

＊8　リエゾン（liaison）　つなぎ。

(2)　L.S.R.著『巧みに饗応する術』

＊9　ジュ（jus）　現在では、野菜や果物を液状にしたピュレ。

＊10　クーリ（coulis）

＊11 ミトナード (mittonade) パンを浸したポタージュ。

(3) L.S.R.著『巧みに饗応する術』

＊12 ニコラ・ドゥ・ボンヌフォン (Nicolas de Bonnefons) 生没年不詳。ルイ14世の侍従長。

(4) ニコラ・ドゥ・ボンヌフォン著『田園の楽しみ (Les Délices de la campagne)』1654年

＊13 プレシューズ (précieuse) 17世紀の才女。趣味の婦人。

(5) ゴディヴォ、ファルス・キュイット、クネル、ブーダンなど、いろいろな名で呼ばれている。参照：A.ボーヴィリエ著『料理人の技術 (L'Art du cuisinier)』第2巻。同様の例が、『ブルジョワ家庭の女料理人 (La Cuisinière bourgeoise)』の中で、ムノンが紹介する「兎のブーダン」。

(6) マシアロ著『王室とブルジョワ家庭の料理人 (Le Cuisinier royal et bourgeois)』1691年パリ デサンジュ (Dessanges) 版

＊14 ポタージュ (potage) どのような料理なのか認識しておく必要がある。ポタージュという料理は、フランス料理の中では中世から20世紀まで絶えず登場している。しかし、その食事の流れの中でしめる順番は事実上変わらないが（食事の幕開け、カレームの言葉を借りると「大使」）、その量、その中身、作り方は大きく変化を遂げている。タイユヴァンからマシアロまで、完璧なポタージュには、相当な量の肉、野菜が入っていて、ブィヨンの中でじっくりと火を通したものであり、供する前に「ミトネ（パンを浸すこと）」した。したがって、マシアロのメニューにのっているポタージュ2種も中身が豊富で、トマトのヴルーテというより、オーヴェルニュ地方のポテやベアルヌ地方のガルビュールなどに近い。

＊15 やまうずらの温製パテ (pâté de perdrix chaud) やまうずらをファルスにして、生地で覆ってオーヴンで焼いたもの。

＊16 ロ・ドゥ・ビフ (ros de bif) 羊の後半身。

＊17 デグー (dégoût) 羊の後半身。

＊18 **ププトン（poupeton）** 仔羊、パン、卵でつくった詰め物を、焼いた鳩の中に詰める。ブレゼ（蒸し煮）して、温かいうちに食卓へ出す。

＊19 **フリカンドー（fricandeaux）** やや厚めの仔牛の薄切り2枚に詰め物をはさんで背脂を刺す。次ページのフリカンドーには「詰め物をしていない」。つまり、背脂を刺して厚めに切ったもの。

＊20 **ミヌ＝ドロワ（mine-droit）** 別名ムニュ・ドロワ（menus droits）。牛や鹿の口蓋内の煮込み。

＊21 **アトレット（hâtelette）** 現代語ではアトレ（hâtelet）。パン粉をつけて焼いたリ・ドゥ・ヴォーや肝臓を刺した小さい串。付け合わせとしてもオードヴルとしても用いられる。

＊22 **とさかの詰め物（crêtes farcies）** 雄鶏のとさか。

（7） 中世には、セルヴィスが四つになることもあった。モルクレット（Morcrette）版タイユヴァン参照。１６５４年、ニコラ・ドゥ・ボンヌフォンも『田園の楽しみ』の中で、六つのセルヴィスがあるメニューの例をのせている。しかし、これは古典的構成を二つずつに分けたもの。アムロ（Amero）版『食卓の古典（Les Classiques de la table）』１８５５年、参照。マシアロ以後、セルヴィスは三つ、ごくまれに四つに定まった。

（8） U．デュボワ、E．ベルナール共著『古典料理（La Cuisine Classique）』１８５６年

（9） プラーティナ著『高雅なる悦楽』ローマ、１４７４年。D．クリストル仏訳『フランス語におけるプラーティナ…（Platine en Françoys…）』リヨン、１５０５年。J.-L．フランドランが、その著書『ルネサンス期の食事に関する実践と言葉（Pratiques et discours alimentaires à la Renaissance）』（１９８２年、Maisonneuve et Laroze 刊）の中の「養生と食習慣（Médecines et habitudes alimentaires）」で引用。

François Pierre La Varenne　フランソワ・ピエール・ラ・ヴァレンヌ（17世紀）

一世紀弱を隔てて、二人の高名な料理人が、ラ・ヴァレンヌという名で登場する。最初の一人は、１５６０年サルト県のラ・フレシュに生まれたギヨーム・フーケである。彼はアンリ4世の妹、バール侯爵夫人の調理場で見習いを始めた。続いてアンリ4世に仕え、料理以外の仕事でも広く活躍する。取るに足らないものも含めて数々の職務についたが、最も重要な任務は宿駅の管理官だった。

二人目がフランソワ・ピエール・ラ・ヴァレンヌで、その著書によってより有名である。ルヴォワ家の料理人であったときに、国王ルイ14世を迎えたこともある。しかし、目立った経歴は、ルイ・シャトン・デュ・ブレ、デュクセル侯爵、ドゥ・コーマルタン侯爵、また、シャロン＝スュル＝ソーヌの地方総督でもあった人物にも仕えた10年間である。間違いなく、この頃が彼のキャリアにおける絶頂期だった。

彼を有名にした最初の著書『フランスの料理人』は、１６５１年、デュクセル侯爵に捧《ささ》げて上梓《じょうし》された。この書によって、ラ・ヴァレンヌは、タイユヴァン以来途絶えていた料理書の復活とフランス料理の再生を成し遂げた。『フランスの料理人』は、見事にまとめられた解説と明快なルセットによって大成功を収めた。１７２７年までに８版を重ね、イタリア語にも翻訳された。続いて１６６７年『完全なるジャム職人』を発表するが、すでに「フランスの」とつけた題名が知れわたっていたので『フランスのジャム職人』と後に改題された。もう一冊別の本が、ヴィケールによれば、ラ・ヴァレンヌの作とされている。『フランスの菓子職人』である。この本では、ルセットの紹介が、特に分量と加熱時間について一層詳細になっている。最後にもう一冊、１６６２年に発行された『体系的料理人』もラ・ヴァレンヌの作とされているが、構想も内容の質も見劣りするので彼のものかどうかは疑わしい。また、ラ・ヴァレンヌは、料理に自らの名を付けた最初の料理人だったことも付け加えておこう。E.N.

L.S.R.　エル・エス・エール・（17世紀）

この三つのアルファベットは謎のままである。ロベールという料理人名が隠されているという歴史研究家もいる。『美食文献目録』（１８９０年）の著者、ヴィケールにいわせると、ローランというオフィシエ・ドゥ・ブーシュ（食膳《しょくぜん》係。食事に関する総責任者）で、当時宮廷で働いていた料理人とは別人らしい。ともあれ、L.S.R.はカリニョン公夫人に仕えていた人物のようである。残された著作に比べると、その人となりを示す情報は極端に少ない。

L.S.R.が『巧みに饗応する術』を出版したのは１６７４年のことだった。この傑出した書物は、料理とサーヴィスの発展に多大なる影響を与えた。読んでみると、快楽を追求しながらも、細かい構成をおろそかにしない作者の姿を感じとることができる。

彼は、複雑な調理法や、気紛《きまぐ》れにつけたような料理名を厳しく非難した。その序章で極めて辛辣《しんらつ》な口調で、ラ・ヴァレンヌをはっきりと槍玉《やりだま》にあげている。「仔牛《こうし》の頭のフリット（のルセット）を見ると、笑ってしまうか、あまりに哀れで泣けてくる。もっときちんとした、大切な教えを受けたいものだ」。書き方が度を越している点はあるが、L.S.R.が料理術の巨匠であることに異論はないだろう。その証拠に、グラン・ブイヨン（現代のマルミットに当たる）の研究では、弱火でゆっくり加熱することや、材料の構成バランスの重要性を説いている。すでに合理的な料理の域に達していたわけだ。

料理の作り方にとどまらず、彼は調理場の設備や器具についても優れた指摘を残している。例えば、鍋を吊《つる》す鉤《かぎ》の必要数と大きさの基準を作ったのも彼だ。さらにポタジェ（熾火《おきび》を入れた加熱用調理台の一種）の大きさを定めたり、必要な道具の細かい一覧表を作った。

彼がオフィシエ・ドゥ・ブーシュだったと考えられる根拠を挙げておこう。一つは冬と夏の食事の場の描写であり、もう一つは庭や洞窟《どうくつ》や水辺で催したコラション（軽い昼食）やアンビギュ（ごユッフェ）などの催し方にまで言及している点である。　E.N.

Massialot　マシアロ　（1660―1733）

マシアロ本人についてはほとんど何も伝わっていないが、フランス料理史に大きな足跡を残した著作によって見過ごせぬ人物である。

出身地はリムーザン地方で、1660年に生まれた。見習い時代のことは何もわかっていないが、マシアロがいわゆる「エキストラ（臨時雇い）」の料理人グループの一人だったことはよく知られている。つまり、特定の屋敷のお抱えにはならず、大きな宴《うたげ》が催されるときだけお呼びがかかる。こうした機会には、「ムッシュ」と呼ばれる国王の弟たちや、シャルトル公、オルレアン公、ルヴォワ侯らの調理場を取り仕切ったのである。

1691年、マシアロはその著『王室とブルジョワ家庭の料理人』を発表し、後に英語にも翻訳された。この二つの異なる社会階層を並べた題名は驚くべきことだったろう。マシアロによると、ブルジョワ家庭の料理は概して素朴なものだが、盛大な集まりの時には貴族料理の水準に達することもあり、事実、極めて簡単に見えるルセットでも、洗練された宮廷の味に非常に近いものもあった。この本の読者層はプロの料理人だったことがうかがえる。というのは、材料の分量があまり記されていないからだ。しかし念入りに作られた索引が、料理の大きな進歩を表している。

序文の中でマシアロはこう断言している。「…フランスは他の国々の料理界に貢献したことを誇りに思っていいだろう。…この著作が私の主張のうってつけの証人となろう」。事実、ヨーロッパ中の宮廷がフランス料理に追従している。二冊目の著作『新・王室とブルジョワ家庭の料理人』(1712)が彼の経歴の最後を飾った。

マシアロの料理は、ラ・ヴァレンヌの料理よりも明らかによく考え抜かれたもので、料理の決定的な進歩をもたらした。　E. N.

François Vatel フランソワ・ヴァテル (1631―1671)

フランソワ・ヴァテルの祖父母は、フランドルかドイツの出身だった。父親は屋根職人だったが、フランソワは兄の代父で、菓子屋兼トレトゥール(仕出し屋)を営んでいたジュアン・エヴラールのもとへ見習いに入り、七年働いた。

1653年、総監に任命されたばかりのニコラ・フーケのメートル・ドテル(待従長)を務めていたM.プイイが、ヴァテルをエキュイエ・ドゥ・キュイジーヌ(料理長)として雇った。非常に働き者でよきまとめ役となったヴァテルは、すぐにフーケに気に入られ、メートル・ドテルに任ぜられた。

1661年フーケが逮捕されると、部下はみな投獄を免れるために逃亡を余儀なくされた。ヴァテルはイギリスに逃れ、そこでフーケの友人、グールヴィルに出会う。

ほどなく望郷の念にかられたグールヴィルとヴァテルは二人でフランドルへ戻った。グールヴィルがコンデ公に話を持ちかけて、ヴァテルはシャンティイ城に召し抱えられた。1663年、城では大改装工事が計画され、ヴァテルは屋敷の管理という重責を負う総監督に任命された。改修が終わると、コンデ公は国王を招待した。

部下も情報も不足していたヴァテルは、国王の来訪をわずか二週間前に知らされて、準備にへとへとになる。花火まであるのに、すべてを整えるための時間はほんのわずか。客は予想以上に大勢やって来て、案の定ローストの数が足りなくなった。ヴァテルには、この第一の失敗がひどくこたえた。夜になっても興奮のあまり寝つくことができずに、起き出してくると、今度はその日の昼食の魚が足りないことに気づいてしまう。あまりに疲れすぎたせいで、何件か魚卸業者に注文を出してあったのを忘れていたのだった。自分を恥じ、すっかり憔悴《しょうすい》しきったヴァテルは、ついに自ら命を絶ってしまう。残りの魚が届いたのは、その瞬間だった。

宴会の邪魔にならないように、ヴァテルの遺体はこっそり埋葬された。偉大なるプロフェッショナルとしての悲劇的最期にしては、捧げられた哀悼はあまりにもささやかだった。セヴィニェ夫人もこう記している。「5万エキュをかけた祝宴には、具合の悪い話だ」と。

1671年4月24日のことだった。

E.N.

18世紀●宮廷のスペ（夜食）

ヴェルサイユでの宮廷生活は贅沢《ぜいたく》になる一方であり、料理人は錬金術的手法による料理の向上をめざしていた。この二重の影響のもと、フランス料理は開花し、洗練を重ねた。19世紀フランスの「偉大なる古典料理術」の展開につながる基本原理が整えられていく。

ムノン　錬金術師的料理人の伝統

物質の「エッセンス（本質）」「エスプリ（精髄）」、あるいは食べ物の「スュク・ヴィタル（生命の精華）」の錬金術的探求が、18世紀の料理人たちを刺激した。

さらに、実験科学の誕生とともに、料理人たちは食べ物のおいしさの源と考えられていた物質の研究を始める。これがオスマゾーム[*1]である。

アタノール型[*2]に作り替えたかまどの魔力に敏感に反応した料理人は「飲む黄金」を手に入れんと躍起になる。フォンやソースを改良、洗練しようという意欲が、当時の巨匠たちの著作に錬金術[*3]もどきの言葉で表現されている。

錬金術的作業

ムノンはこういう。「料理とは、食べ物の粗野な部分を希薄化する、つまり料理のあつかう食べ物のかけらから、それが含んでいる卑俗な成分をとり去ることである。すなわち食べ物を磨き上げて、純化する、いわばある種の精神性を与えることだ。作られた料理は、最も純粋でかつ繊細な精髄を、おのずから豊かにあふれさせているべきものなのだ」(1)。

表面の不純物をとり除き、(食べ物の奥深くに潜んでいる)「生命の精華」や「本質」、「精粋＝テレスム」という「あらゆる力の中の力」を引き出すことが問題となる。ルセットの構成にいたっても、フォン、クーリ、ソースは、錬金術的な作業手順に従っている。

まず最初に、腐敗に相当する「黒への作業[*4]」という一段階がある。「肉の味がよくなるには、何日か寝かせて熟成させる必要がある」。続いて、液化つまり素材の溶解である。「（クーリを）おいしくするには、鍋《なべ》にぴったり蓋《ふた》をして弱火にかけ、肉から肉汁がにじみ出るのを待たなければならない」(2)。

「黒への作業」がすむと「白への作業」*4に入る。『白への作業』は昇華の過程から始まる。土から生まれた肉体の中に宿る魂が、この過程で水と空気に変成する…」。次に、この液体を「アタノール」と呼ばれる錬金術師のかまどで、ゆっくりと注意深く火にかける。濃度をつけた後、このクーリにしかるべき液体を加え、「さらに数時間ごく弱火で煮込む」。錬金術的作業のこの段階にいたって、錬金術師の表現をそのまま用いれば、「不老不死の霊薬エリクシール」「万能薬パナセ」「飲む黄金」などが得られるのである。

ムノンから一世紀以上を経ても、錬金術的モデルは相変わらず料理のイマジネーションを刺激し続けている。「完璧《かんぺき》に煮詰め、理にかなった組み合わせで、純粋で繊細な非の打ちどころのない味をもったソース。これこそ黄金の液体にほかならない」(3)とファーヴルは書いている。これ以上明快な例はないだろう。

以上のような「精髄」の探究が一層はっきりと認められるのが、ブリヤ＝サヴァランが紹介する次の逸話だ。

スビーズ公がある日祝宴を催そうと思い立った。しめくくりが晩餐《ばんさん》会なので、そのメニューを出すようにと申しつけた。翌朝一番、メートル・ドテルが葡萄《ぶどう》の蔓《つる》模様の美しいメニュー表を手に現われる。公は最初の項目に目をとめた。「ハム50本」とある。

「何だ、ベルトラン。ハム50本とは、浪費が過ぎるのではないか！　おまえは、わしの連隊全員にご馳走《ちそう》を振る舞ってやるつもりか！」。

「お言葉ですが、旦那《だんな》様、食卓には一つしかお出ししませんが、残りも必要な分量なのです。私のエスパニョール、私のフォン・ブロン、私の付け合わせ、私の…」。

「ベルトラン！　貴様は泥棒か。こんな品物は認められん！」。

「お言葉ですが、旦那様」と、かろうじて怒りを抑えた名人はいった。「私たちのやり方をご存じないとお見受けしました。ご命令とあらば、お気に障ったこの50個のハムを、親指ほどの大きさのクリスタルの小瓶に、収めてご覧にいれましょう」(4)。

おいしい料理が人類を向上させる

しかし、錬金術とのアナロジーは、完全無欠のソース作りだけに要約されるわけではない。18世紀の料理人は、料理の改良を通じて自らを磨き上げながら人類の進歩の想念にまでたどりついた(5)。つまり、料理人は人間の精神の成長に貢献するということだ。ムノンは次のように述べている。「野蛮の中にいた我々のうちに、礼節、才知、芸術、科学の探究心を呼び起こした物質的原因のひとつに、現代料理をあげるのは、行き過ぎだろうか？」[6]。

また、後のことになるが、J.ファーヴルはこう述べている。「この高尚なるソース、かの『黄金の液体』を口にすることで、人類は変貌《へんぼう》をとげた。フランスが美食の炎を燃やし続けられるのは、まさにソースのおかげである。ソースが美味なる料理の基本となる。この素晴らしいソースがあるからこそ、フランス料理は他の国々の料理に対して優位を保てるのである」[7]。

宮廷の饗宴

17世紀の末頃、フランス宮廷がヴェルサイユに居を定めたことにより、決定的な社会変動の開幕が告げられた。中央集権化は首都に地方貴族を惹きつけ、その地方政治で果たしてきた役割をおろそかにするようになる。地方の政治権力の空白を前にして、ブルジョワジーはその経済的重要性を増していったが、一方ではモリエールが『町人貴族』で揶揄《やゆ》したような姿勢で、貴族階級の猿まねを続けていく。まねられた貴族の側も、画家、食膳《しょくぜん》係、服飾職人、香水業者、かつら師…などにせっせと金を貢ぎ、身分の違いを改めて際立たせるべく新たな社会的な手段を講じていった。こうして文明化へのメカニズムが確定し、服飾の流行、香水の芸術、そして美食は明確なシステムと化していった。これらを通して社会的差異が明らかになり、それを認知することになる。この行為はますます洗練され、成り上がりの階級と特権的エリートとの格差を確定して、この上に「フランス式の生活様式」が築かれる。そして、これはすみやかにヨーロッパのエリートたちに模倣された。流行の力学は、こうした認知と識別のゲーム、「模倣者」と「追随者」の間のずれを基盤にしているのだ。

フランス式サーヴィス術が最高の洗練に達したのは、ヴェルサイユの宮廷においてだった。最初は、豪奢《ごうしゃ》な食卓に熱を入れていたルイ14世の時代。続いて1715年から1723年の摂政時代。当時オルレアン公フィリップ2世は、ご馳走を愛するあまり、摂政の身分でありながら「料理を作る」こと、当時流行の言葉を借りると「自らの手を生地につっ込む」ことさえいとわなかった。そして最後が、1774年までのルイ15世の統治時代である。

フランス式サーヴィスを、当時のヨーロッパ中の貴族社会が取り入れた。まさにフランス式サーヴィスこそ、サーヴィスの規則と上位席次権という面で、旧体制下の社会構成を如実に反映させた規範だったのである。

フランス式「グラン・セルヴィス」

前に見たように、フランス式サーヴィスでは、食事が三度に分けて供される。「食卓にはたくさんの料理が並び、各人が自分の好みに合わせて、心のおもむくままに食欲を満たすことができる。ただし、誰もが直接スムーズに料理が手にはいるとは限らない。食卓を囲む会食者の席順は、食卓づくりの規則に従っているのである」。

特別な席

食卓に有利な場所があることは一目瞭然《いちもくりようぜん》である。中央に座れば、自分ひとりで、つまり他の客や従僕に頼まなくても、食卓の端に座ったときよりもずっと多くの料理に手をつけることができる。そう、この場所こそ家の主人が座るべき席なのだ。「アンフィトリヨン*5は、食卓の中央に座る。他の会食者の席は前もって決められ、客が迷いなく席につけるよう、各自の席にネームカードを置くなどの手段がとられる…」(8)。しかし、ネームカードの配置が偶然に任されるわけではないことを見逃してはならない。まったく逆に、アンフィトリヨンの熟考の結果なのである。食事の最中の心地良さや精神的な楽しみは、会食者の席順にかかっているのだ。これこそおろそかにすべきではなく、健啖《けんたん》家たち自身、何より大切なことと考えている。ブリヤ＝サヴァランも同じ意見だ。「食卓の快楽は場の設定と、会食者の集め方の配慮にかかっている」(9)。

つまり、食事の成功は、会食者選び、その組み合わせ、そして食卓を囲む席順に関わってくるのである。「気性の激しい者同士、文学や仕事のうえでのライバル、思索家と軽薄な人間を『隣り合わせて』はいけない。無謀な組み合わせを試みようなどと

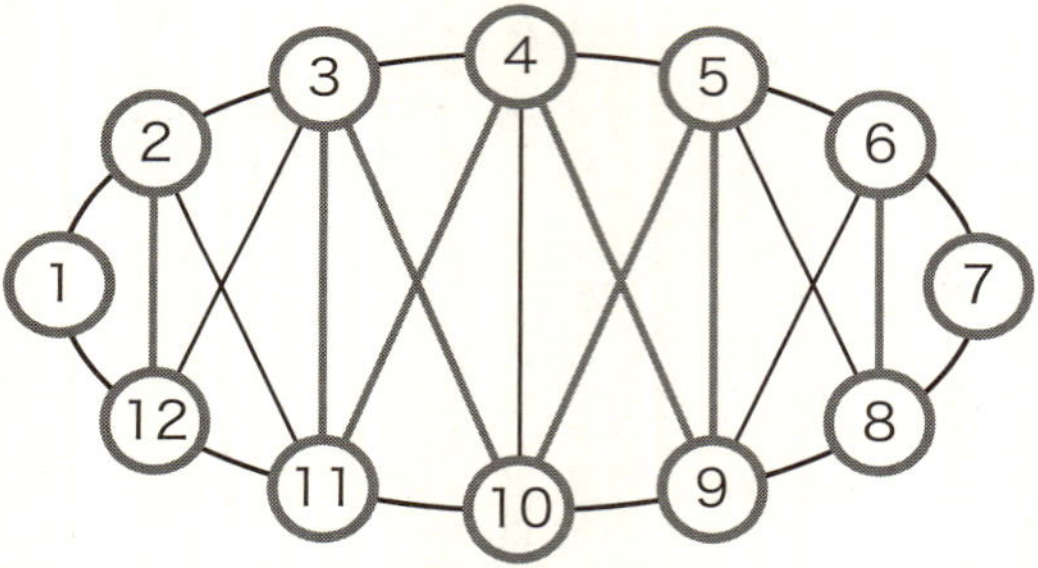

食卓の席次

思わぬこと…。食卓の地理は起伏に富んでいて、落とし穴や断崖《だんがい》が待ちうけている。人の組み合わせは、料理の組み合わせよりはるかに微妙なものだ」[10]というJ.-P.アロンの着眼は的確である。

いったん席に着くと、会食者は隣や向かいの人と（ただし、距離があまりに離れている食卓の端同士などは別にして）気軽に会食を楽しむことができる。しかし逆に三つか四つ席が離れた人とは、ずっと話がしにくくなってしまう。

社会構造を反映する食卓の席次

快適に食事ができるかどうかは、席によって異なるわけだ。

中央の席についた人が、最も高い可能性で、食べたい料理を手に入れることができる。例えば、4、10、3、5、9、11の席に座れば直接五人にものを頼める。これに対して、1と7の人は二人にしか頼むことができないので、頻繁に複数の仲介者を通す必要に迫られる。つまり、隣の人に頼んで、そのまた隣の人にこれこれの料理をとってくださいと頼んでもらう、など…。いつも料理を回してもらわねばならぬ相手に頼りきりになることが予想できる。さらに両隣の人（両端に座っている1にとって2と12、7にとって6と8）は、1や7の手を煩わす必要がまったくない。食卓の端にある料理をとるときでさえ不要なのである。こうして、1や7の人は、隣人にますます頼みにくくなってしまう。

食卓の両端に座ってしまった人の運命は過酷である。1や7の人が両隣の人と対立関係にあったり、気まずいことがあったりした場合を想像してみよう。トリュフ風味の若鶏とペルドリ[*6]のトゥルトだけを食べろと宣告されるようなものだ！

反対に中央の席に座ると、素晴らしいご馳走に心おきなくありつける。主な料理を直接手にできるうえ、欲しい料理を手元に届けてもらうように頼む経路も複数確保されている。経路がいくつもあるので、たまたま気の合わない人がいても別のルートにお願いするだけのことだ。さらに、料理の移動の輪のほとんど全部に加わっているので、他の会食者からものを頼まれるたびに誉め言葉と尊敬のまなざしを浴び、そのつど権力と威光が再認識されるのである。フランス式サーヴィスは、その家の主人アンフィトリヨンの力を高める。中央の席の人は、食卓の作法の伝統に従ってそこに座ったのにすぎない。しかし、その席は料理を手に入れるのに有利なばかりでなく、恩寵《おんちょう》、安楽、優越感、カリスマ性をもたらした。すべてが主人役アンフィトリヨンの権威を築き上げるのである。

フランス式サーヴィスは、アンフィトリヨンの権力と秩序を維持し、正当化する。と同時にそれは、17、18世紀フランスの半ばカリスマ的、半ば伝統的な貴族の権力社会の反映でもあった。

大規模なフランス式サーヴィスは、二層の輝かしい空間を作り出している。食卓は中央の皿を中心に構成されている。中央の皿は太陽を表し、その周囲に惑星であるポタージュと中型のアントレ、そして星座、無数の星々としてオードヴルを配している。しかし、また会食者も、家の主人アンフィトリヨンを中心とした円環を構成しているのだ。こうしてアンフィトリヨンはこの小宇宙、彼を取り巻く食卓と会食者が形成する閉ざされた空間の中心となる。最大の快楽は、中心をなす富の分配者アンフィトリヨンの最も近くに位置する者に与えられる。

今日のテーブル・マナーにも、このようなフランス式サーヴィスの伝統がいくつか残っている。テーブルの中央に家の主人や招待主の席があること。肉の切り分けやワインのサーヴィスは伝統にのっとって主人の役目であること、などである。

華麗な装飾

すべてが「美食の規則」と「美学」に従った「節度」と「対称」をもって、組織、整備、分割されている。フランス式の庭園が審美眼を満足させるために自然を「磨きあげた」ように、食卓も教化され昇華されるべき場所なのだ。「食事の間」、より正確には食事をする部屋（食事専用の部屋は、実際はまだなかった）(11)に足を踏み入れたとたん、すっかり仕度の調った食卓が会食者の目に入る。芝居の幕開けのような驚嘆が、魅惑的な食事に一役買うのである。招待客は、「指定の時間にやってくるとまず控えの間に通され、アンフィトリヨン自身、またはその家族や友人に迎えられる」(12)。第一のセルヴィスは会食者が席に着く前から食卓の上に並べられている。

視覚に訴える語が、何より優先される。「優美さ」「装飾」「デザートの美しい仕上げ」「宴《うたげ》の華やかさ」「ポタージュの輝き」「料理の美しい出来」「サラダのおもしろい盛り付け」といった言葉が人々の口に上がる。「究極の目的は食事を美しく壮麗に見せることだ。目に満足感を与え、最も繊細な感覚に快楽を与えるような料理を作り上げるためには、ある種の（料理の）均衡が求められる」(13)。視覚は他の感覚よりも高貴で精神的なので、目に訴えるのは、口や味覚というあまりに肉体的なものを超越するという意味があるのだ。

18世紀の食事の光景は、「コラシオン」*7や「アンビギュ」*8などの中から、一層はっきりと読みとれる。「コラシオン」は甘いものを基本に構成された「軽食」で、昼下がり（夕暮れになることもある）、様々な遊びの後で出されるもの。場所としては屋敷内のサロンはもちろん、「庭」や「洞窟《どうくつ》」、「水辺」のこともある[14]。

「アンビギュ」のほうは「スペ[*9]とコラシオンを合体したもので、普通は日の沈むころに出される。食事をいくつものセルヴィスに分けることをせず、最初から全部の料理を一度に並べてしまう。もちろん五官を十分に楽しませて、おいしくないものでも食欲をそそるような秩序と内容は備えている。このような供し方も十分立派なものだ」[15]。

「セルヴィスは消え失《う》せ、精巧を極めた花火のような食事に姿を変えた。食卓の組み立てには、偶然に委《ゆだ》ねられる要素などない。人々はますます庭に出るようになり、ル・ノートルの精神がひときわ食卓の上を舞う」[16]。

　コラシオンが庭や自然の中で開かれるようになると、食卓も風景に溶け込まねばならない。花も葉も枝もビュッフェの飾りの一部になる。しかし同時に、自然のほうも手なずけられ一層美しくなる必要があるのだ。もうどこからが食卓でどこからが自然か見分けることはできない。すべてが巧みに組み替えられ、作り直される。「…この場所を美しく飾り上げるには、花器や大きな陶器、様々な模様の壺《つぼ》を大小とり混ぜておくとよいだろう。どれにも色とりどりの草花を生ける。さらに場所の広さや景色に合わせて、オレンジなどの果物の箱を置き、庭の隅や曲がり角、そのほかふさわしい場所を埋めつくす。このように美しく準備を整え、その場の魅力と自然の輝きを一層高めたい」[17]。

一方、サロンの中では、食べ物が部屋全体を埋めつくす。照明や鏡が食べ物に輝きを与え、無限に反射させる。まさに目で楽しむ饗宴《きょうえん》だ。18世紀の食事とは食べ物を目の滋養にすることなのだ。

「ハムやドーブ（蒸し煮）、狩猟肉のパテ、他の大がかりな料理は、すべてキャビネットの脇のサーヴィス・テーブルの上にのせるとよい。いたるところふんだんに灯《あか》りを置き、鏡板などを使って思いつくかぎりの優美を凝らせば、華やかな演出が会食者の目を楽しませるシーンを創り出す。［……］デザート、ワインと灯りは目につくところすべて［……］キャビネットや暖炉の上やそのほかよく映える場所に。うまく配置できれば、絵も飾りもないほうがよい。華麗さでも構成感でも比較になるまい。この手法は目を魅了する［……］見る快楽は触れる快楽に勝るものだ」(18)。

食事が地上の楽園を再創造した。そこでは、すべての恵みがあふれんばかりに人間の手のうちにある。

給仕人の役割

中世からルネサンスまで、デクパージュは「エキュイエ・トランシャン」(19)、あるいは「貴族」の責務で、帯剣を認められたものしかその任を果たせなかった。17世紀になると、その役は主人が受け持つが、主人は賓客のひとりにその名誉を託してもよかった。肉を解体する技術も、フェンシングやダンスと同じく「行儀をわきまえた若者」の教育科目となった。「若者に与えられる最終教育者はデクパージュの師である。師は彼らに毎日のように肉を捌《さば》かせ、規則に則《のっと》って実際に模範を示しながら教えた。彼らが師のもとから離れられるのは、この難技術の全課程を完全に終えてからで、そのときには家畜の全知識、ジビエや家禽《かきん》のすべての関節の位置に通暁していた」(20)。

国王がひとりで食事をする間、裏方は大騒ぎになる。国王に食を供する部隊は、軍隊をモデルに組織されていた。「国王の食事を担当している官吏の最高責任者が『グラン・メートル・ドゥ・ラ・メゾン・デュ・ロワ』[*10]であり、その下に『メートル・ドテル』[*11]『グラン・パヌティエ』[*12]『グラン・テシャンソン』[*13]『グラン・テキュイエ・トランシャン』[*14]さらに『ジャンティゾム・セルヴァン』[*15]などが控えていた。もちろん、これらの地位を占めているのはすべて貴族である。貴族にとって、国王の食卓に仕えることは屈辱的な雑役でも没落の象徴でもない。まったく逆に、人も羨《うらや》む栄誉にほかならなかったのだ。報酬ばかりが理由ではなく、毎日国王のそばに控えていられることが、ある種の権力であったからだ」(21)。

というわけで、国王の食卓の給仕係(料理長も同様)は貴族である。これは古くからの伝統であった。ギヨーム・ティレル、通称タイユヴァンの墓石の紋章にも「1381年シャルル6世のエキュイエ・ドゥ・キュイジーヌ」[*16]に任ぜられたと刻まれている。貴族の務めとして、昔から大人数がかり出されていた。「メートル・ドテル」「エキュイエ・トランシャン」[*17]「オフィシエ・ドゥ・キュイジーヌ」[*18]「エキュイエ・ドゥ・キュイジーヌ」「ラケ」[*19]などである。18世紀になると食事の場での彼らの役目は目立ったものではなくなり、給仕の主な仕事はアンフィトリヨンの手に移った。

給仕係に残された仕事は、セルヴィスの流れに従って食卓を整え、片付け、整え直すことが主となる。セルヴィスの途中、各人の汚れた皿をとり替えるのも彼らである。「スープを飲み終わったら、スプーンは各自の皿の上に残しておき、決してテーブル・クロスの上に置いたりしてはいけない。そのようなことをしたら、召使いが即座に替わりのスプーンを持って飛んでくるだろう」(22)。この任務は食事が終わるまで、忠実に遂行される。「料理を一品食べ終わるごとに各人の皿を、セルヴィスごとにナイフ・フォーク類をとり替えなければならない。汚れた皿を差し出して、隣席の人に近くの料理をとってもらうように頼むのは見苦しい行為になるから」(23)。つまり給仕するのは召使いではなく、会食者自身、さらにいえばアンフィトリヨンの仕事なのだ。客の皿に気を配り、空になるたび料理を勧めることが、アンフィトリヨンに課せられた使命である。（エキュイエ・トランシャンがいないときには）肉を切り分けるのもアンフィトリヨンの仕事になる。「アンフィトリヨンは正餐の進行に合わせて、グロス・ピエス[*20]を切り分けることも心に留めておかねばならない。コティでは、とくに数品あるときには、この役目を免除されることもある。しかし第一のセルヴィスにおいて、料理の切り分けに気を配ることが、絶対に必要だ」(24)。また、「アントルメ用ワイン」を注ぐのもアンフィトリヨンである。

ラケは、「普通のワイン」*21の給仕をずっと担当してきたが、この特権もじゃまなものになっていた。「すでに述べたように、『普通のワイン』はもはや離れたテーブルに追いやられることがないので、今はラケの意のままにはならない。以前はラケがワインを好き勝手に扱うことができたので、結果として主人のほうがラケのご機嫌をうかがうはめに陥っていたのである」(25)。「テュルゴ*22をはじめとする重農主義者たちのせいで、自由という名のシステムがすでに主従関係をすっかり緩めてしまっていた時代」と、グリモ・ドゥ・ラ・レニエールが評した1776年以来、とくにラケは自分勝手にワインと水を混ぜて、*23気紛《きまぐ》れな割合でグラスを満たして持ってくるということをやりがちだった。

食卓に大いなる社会変化が訪れ、召使いたちの役割は削がれ、「彼らの役目は皿の上げ下げに限られて」いった。そして革命が近づくにつれて、召使いの存在自体がますます疎ましいものになる。重農主義者たちの地下工作が見えかくれし始め、食卓でも居心地が悪い。ラケは、無為と快楽にふけっていた特権階級の罪を意識させ、革命前の貴族にとって、カインの視線となった。「まず、デザートを出したらすぐに召使いは下がらせる方がよい。もう皿を替える必要はなくなるし、ゆったり落ち着いてくつろぐには傍観者はひどくじゃまになる。召使いがいては陽気に振る舞うことも打ち明け話もできない。賑《にぎ》やかさに欠け、みなが心を許すことができない正餐など何になろうか」[26]。

結局、召使いは食卓という小宇宙の秩序をかき乱すのだ。召使いは、貴族たちに、国王にお仕えしているあまり自慢にならない自分自身の姿を思い起こさせる。ラケは実に興醒《きょうざ》めな存在なのである。

そこで、グリモ・ドゥ・ラ・レニエールは「召使いなしで食事をすます」方法に思いを巡らせる。「…会食客の近くに、一定の間隔でセルヴァント[*24]を置けば、簡単に召使いの代用になる。ふたりにひとつの割合で小さな調度品が増えることにはなるが、客のほうでは料理がのった皿を回すだけですむ」。1783年2月1日の食事会でこの考えを実行に移し、彼は一躍有名になった。招待状にはこう書かれていた。「犬も召使いもお連れにならないよう切にお願いいたします。給仕には、特にセルヴァントをご用意いたしております」[27]。その後彼は、1803年から1812年にかけて毎週、食味審査委員会を開いた。パリの菓子屋、レストラン、食料品屋たちから送られてきた料理の判定会の席では、召使い排除のため、地下の調理場と2階の食堂とを結ぶリフトを作らせた。女性の料理人の顔の飾りがついた通話管[28]があってそこから注文を送る。彼の家の年老いた給仕女だけが、各自の皿をとり替えるほんのわずかな時間だけ部屋に入ることを許されていた[29]。

新しい発想が駆けめぐる…

最初のレストラン

中世以来、フランスには数多くのオーベルジュ[*25]やタヴェルヌ[*26]があった。そこでは、酒を飲んだり、定食を食べたりできたが、客層は一般大衆に限られていた。例えば、貴族のジャンリ夫人はその回想記の中で、ランポノー[*27]が始めた人気のキャバレ[*28]『タンブール・ロワイヤル』へ行くために百姓女に変装したことがあると告白している。

街道沿いにある宿場駅には、宿泊所や雨露をしのぐ場所があり、元気のいい馬もいたが、今日の意味でのレストラン、つまりあらん限りの調理法でしつらえた様々な料理が食べられる店といったものはない。

旧体制下では、食に関わる仕事はギルド（同業組合）に組織されていた。職人や商人の組合はとても強力で、ギルドの内部規則を持ち、似通った商売の競合を法律で禁じて、自分たちの職業の利益を守るのにあくせくとしていたのである。

その頃のギルドは、たとえば次のように分類されている。

◎ブーシエ[*29]は、牛、仔牛《こうし》、羊を食肉解体して売る権利がある。
◎トリピエ[*30]は、臓物を売る。
◎シェルキュイティエ[*31]は、豚やそのほかの肉をパテ、ソーセージ、ハムなどの加工品にして売れるが、豚を食肉解体する権利はない。
◎トレトゥール[*32]は、あらゆる種類の肉をラグーという調理法で、つまりソースと一緒に出すことができる。
◎ロティスール[*33]は、ロティした肉はどんな種類の肉でも売っていいが、ラグーにしたものはいけない。

これら様々なギルド間には争いが絶えなかった。常に自分たちの商売の独占権を守りたいという考えがあったからである。

当時、「レストラン」という語は、ポ＝ト＝フからできる濃厚なブイヨンの一種を指した。これを飲んだ人は元気を回復するというふれこみで、「元気回復ブイヨン（ブイヨン・レストラン）」とも呼ばれた。この名称は、19世紀になっても料理メニューに書き残されている。

レストランという語が、店そのものを示すようになったのは、1765年頃にさかのぼれそうである。このころ、ブーランジェ[*34]、別名シャン・ドワゾー[*34]と呼ばれる人物が、プーリ通り（現在のルーヴル通り）にエスタミネ[*35]を開業して「レストラン」を出していた。

ピエール・ドゥ・ラ・メザンジェール[36]はこういう話を紹介している。「思いついたのは、プーリ通りに住んでいたブーランジェという人で、1765年のことだった。その店の扉の上には、福音書の一節の敬虔《けいけん》とはいえぬ引用が読めた。『空腹なる者よ、みなここへ来なさい。私が癒してあげよう』。ブーランジェはブイヨンを売っていて、店では食事をすることもできた。しかし、彼はトレトゥールではなかったので、ラグーを出すことはできなかった。かわりに粗塩を添えた鶏や新鮮な卵などを用意して、テーブル・クロスのかかっていない大理石の小さなテーブルで、食べさせた。他のレストラトゥール[37]も似たような店を、コリゼや大衆の集まり騒ぐような場所に次々と開いた。中でも有名なのは、ヴォクスホールである。もの珍しさ、流行、何よりその値段の高さが人々の信頼を勝ちえた。つまり、トレトゥールのターブル・ドート[38]の前などには座ろうとしない気どった連中も、レストラトゥールへなら気前よくお金を使って、同じような内容の食事をとりに出かけるのだった」。

1767年、ディドロがヴォラン嬢[39]へ送った手紙を紹介しておこう。同じような意見を書いている。

「そこを出てプーリ通りのレストラトゥールへ食事をしに行った。うまいものが食べられるが、値段は高い」。

カフェの流行

17世紀末（正確には1674年）、シチリアのパレルモ出身のフランチェスコ・カペッリ[40]、むしろ「プロコピオ」[41]という通称で知られている人物が、「カフェ・プロコプ」というカフェをトゥールノン通りに開いた。

10年後の1684年にフォセ＝サン＝ジェルマン通り（現在のランシエンヌ・コメディ通り）の、コメディ・フランセーズ一座が落ち着いたばかりのエトワール球技場の向かいに店を移した。

この時代にしては、極めて斬新《ざんしん》なことだが、そのころまでほとんど家に閉じ込められていた女性たちが、このカフェへの出入りだけは認められた。

カフェではコーヒー、紅茶、チョコレートなど流行の飲み物ばかりでなく、菓子、果物の砂糖漬けから冷たい飲み物やソルベ（シャーベット）までも提供していた。ただし、当時ソルベ(sorbet)は、アラビア語に従って、shorbet と綴《つづ》っていたが。

ところで、この時代にどうやって氷やソルベを作ったのだろうか。ラ・カンティーヌがその方法を説明している。

「容器にリキュールを満たし、氷でまわりを囲んだところに塩を加えれば、中のリキュールを凍らせる作用がある。こうして有能なオフィシエ・ドゥ・ブーシュ[42]は、真夏の暑い盛りに、人工の雪や、かくも美味なる冷菓を作る様々な方法を編み出した」。

一年中氷を使うためには、冬の間に、深く掘った大きな穴に氷をしまって石や土で塞《ふさ》いでおく。これが「グラシエール」と呼ばれる貯蔵庫だ。こうして断熱しておくと、氷は真夏までそれほど損なわれずに保存できる。

しかし、カフェが繁盛した大きな理由は、プロコプのもうひとつのアイディアで、カフェの中にその日のニュースを貼り出したことだ。カフェは瞬く間に、情報交換や議論の場、ひいてはうわさの発生源となった。

様々に趣向を凝らした店も登場し、1721年にはすでにパリに300軒近くのカフェが存在した。18世紀末の総裁政治時代になると2000軒を超えるまでになった。

プロコプには、すぐ近くの劇場の芝居がはねた後、俳優や作家に加えて、「ボー・ゼスプリ」[*43]と呼ばれる貴族や金持ちのブルジョワの観劇客が集まった。カフェでの彼らの話題は芸術家の品定めから政治問題にまで及んだ。

プロコプは事実上最初の文学カフェにもなる。ヴォルテール、ディドロ、ビュフォン、ダランベール、モンテスキュー、ルソー、マルモンテルなどが姿を見せていた。彼らが文学カフェで「世界を再考し」、革命思想が芽生えた。1721年には早くもモンテスキューがこう書いている。

「もし私がこの国の統治者だったら、カフェなど閉めてしまうだろう。なぜなら、ここに集まってくる人々は頭にひどく血がのぼっている。居酒屋で酔っ払わせておくほうがずっとましだ。少なくとも、酒に酔っても自分にしか害を及ぼさないが、カフェで議論に酔った連中は、国の将来にとって危険なものになる」。

大革命時代には、彼らに代わって、ダントン、マラー、ルジャンドル、デムーラン、ファーブル・デグランティーヌらがカフェの常連客になった。

＊1　オスマゾーム（osmazome/osmazone）

＊2　アタノール　錬金術師が使うかまど。

＊3　錬金術　秘儀的な学問体系（奥義に通じた人から、人へと伝えられてゆく）。目的は、卑金属の黄金への変成である。

(1)　ムノン著『メートル・ドテル＝料理人の知識（La Science du maître d'hôtel cuisinier）』

(2)　ムノン著『ブルジョワ家庭の女料理人（La Cuisinière bourgeoise）』

＊4　黒への作業と白への作業（l'œuvre au noir et l'œuvre au blanc）　「黒への作業」や「白への作業」は、錬金術の万能薬パナセの製造工程の一段階。その最終段階は「赤の作業」と呼ばれる。

(3)　J.ファーヴル著『料理万有事典（Le Dictionnaire universel de cuisine et d'hygiène alimentaire）』

(4)　ブリヤ＝サヴァラン著『味覚の生理学（La Physiologie du goût）』

(5)　錬金術は卑金属を黄金に変える「賢者の石」の探求には終わらない。「錬金術はまた、宇宙の力との関係の中で、奥義を極めた者の意識を変容することに主軸を置いた、精神的な研究でもある。したがって、錬金術の偉大なる作業は、物質的および精神的なものの純化と変成という二重の実践にほかならない」。ミッシェル・ミラバーユ（Michel Mirabail）（現代の哲学者）著『秘儀辞典（Dictionnaire d'Ésotérisme）』Édition Marabout 刊

(6) ムノン著『メートル・ドテル＝料理人の知識』

(7) J．ファーヴル著『料理万有事典』

＊5　アンフィトリヨン（amphitryon）　プラウトゥスに題材をとったモリエールの戯曲の中で、豪華な晩餐を催したテーベ王の名。そこから、自分の屋敷で大金をはたいた食事に、客を招く主人役を意味するようになる。

(8) グリモ・ドゥ・ラ・レニエール著『美食の書（Écrits gastronomiques）』10/18刊

(9) ブリヤ＝サヴァラン著『味覚の生理学』Hermann 刊、再版

(10) J．-P．アロン（Aron）著『19世紀の食べ手（Le Mangeur du XIXe siècle）』Gonthier Denoel 刊

＊6　ペルドリ（perdrix）　やまうずら。

(11) L．S．R．は食事場所の選び方を次のように解説している。「冬には小部屋。しかもできるだけ、狭く、外気にさらされていない暖かい場所にする。タピストリーをかけて窓は二重にするとよい。夏には一番広く涼しいところ。暑さをよける東向きの大広間や回廊がふさわしい」。

(12) グリモ・ドゥ・ラ・レニエール著『主人役必携（Le Manuel des Amphitryons）』1808年再版、10/18刊

(13) L．S．R．著『巧みに饗応する術』

＊7　コラシオン（collation）　お菓子中心の軽い食事だが、豪華な飾り付けをした大宴会の場合もある。

＊8　アンビギュ（ambigü）　コラシオンとスペが組み合わさった食事。ビュッフェ。

(14) N．コアン（1688—1754）著『庭園のコラシオン（La Collation dans un jardin）』参照。B．N．パリ

＊9　スペ（souper）　夜食。

(15)(16)(17)(18)　L．S．R．著『巧みに饗応する術』

(19)(20)　グリモ・ドゥ・ラ・レニエール著『主人役必携』1808年再版、10/18刊

＊10　グラン・メートル・ドゥ・ラ・メゾン・デュ・ロワ（Grand Maître de la Maison du Roi）　王室侍従部長官。

＊11　メートル・ドテル（maître d'hôtel）　給仕長。侍従長。

＊12　グラン・パヌティエ（grand panetier）　パン部門長。

＊13　グラン・テシャンソン（grand échanson）　ワイン部門長。

＊14　グラン・テキュイエ・トランシャン（grand écuyer tranchant）　デクパージュ長。

＊15　ジャンティゾム・セルヴァン（gentilshommes servants）　給仕侍従。

(21)　G.＆G.ブロン（Blond）著『祝宴通史（Festins de tous les temps）』Fayard刊　1976年

＊16　エキュイエ・ドゥ・キュイジーヌ（écuyer de cuisine）　料理部門長。

＊17　エキュイエ・トランシャン（écuyer tranchant）　デクパージュ係。

＊18　オフィシエ・ドゥ・キュイジーヌ（officier de cuisine）　食膳係。

＊19　ラケ（laquais）　召使い。

(22)(23)　グリモ・ドゥ・ラ・レニエール著『主人役必携』

＊20　グロス・ピエス（grosse pièce）　主たる肉料理。

＊21　普通のワイン（vin d'ordinaire）　今でいう「並のワイン」とは全く別の意味。つまりアルコール度10・5度のワインではなく、食事中にずっと飲まれる種類のワイン。アントルメ用ワイン、デザート用ワイン、「食前の一杯」「食中の一杯」「食後の一杯」とは別の物。

＊22　ジャック・テュルゴ（Jacques Turgot）　1727～1781。ルイ16世の財務総監として財政再建を図るが失脚。

＊23　ワインと水の混合　フランスでは、17、18世紀、ワインはそのままでは飲まれず「飲み手に合わせた混合率」に従って水で割っていた。この問題については、J.-L.フランドラン「16～17世紀ヨーロッパの飲物と飲み方」（『ワインの夢想（L'imaginaire du vin）』Laffite刊　1983年）参照。

(24)(25)(26) グリモ・ドゥ・ラ・レニエール著『主人役必携』

***24 セルヴァント (servante)** サーヴィス用の移動テーブル。ワゴンの一種。

(27) 招待状は、A・ゴトシャルク (Gottschalk) 著『食物と美食の歴史 (Histoire de l'alimentation et de la gastronomie)』(パリ 1948年/第2巻) に転載されている。

(28) 管を飾る顔は計画だけで実現しなかったようだが、管があったことは確認されている。J・-C・ボネ (Bonnet) の『グリモ・ドゥ・ラ・レニエール [美食の書] 解説』参照。

(29) N・リヴァル (Rival) 著『グリモ・ドゥ・ラ・レニエール、美食家貴族 (Grimod de la Reynière: le Gourmand Gentilhomme)』Le Pré aux Clercs 刊 1983年

***25 オーベルジュ (auberge)** 宿屋兼料理屋。

***26 タヴェルヌ (taverne)** 居酒屋。

***27 ジャン・ランポノー (Jean Ramponneau)** 1724〜1802。当時最も成功したキャバレ経営者。

***28 キャバレ (cabaret)** 居酒屋。

***29 ブーシェ (boucher)**

***30 トリピエ (tripier)**

***31 シェルキュイティエ (chairecuitier)**

***32 トレトゥール (traiteur)**

***33 ロティスール (rôtisseur)**

***34 ブーランジェ、シャン・ドワゾー (Boulanger, Champ d'Oiseaux)** 生没年不詳。最初のレストラトゥール。

***35 エスタミネ (estaminet)** 酒場。

＊36　ピエール・ドゥ・ラ・メザンジェール（Pierre de la Mésangère）　1761〜1831。大革命前後に活動した文学者、雑誌編集者。
＊37　レストラトゥール（restaurateur）　レストラン屋。
＊38　ターブル・ドート（table d'hôte）　定食。
＊39　ソフィー・ヴォラン（Sophie Volland）　1717頃〜1784。ディドロの愛人。
＊40　フランチェスコ・カペッリ（Francesco Capelli）　1650頃〜1716。イタリア名はフランチェスコ・コルテッリ Francesco Cortelli との説も。
＊41　プロコピオ（Procopio）　プロコプ Procope のイタリア名。開業は1686年との説も。現在もレストランとして営業。
＊42　オフィシエ・ドゥ・ブーシュ（officier de bouche）　食膳係。
＊43　ボー・ゼスプリ（beaux esprits）　しゃれもの。

Menon　ムノン　（18世紀後半）

ムノンという名前は謎に包まれている。

現実に、ムノンの名はよく知られていて参考文献としてもよく引用されているのに、我々はこの人物について何も知らない。戸籍上の資料もなく、職歴についても何も残っていない。この時代、読み書きをこなす料理人は皆無に等しく、料理について書かれた書物が料理人の手によるものかどうか見分ける術《すべ》は何もなかった。そんな事情から、料理著述家たちはムノンの料理人としての腕を疑っていた。しかし、これは勘ぐり過ぎである。彼が書いたものはどれも、この仕事についての完璧な知見に支えられている。

ムノンの名が知られているのは、全5巻に及ぶ『宮廷の夜食』と『ブルジョワ家庭の女料理人』（1746年）の出版による。広く流布した後者は、畑と市場を土台に据えた良識あふれる著作である。

プロの料理人も『宮廷の夜食』は研究する価値がある。18世紀末、最も多くの部数が出た書物なのである。中でも第1巻の前書きは模範的なもので、進歩を願ってやまないすべてのプロ料理人にとっては、今日でも十分有意義なアドバイスとなっている。ムノンは非難する。「いわゆる功績をあげることに熱中している狭量な精神の持ち主は、自分たちに知恵を授けてくれるような専門書を軽蔑《けいべつ》したがる…」。

さらにムノンは理論の重要性も強調している。「…他の芸術については当たり前のことになっているが、理論は実践に先立つものであり、相互に簡単かつ即座に移行できる…」。

理論と実践の結びつきが創造性の基盤であるとムノンは主張する。そして、将来への希望を込めて次のように述べている。「…新しい料理の方法を発展させることに努めながらも、私は料理の昔からのやり方を参考にすることを無駄とは思わない。これこそ、基礎になるものだから…」。何と聡明《そうめい》な言葉だろう！

ムノンは、1785年に出版された『衛生的な調理場とオフィス（冷製料理用の調理室）』の著者でもある。残念ながら、ムノンについての手掛かりはあまりに少ない。彼こそ、料理の進歩という大事業に身をもって貢献した人物であった。　E. N.

Vincent de La Chapelle　ヴァンサン・ドゥ・ラ・シャペル（1690―1746？）

ヴァンサン・ドゥ・ラ・シャペルの生涯についての資料はあまり残っていない。彼は1732年から34年にかけて、アイルランド総督チェスターフィールド公爵の料理長を務めた。その後、1740年にイングランド王の娘婿になったオレンジ公や、ルイ15世の宮廷にも仕えた。彼は大旅行家でもあり、イギリス、オランダ、ドイツ、ポルトガルから東インド（現インドネシア）にまで足を伸ばしている。船旅も多く、その著作に「海上料理」の一項をもうけているほどである。

1733年初めて発行した『現代の料理人』は英語で書かれている。全5巻からなり、1742年にはフランス語でも出版される。独立心旺盛《おうせい》な彼は、出版社に独占権を与えることを拒み、自費で出版する。この仕返しに、彼が亡くなると、残った部数はすべて出版社の手によって廃棄されてしまった。

彼の才能を、大料理人たちがそろって称《たた》えている。

「『現代の料理人』は、帝政以前に印刷された中で、唯一注目に値する書物だ」とカレームは書き残した（1804年）。この本の中で打ち立てられた原則の多くは今でも通用すると、エドゥアール・ニニョンが賛辞を述べている（1930年）。

さらには巨匠エスコフィエも彼を（緑色の）ソース・ヴァンサンの考案者（これは事実ではない）として敬意を表している。しかしこれらの異口同音の称賛も、同時代の競争相手であったマシアロが打ち消す。マシアロは、彼を盗作者だと非難した。事実、『現代の料理人』初版のルセットの3分の1は、ほかからのコピーだったのだ。しかし、版を重ねるごとに徐々にこれらのコピーは切り捨てられていく。

ヴァンサン・ドゥ・ラ・シャペルは、革命を起こしたとはいえないが、料理の発展という鎖の重要な輪のひとつであることに変わりはない。『現代の料理』では、食材の扱いに一層の洗練が見られる。近代料理の土台を決定的に固めたのは彼であり、たとえば、ソース・エスパニョールは今でも厨房に用意されている。

さらに、外国料理に非常によく通じていて、それらを消化したうえでフランス料理に取り込んだ。ラ・シャペルは、早くも国境を乗り越える必要性を実感していた、国際的な料理人だった。

E・N・

Antoine-Auguste Parmentier　アントワーヌ＝オーギュスト・パルマンティエ（1737—1813）

パルマンティエという名を聞くとすぐにじゃがいもが頭に浮かぶが、彼はその導入に、大きな役割を果たした。

1737年8月17日、モンディディエに生まれたパルマンティエは、この貴重な塊茎を世間に認めさせるための不屈の戦いに一生を捧《ささ》げた末に、1813年12月18日パリで亡くなった。

南アメリカ原産で「パパス」や「パタート」などと呼ばれていたじゃがいもは、1535年頃スペインに伝わり、イタリア、スイス、ドイツへと広まっていった。ところが、フランスでは拒否されてしまったのである。パルマンティエの功績は、何よりフランスの地にじゃがいもを導入したことにある。

当時は飢饉《ききん》が慢性化していた。旱魃《かんばつ》の年が続いて、主食になる穀物の収穫は大打撃を受けていた。科学アカデミーは、「飢饉の被害を軽減する作物の研究」のコンクールを行ない、パルマンティエが栄冠を勝ち取った。

薬学を修めたパルマンティエは陸軍に入って遠征に出る。遠征中に、じゃがいもが秘めた並外れた可能性を見いだし、それを世に広めるために奮闘した。しかし道は険しかった。

そこでこの如才ないピカール人は、巧みな策を用いた。まず、国王ルイ16世からパリ郊外（現在は市内）のサブロンとグルネルに土地を賜る。この土地をじゃがいも畑で埋め尽くし、これ見よがしに昼間は見張りをつけた。あたかも宝物を守っているかのようなこの策略に騙《だま》されて、パリから人がやって来ては、わざと警備をはずした夜のうちにこの作物を盗んでいった。これが成功への足がかりになった。

このでんぷん質の野菜が人民の食糧として役立つことに気づいた国王は、宴席にじゃがいもの花束を掲げることを認めたり、正餐のメニューにじゃがいもをベースにした種々の料理を供させたりした。いたるところで王の食事をまねするものが現われ、じゃがいもはおずおずと普及し始めた。

パルマンティエは、さらにでんぷんからパンを製造しようと試みたが、この企ては失敗に終わった。しかし、彼は休むことなく、学術誌や日刊紙に研究発表を続ける。こうして徐々にではあるが、彼のメッセージは伝わっていった。

パルマンティエの不屈の精神に支えられ、じゃがいもは我々の基本食糧のひとつになった。

E.N.

大革命期●レストラン業の誕生

フランス大革命は、フランスばかりかヨーロッパ全体の美食趣味に、間接的にではあるが、はかり知れない影響を与えることになる。

レストランの新しい業態

偉大な料理長たちがレストランを開く

貴族に仕えていた有名料理人たちは、革命のせいで過酷な二者択一に直面した。主人に従って亡命するか。それともフランスに留《とど》まって転職を計るか。

亡命の道を選んだ者は、その腕を生かしてイギリス、スイス、ドイツの貴族社会に影響を与えることになる。また、新たに権力を手にして豪勢な暮らしを始めたブルジョワ家庭に職を求める者もいた。さらには、ボーヴィリエにならって自らレストランを開く者も現われる。

食べ物を提供する場所を意味するのに、「レストラン」という名を初めて使ったのは、ブーランジェ（別名シャン・ドワゾー）なる男といわれている。1765年にすでに、エスタミネで「元気を回復させる（レストラン）ブィヨン」を供していたのがこの人だ。

しかし、レストランの名に値する最初の店の開業は、1782年までまたねばならない。場所はヴァロワ回廊、店主はアントワーヌ・ボーヴィリエ。「プロヴァンス伯爵（後のルイ18世）の元オフィシエ・ドゥ・ブーシュ」と好んで自己紹介をした人物である。

こうしてどんな種類の料理でも客に出せるレストランが登場した真の要因が、ギルドの廃止にあることは間違いない。旧体制下においては、ギルドがきわめて厳しく商業活動を規制し、産物の製造や取引の禁止・認可を行なっていたのだ。

ギルドの廃止は、テュルゴのテコ入れで1776年2月3日に起草されルイ16世の勅令として発布された。テュルゴは重農主義者[*1]の影響を受けて、ギルドを「不公正で有害」であり「社会全体の利益を犠牲にして個人の利益のみを追求している」と非難した。

増えるレストラン

コンデ公の元料理長ロベール*[2]も、リシュリュー通り104番地に、自分の名前をつけた店を開いた。

さらに1786年、エルヴェティウス通り（現サン＝タンヌ通り）のレストラン「レ・フレール・プロヴァンソー（プロヴァンスの兄弟）」がマネイユ*[3]、バルテレミ*[4]、シモン*[5]の兄弟によって開店する。この三人は実は義理の兄弟だった。最初店を切り回していたのはマネイユだけで、後の二人はコンティ公のもとに仕えていたが、1789年、公が出国したことにより、南フランス出身の料理人の三人は寄り集まって、パレ・ロワイヤル庭園近くのボージョレ回廊に店を移した。こうして、にんにくとオリーヴ油の香りがする「南仏の美味なる名物料理：ブイヤベースと鱈《たら》のブランダード」(1)を求めて大勢の客が押し寄せた。

1791年には、コンデ公の下でロベールとともに働いていたメオ*[6]もヴァロワ通りに店を構える。贅沢《ぜいたく》な装飾、豪華な食器類、最高に凝った料理は、まさに「美食の夢幻境」を目指したものだった。ゴンクール兄弟は、革命期のフランス社会を描いた物語の中で次のように紹介している。「ルクルスでも、自らの邸宅にいると同様に楽しめる」と。

翌年には「ル・ブッフ・ア・ラ・モード」、続いてバレーヌ*[7]が活躍した「ロシェ・

ドゥ・カンカル」、さらに「カフェ・アルディ」「カフェ・アングレ」「カフェ・リッシュ」などが次々と営業を始めた。

「こうして、メオ、ロベール、ローズ、[*8]ヴェリ、[*9]レダ、[*10]ブリゴー、[*11]ルガック、[*12]ボーヴィリエ、ノーデ、[*13]トリエ、[*14]ニコル[*15]らの店が次々と開業し、今では彼らのほとんどが大金持ちになっている。1789年までは100軒もなかったのに…今や5、6倍にはなっているだろう」と、グリモ・ドゥ・ラ・レニエールは1803年の『食通年鑑』の創刊号の中で書いている。

さらに50年後のテオドール・ドゥ・バンヴィルの調査によると、レストランは1400軒以上にのぼる。[2] もちろん、すべてが最高級というわけではないが、1894年にシャティヨン・プレシ[3]は「高級」なものだけでも927軒を数え上げている。もちろんここには、「週に一度しかテーブル・クロスを替えない」[4]ような今日の学生用レストランの前身、ヴィオやエリコトーの店といったカルティエ・ラタンのレストランは加えていない。

食通文学の誕生

レストランは、革命によって登場した成金の社交場となる。しかし、彼らが貴族社会の美食のきまりや、料理とワインの常識に通じているわけもない。

この新たな欲求に、食通文学や食談義が応じた。創始者はグリモ・ドゥ・ラ・レニエールとブリヤ＝サヴァランである。

「新参者にふさわしい資料を提供するために、我々は食の仕事に身を投じ、食通文学の道へ思いきって踏み出した。今日までは、私たちが表立って親しんだことが決してなかった分野であった。『食通年鑑』は5年間続けて発行されたが、待ち望まれてはすぐに売り切れ、何度も再版されるような予想外の成功を収めた。食通への道を志し、美食を愛する者は日々増え続け、誰もが叡知《えいち》の光明を差し出されるのを心待ちにしているという事実を私たちが証明したのである」(5)。

食味審査委員会

『食通年鑑』を発行していた時期（1803―1812）、グリモ・ドゥ・ラ・レニエールは、「食味審査委員会」と「認定」制度を発足させる。活動内容は、「美食学教授」からなる審査委員会による食味批評である。これはガスタルディ博士*16（モンペリエ出身の著名な美食家で、パリ大司教の食卓で鮭のグリーン・ソース添えを食べ終えんとしながら亡くなった。「戦死」である）やグリモ自らが委員長を務めていた。

会合はグリモの自宅で行なわれたが、ときには彼の自由にできるテーブルを持っていたレストラン「ロシェ・ドゥ・カンカル」で開催することもあった。パリの都に住む「ご馳走《ちそう》の芸術家たち」、つまりレストラン経営者、トレトゥール[17]、コンフィズール[18]、菓子職人、シャルキュティエ[19]から、彼らの最新作が届けられてくる。審査、検討に付し、かんじんの「認定」をもらわんがためにである。審査を受けるための条件はただひとつ、簡単なことだ。

「料理差出人負担で見本を下記に送ること。

グリモ・ドゥ・ラ・レニエール

シャンゼリゼ通り8番地

但し、送料未納のものは受け取りを拒否する」

「認定」にふさわしい、つまり当の料理が美食の世界に加わるに値すると判断されると、特徴をよく表すと思われる正式名称が与えられる。会合の結果と料理につけられた名称は、次号の『食通年鑑』に掲載された。

以上のような手順を踏んで、正式に食道楽の「教会員原簿」に正式に登録されるわけだ。出生や洗礼名の証書を求めるのと同様に、トレトゥール、レストラン経営者やその他「食料品関係の商人たち」はみな争って認定証を欲しがり、手に入れればそれを自分の店先に貼り出した。

こうして、認定マークや推薦といった慣行が誕生したのである。[6]

料理の名づけ方

料理に命名することは、高級料理のひとつの特徴である。名前は、料理の調理法を示すと思われがちだが、ほとんどの場合、料理内容の領域を逸脱したものである。場所の名前、人物の名前、神話に由来する名前…。こうして「牛フィレ肉、ウェリントン風」「伊勢《いせ》えび、ベルヴュ風」「エサウ風ポタージュ」「ラヴァリエール風クリームスープ」「エクセルシオール風付け合わせ」「クレーム・シャンティイ」「モスコヴィット（モスクワっ子）」などの名前が生まれた！

この現象は17世紀末、マシアロとともに始まったようだ。そのころまで料理につけられた名称は散文的で、どれも料理の内容をうまく表し、説明を加える必要などなかった。例えば、タイユヴァンの『ヴィアンディエ』を開くと、「去勢鶏のハーブ風味」「家禽《かきん》の詰め物」「羽毛をまとった白鳥のアントルメ」などとあるし、1651年の『フランスの料理人』の中にも「鮃《ひらめ》のクールブイヨン煮」「鞍下《くらした》肉の煮込み」「かえるのベーニェ」「鹿の肝臓のオムレツ」などがある。どんな料理であるかは一目瞭然《いちもくりょうぜん》である。

『フランスの料理人』の著者ラ・ヴァレンヌは「デュクセル」[7]の考案者として料理史に名を残し、自らの名前を「卵のラ・ヴァレンヌ風」に冠した例はあるが、料理の特別な呼び名を紹介しているのはその著書の749におよぶルセットの中でわずか2%にすぎない。

1691年のマシアロの『王室とブルジョワ家庭の料理人』の中ではすでに10・2%になり、ムノンの『ブルジョワ家庭の女料理人』1774年版では14・5%に増加している。いずれにしろ、このころまで、料理に特別な名をつけるのは、むしろ例外だった。

やがて、グリモ・ドゥ・ラ・レニエールと食味審査委員会の手によって、料理名称をつけることが一般化する。

A.カレームの『19世紀フランス料理術』では、1347のルセットのうちの808、つまり約60%に特別な料理名がついている。この比率は、1903年版のエスコフィエの『料理の手引き』ではさらに上がる。

Th.グランゴワールとL.ソルニエが1914年に出版した『レペルトワール・ドゥ・ラ・キュイジーヌ(料理総覧)』は、事実上、料理名辞典ともいえる書物で7000以上の調理法を載せている。筆者は次のように述べている。

「この総覧は料理人にとって欠かせないものになるだろう(37版を重ねたことで十分

に証明された！）。料理人は、どんなに研究をしても、古今のあらゆる料理のルセットを常に記憶しておくことは不可能なのだから。この総覧はいつも手元に置いておけるので、『ク・ドゥ・フ』[20]の状態でも直ちに必要なルセットを見つけ出すことができる。この総覧は、メートル・ドテルにとって必携の実用書である。高級レストランのメニューに載った料理の内容を、お客に説明するときのために、メートル・ドテルが参考にできるような本が、今まではまったくなかったのだ」[(8)]。

主な登場人物

料理名の要素として登場する人物は、大きく次の二つに分類される。

◎料理界の有名人

独自の調理法に対して本人が自分の名前をつける場合と、弟子が師にふさわしい料理に、師を記念して名づける場合がある。「舌平目のフィレ、デュグレレ風」[21]「仔牛《こうし》のパイヤール」[22]などである。

◎芸術、文学、貴族社会の代表的人物

著名人の名前を料理に結びつけるという方法。「ジビエのピュレのポタージュ、ロッシーニ風」や「シャンピニョンのピュレ、ラギピエール風」[23]など。料理と人物を結びつける逸話がある場合もあったが（例はあまり多くない）、「その名前の構文上の意味からくらべると、重要度は低い」(9)。この構文の第一のレベルは、食物を平凡な世界から連れ出して、当の著名な人物が属する輝かしい世界に引き上げてくれることだ。「去勢鶏は、もはや大切な機能をとり上げられた恥ずべき鶏ではなく、スターと一体化し、それ自身がスターとなる」(10)。つまり、料理は食べる人を特権階級というパンテオンに引き上げ、その料理を食べることによって聖なる名前の持ち主の威光と気品に同化し、自らの体内にとり込んだという幻想を持つ。

こう考えると、大革命後にこのような事態が爆発的に増えた理由がよくわかる。正統性を切望する成金にとって、「米のコンデ風」を食べることは、大貴族のひとりを象徴した食物を食べて、自らが貴族になることを意味する。

旧体制下の人物名にちなんだ料理名称の多くは、アントナン・カレームによって(もちろん他の人のこともある)、大革命後につけられた。ほとんどの場合、当の人物と料理の間には歴史上の何のつながりもない。

もうひとつ名称のつけ方がある。成金のブルジョワや帝政、共和政下に台頭してきた政治家たちの名前を料理につける方法だ。これは本人にとって最高の栄誉である。彼らの名が知れわたり、属している新しい社会階層にも威厳が加わり、旧体制下の代表者である貴族階級と対等の場に立てる。

この象徴的な貴族化が、美食家の目には現実そのものに見えた。グリモ・ドゥ・

ラ・レニエールは、彼の目に映った「ネッケル風ポタージュ」の調子はずれぶりを罵《ののし》っている。「こんなにおいしいものに、ネッケル風ポタージュとは、嘲弄《ちょうろう》や逆説のつもりで名づけたに違いない。あの偽善者で見栄《みえ》っ張りの年寄りは、フランスが15年来貧困に陥った悪の元凶で、何ひとつ善いことなどしなかったのだから」。

大革命後に旧体制の貴族の名前からとった料理名が消え失《う》せたと考えてはいけない。ここでは魔女狩りなどありえない。美食とはそういう世界ではない。

逆に新しい名前のリストは増え続け、帝政や共和制の大立者に「貴族」たる保証を与えたのである。料理名としては新登場の古人たちの数多くの名が、美食を文化に結びつける役目を果たした。デカルトやフェヌロンにまで出番が回ってきたのである！

ひとつの世界観

グリモ・ドゥ・ラ・レニエールにとって料理名とは、何よりも料理のイメージを喚起する詩的な役目を担い、食の快楽を増大させるものであった。とはいえ、料理名がその時代のメンタリティーや政治的な大混乱を経験した直後の社会の夢と野望を映し出している一面も忘れてはならない。

地方名、国内外の町の名、国名など数多くの地名が物語っているのは、中央集権であると同時に世界の中心としてのフランスという、ナポレオン神話である。たとえばカレームもはっきりと影響を受けている[11]。

フランスのまわりにはヨーロッパの国々ばかりか、世界中が寄り集まっている。アメリカ、インド、中国、モンゴル…。つまり全世界がフランスのまわりを回っているのだ。モンゴル風、中国風調理法といっても、それぞれの国の伝統料理と思ってはいけない。とんでもない！　実際にはたまに料理の材料のひとつがその国のものであればいいほうだ。フランスは料理文化の頂点に立ち、その光で、全世界の料理を照らし出したのである（おりしも帝国主義へと突入した時代であった）。

国家統一…パリを中心に！

パリは紛れもないフランスの中心であり、それ故に世界の中心でもある。というのも、フランスが世界の中心にほかならないからだ。「第一帝政の下で中央集権思想は世界的視野に広げられる。美食は公の制度に同調するのだが、内務省*24が各県の行政機関の寄せ集めではないように、美食についても郷土のスペシャリテの羅列にはとどまらない。味覚の自治権は全体主義的感性によって消滅させられてしまう」[12]。

グリモ・ドゥ・ラ・レニエールはいう。「パリはヨーロッパの首都であり、外国人が頻繁に、胸を躍らせながら訪れる世界の都とみなされている。もちろん世界最高のご馳走を作る場所であることに異論はない。そして世界の文明国すべてに、秀逸な料理人を供給できる唯一の都市だ。パリそのものは何も生産しない。小麦も育たず、仔羊も生まれず、カリフラワーも収穫できないのだ。しかし、ここには世界中からあらゆるものが集まってくる。なぜなら、食料となるすべてのものの特徴を最も正しく評価し、それらを私たちの味覚にかなうよう最も上手に調理できるのが、このパリなのだから」。パリは諸地方の豊かな資源の最終目的地であり、その道のりの遠ささえ質を高めるのに一役買っている。「仔牛は、他のどこで食べるよりもパリで食べるのが一番おいしい」のだ。

外国料理にしても地方料理にしても、関心が持たれるのはそこの産物だけである。「地方人から彼ら（パリっ子）への最高に喜ばれる贈り物は、籠《かご》を送料差出人払いでおくることに間違いない」[13]。籠にはもちろん調理されていない農産物を満載しておくこと。料理は、それも本物の高級料理は、パリでしか生まれようがないのだから。

＊1　**重農主義者（physiocrate）**　ケネーの説を信奉する18世紀の経済学者たち。「自然法則」を尊重した学説に基づき、重商主義に対して、農業の重視を説いた。

＊2　**ロベール（Robert）**　革命前後の時代を代表する大料理人。帝政時代には店を弟に譲り、ナポレオンの宮廷で活躍。

＊3　**マネイユ（Maneille）**　レ・フレール・プロヴァンソーは当時としては珍しく地方料理を売り物にした。全欧の

食通の憧れとなった名店のひとつ。

＊4 バルテレミ（Barthélémy）

＊5 シモン（Simon）

（1） J.-P.アロン著『19世紀の食べ手』Robert Laffont 刊

＊6 メオ（Méot） 1791年、パレ・ロワイヤルに開業。料理とともに豪華な内装で評判をとる。

＊7 バレーヌ（Baleine） カキ料理で名声を博したロシェ・ドゥ・カンカル（1808年開業）の店主兼料理人。

＊8 ローズ（Roze） 同名のレストランの店主（店はモンマルトルに）。料理長はルボー。

＊9 ヴェリ（Véry） 兄弟でパレ・ロワイヤル（兄）とテュイルリー（弟）の名店を所有。パレ・ロワイヤル店はのちに隣接するヴェフールに買い取られ、グラン・ヴェフールとして現存。

＊10 レダ（Léda） 同名のレストランの店主（店はサン＝タンヌ通りに）。

＊11 ブリゴー（Brigaut） 同名のレストランの店主。

＊12 ルガック（Legacque） 同名のレストランの店主。隣接するヴェリ（テュイルリー）と覇を競った。

＊13 ノーデ（Naudet） 革命時に政略によってボーヴィリエの店を奪う。革命後も返却せず営業を続ける。

＊14 トリエ（Taullier） 同名のレストラン店主。

＊15 ニコル（Nicole） 同名のレストラン店主。

（2） Th.ドゥ＝バンヴィル（Th. de Banville）著「レストラン店主たち（Les Restaurateurs）」／雑誌『グルメ（Le Gourmet）』1858年7月18日号より

（3） シャティヨン＝プレシ（Chatillon-Plessis）著『19世紀末の食生活（La Vie à table, à la fin du XIXe siècle）——現代の美食の歴史と実践を論ずる——』1894年

（4） Th.ゼルダン（Th. Zeldin）著『フランス熱中史（Histoire des passions françaises）』第3巻

(5)　グリモ・ドゥ・ラ・レニエール著『主人役必携』序文

＊16　ガスタルディ（Gastaldy）

＊17　トレトゥール（traiteur）　仕出し屋。国家クラスの大宴会も請負う。

＊18　コンフィズール（confiseur）　糖果商。

＊19　シャルキュティエ（charcutier）　豚肉加工屋。

(6)　J.-P.プーラン著「ラングドックのご馳走の源（Les racines du bien manger en Languedoc）」／J.クラヴェル（J. Clavel）編『ラングドックの地酒と郷土料理（Vins et cuisine de terroir en Languedoc）』より。Privat 刊

(7)　ただし、彼の書物の中に、デュクセル（Duxelles）は登場しない。

＊20　ク・ドゥ・フ（coup de feu）　ク・ドゥ・フはレストランの厨房でのサーヴィス時に二重の意味を持つ。すなわち、ストーヴが極限まで熱くなっている状態と、かつ仕事がてんてこ舞いになっている状況である。

(8)　Th.グランゴワール（Th. Gringoire）&L.ソルニエ（L. Saulnier）共著『料理総覧（Le Répertoire de la cuisine）』［序文／デュポン（Dupont）&マラガ・ゲリニー（Malagat Gueriny）１９８０年（37版）。初版１９１４年］

＊21　デュグレレ（Dugléré）

＊22　パイヤール（Paillard）　同名のレストラン店主。３７４ページ（「料理名にまつわる由来小事典」）参照。

＊23　ラギピエール（Laguipierre）　ナポレオンの宮廷で活躍した名料理人。カレームの師。

(9)(10)　J.-P.アロン

(11)　「ナポレオン時代の生活様式についての歴史と料理の面からの考察と、皇帝ナポレオンの美食とそっけなさと寛容についての小論」を参照。この中で、カレームはノスタルジーまじりに次のように書いている。「あの時代は、現代の料理に与えた影響という面において、まことに比類ない時代だった。かの偉大なる人物の名が、いたるところに満ち溢れていたのである」。

＊24　スペシャリテ（spécialité）　名物料理。

(12)　J.-P.アロン

(13)　グリモ・ドゥ・ラ・レニエール著「栄養案内（Itinéraire Nutritif）」／『食通年鑑（L'Almanach des gourmands）』初年版より。『美食の書』に再録。

Antoine Beauvilliers　アントワーヌ・ボーヴィリエ（１７５４―１８１７）

１７５４年、アントワーヌ・ボーヴィリエは貧しい家庭に生まれた。１８１７年１月30日にパリで亡くなったときには比類のない名声の絶頂にあった。

１７７０年、プロヴァンス伯爵家に見習いで入り、その後オフィシエ・ドゥ・ブーシュまで務めた。パリへ出て、臨時で（異例である）国王の調理場を指揮したこともある。１７８２年、ボーヴィリエは、パレ・ロワイヤル近くのリシュリュー通りに、今日の意味での最初のレストランを開業する。客層に貴族階級が多かったのがあだになり、革命勃発《ぼっぱつ》で逮捕、投獄されてしまう。

しかし彼が拘禁されている間も、レストランは有名なノーデが「国家没収財産」という名目のもとに経営を続けていた。一年半後にボーヴィリエは釈放されるが、店を取り戻すことはできず、同じ通りの26番地に「ラ・タベルヌ・ドゥ・ロンドル（ロンドンのタヴァーン)」を開店する。ボーヴィリエはイギリス料理をとても好んでいた。このレストランのおかげで、彼は名声を得ることになる。

1814年に第1巻、1816年に第2巻を刊行した『料理人の技術』によって、この大レストラン経営者の資質を正しく評価することができる。ボーヴィリエは、この作品が「最後の惜別の書」となると覚悟していた。彼は謙虚な人柄で先輩たちの達した業績の完成度を認め、それを乗り越える難しさを実感していた。

その著作は長く真摯な料理への取り組みの結実だった。

彼の言葉を借りると、料理においては発明などなく、表現の仕方が変わるだけだ。彼は慎重に調理法を改善している。例えば、「スビーズ風コートレットとは玉ねぎのピュレ添えコートレットである」。

彼のルセットは、どれをとっても明快で正確で完全なものだった。その上、食材の買い方、使い方にも詳しい注意書きを付け加えている。まさに模範的な参考書である。

レストラン経営者アントワーヌ・ボーヴィリエは現場を離れ、ワインの選択やデキャンタージュの方法、リキュールの蒸留法などを教える立場にまわった。

ボーヴィリエという名前は、アーモンドをベースにキルシュ酒で香りづけした日持ちのする菓子につけられているが、これは彼の弟子である菓子職人のひとり、M.モニエによって命名されたものである。

E.N.

Jean-Anthelme Brillat-Savarin　ジャン＝アンテルム・ブリヤ＝サヴァラン（1755―1826）

ブリヤ＝サヴァランが生まれたのは、1755年4月2日、ご馳走の故郷アン県のブレである。ルイ16世の命日の記念式典のときにかかった風邪がもとで、1826年2月2日、パリで亡くなった。

このように戸籍を一瞥《いちべつ》しただけでも、この人物について明確なイメージが得られる。ブリヤ＝サヴァランは美食家であり、社交界の人であった。

父親マルク＝アンテルム・ブリヤは、国王の代訴人を務め、ピュジュー＝アン＝ビュジェの領主である。彼は高名なレカミエ夫人の親戚《しんせき》にあたる。また姓にサヴァランとつけ加えたのにはこんな逸話がある。未婚の大叔母《おば》サヴァラン嬢が自分の名前を継いでくれれば相続人に指定しようと約束したというのだ。

グルノーブルとパリで学問に励んだ結果、ブリヤ＝サヴァランは、哲学者、音楽家、法律家として教養人に成長した。故郷でも人々の信頼を集めて代議員に選ばれ、ブレ町長まで務める。しかし革命によって、スイスからアメリカへの亡命生活を余儀なくされた。フランスに戻ると、一時はずれていた出世街道へ戻り、1800年破毀院《はきいん》（日本の最高裁判所にあたる）判事に任命された。

ブリヤ＝サヴァランは、料理を職業としたわけではなかったが、正真正銘の食通だった。生まれ故郷で育《はぐく》まれた資質に加えて、かの有名な「オレイエ」(数種の肉を使ったパテのパイ包み)に名を残した彼の母「麗しきオロール」の影響もあった。アメリカ亡命中、客たちに自分の料理のルセットを教えたが、中でも有名なのがスクランブル・エッグの技法だ。帰国の時には、今ではどこのブラスリーでも行なわれているウェルシュ・レアビットを持ち帰った。

しかし何より、ブリヤ＝サヴァランを最も偉大な美食家の地位につけたのは、1825年に出版した著書『味覚の生理学』である。彼は出版後何ヵ月かで亡くなるが、その世界的成功は思ってもみなかったことだろう。確かに、これは単なる調理法の寄せ集めではなく、美食についての興味深い、科学的かつ哲学的な思索である。題名からして我々の気をそそるではないか。この作品には逸話、思い出、回想が満載され、愉快でかつ厳格な語り口は当時の美食についてのすべてを教えてくれる。彼の警句(格言)は有名だが、そのひとつを挙げておくことにしよう。「食卓の楽しみは、年齢、身分、国、時を問わず存在する。他のどんな快楽とも結びつくが、他の楽しみを失ったときに、私たちを慰めてくれる最後のものが、食卓の快楽なのだ」。

E.N.

Alexandre Balthazar Grimod de la Reynière　アレクサンドル・バルタザール・グリモ・ドゥ・ラ・レニエール（1758―1837）

１７５８年11月20日、パリの貴族グリモ・ドゥ・ラ・レニエール家で、指に障害を持ち、生きながらえそうもない未熟児が生まれた。そこで慌ててアレクサンドルと命名されたわけだが、亡くなるのはそれから79年後、１８３７年のクリスマスの日、ヴィリエ＝スュル＝オルジュの町であった。

数世代続いたフェルミエ・ジェネロー（徴税請負人）の家に生まれたアレクサンドルは、身体的障害を気づかわれて、教育は家庭教師の手にゆだねられる。11歳になると寄宿舎に入ってパリのルイ・ル・グラン校に学んだ。学業を終えると、弁護士の資格を持ちながら、ジャーナリストになった。

家族の枠をはなれ、グリモは、生涯を通して、社会に対し、特にブルジョワ階級に対して反抗的かつ攻撃的だった。

ただし、シャンゼリゼ通りの豪邸で、彼の両親は音楽会やレセプション、豪華な晩《ばん》餐《さん》会などを催していてそこで料理長モリヨンの披露した見事な腕前が、アレクサンドルが食卓に礼讃《らいさん》を捧《ささ》げるきっかけになったことは確かだ。

しかし、「小さな怪物」グリモはパリの生活から引き離されて旅に出された。最初はフランスの田舎、続いてスイスである。パリへ戻ると、とっぴな夜食会を開いて最初の騒動を起こす。当時のブルジョワの風俗を笑いものにしたのだ。さらに裁判所を攻撃するビラを作ったりもした。

直ちに裁可が下され、王の封印状の指示により、ロレーヌ地方の修道院に謹慎の身となった。２年後そこを出てスイスへ赴くが、革命中にリヨンに戻って秘《ひそ》かに仲買商を営む（毛織物、帽子、豚肉加工品）。

８年間のブランクの後、パリへ戻った。文学者、食通としてグリモに素晴らしいアイディアがひらめいた。レストランは増える一方なのだから、カフェやレストラン、小売店の「道先案内」として、紹介や解説をする定期刊行誌を発行してはどうだろうか。『食通年鑑』の誕生である。

１８０３年に発行された２８０ページの創刊号は前代未聞の成功を遂げる。新しい文学スタイル、美食批評が生まれた。グリモは「食味審査委員会」を組織して、毎週火曜日に料理のルセットや送られてきた料理作品を評価、批評して（良い結果であれば）「認定証」を与えて、次号の『食通年鑑』に掲載した。

しかし徐々に審査が美食そのものの枠に留まらなくなり、小売店主やレストラン経営者の私生活までも攻撃するようになった。告訴沙汰《ざた》も起こって、刊行は滞り、第８号の発行をもって廃刊してしまう。

１８１３年７月７日、自分の葬儀を模した宴会に友人たちを招待するという最後の騒ぎを起こしたあとは、パリ近郊ヴィリエ＝スュル＝オルジュの家に引きこもり、１８３７年12月25日、その生涯を閉じた。

E.N.

Charles Durand シャルル・デュラン（1766—1840?）

デュランは、パリに居を定めなかったので、その評判は地方に限られていた。しかし、南東部での名声は絶大で、オック地方だけでは十分な収入が得られていなかったら、パリへ出て高く評価されたことは間違いない。

13歳になると、父親によってアレス司教館の料理長バリの下へ見習いに出される。この時代の高位聖職者の食卓は、貴族たちも羨《うらや》むほどの評判をとっていたのである。その後デュランはニームの司教に仕え、その才能を開花させた。1784年ラングドック政庁へ、さらにペリゴール伯爵やナルボンヌ大司教に仕える。

幅広く活躍するこのラングドックの料理人は、フランス提督バイイ・ドゥ・スュフランの料理を任された。この時にはデュランは乗船を夢見ていたが、船出を待つ間、仕出し屋のフィユ・エ・シモンの店に雇われてマルセイユから、トゥーロンに移り、またマルセイユに戻る。結局、夢は果たせず、その後マルタ島やスペイン王の調理場への誘いもあったが、モンモワラック侯爵がセヴェンヌに連れ戻すことに成功した。

1790年頃、デュランはアレスで開店する。評判は上がる一方で、今度は生まれ故郷を離れてニームへおもむく。ここで、彼の才能は決定的な称讃を受け、さらにこの地方の外へも彼の名を知らしめた著書『料理人デュラン（初版1830年）』を著した。

E.N.

19世紀●フランス美食の黄金時代

フランス料理の真の「黄金時代」となる19世紀を迎え、万国共通の美食のモデルを生み出す大原則が確立した。

まずいえるのは、食卓でのサーヴィスの進め方の重大な変化である。商売上および社会学上の要求に応じてフランス式の贅沢《ぜいたく》なサーヴィスはすたれていく。代わって採用されたのが、より平等主義的であるが、華々しさでも劣らない方法、ロシア式サーヴィスである。

サーヴィス法の変貌《へんぼう》は、調理の仕事、特に料理の飾り付けに大きな影響を与えた。実験科学の発達が完全なる料理人という錬金術的目標を一掃した。料理人は調理場の中で起こる物理化学的な現象に対して、より合理的な対応をとるようになる。その結果、調理科学が発達し、複雑化し、理論化されてゆくのである。

レストランで新しいかたちのサーヴィスが生まれる

前もって食事の予約をしてもらい、しかも会食者がある程度大人数であれば、フランス式サーヴィスで食事を出すことに、大きな問題はない。しかし、何人前かを注文に応じて即座に用意するとしたら？　その上、代金はどのように請求すればよいか？　レストランの大部分のお客がこうしたケースであったら？　商売上の必要から、料理を一皿ずつ売る方法が急速に広まった。かくしてカルト（メニュー）が登場する。

また一方、商品の売り方は買う側の要求にも従うものである。

レストランには、革命後の成金たちが頻繁に足を運ぶ。しかし、彼らは自分の新しい立場に戸惑っており、わが身に起こったばかりの変化の恩恵を受けるに際しては、複雑な心境だったのだ。

「今や、少し目を凝らせばわかる。にわか成金が大通りを歩き回って、出世した様子を見せびらかす」[1]。一方で、隠しておこうとする気持ちもある。成金たちは「突然金持ちになったことを恥じており、家に人を招いて豪勢な食卓を見せつけるようなまねはしない。それが、裏目に出ないとも限らない」[2]。あの恐怖政治はそれほど昔のことではないのだから…。このような人々にとって、一皿ずつのサーヴィスはまことに好都合だった。大袈裟《おおげさ》に見せびらかしたり、スペクタクルな大皿盛りを出したりはしない。料理は次々と運ばれては消えていくので、一見すると食卓の上が空っぽで、パンくずの一かけらもなくなる瞬間さえ生まれる。もちろん実際には、時間を追ってみれば食卓は常に満たされているのだが。良心のためには、見せかけの空白、すなわち平等主義の神話を、顕示欲には、満たされた時間と空間を。

しかし、食通たちは、しばらく前まで恥ずかしがっていた自分たちの立場に、少しずつ慣れてきた。と同時に、一般民衆の側でも彼らに慣れてきた。食通たちは「食卓を一層豪華にしつらえ始め」、料理人を雇う立場にまわり、グリモ・ドゥ・ラ・レニエールやブリヤ＝サヴァランの著作を読みふけった。

「奇妙な逆戻りだ！　18世紀末ごろには、食道楽がはびこっていたのは紋章を掲げた館ではなかったか？　貴族を弾劾した人間が、貴族が没落した後になってもまだ彼らを羨《うらや》んで、お金や権力ではなく、威信に基づく正統性を欲しがっている」。フランス式サーヴィスは、アンフィトリヨンの権力を確立できるような自然な恩恵をもたらしながら主人の威信を巧みにかもしだすのである。

こうして、フランス式サーヴィスは（ときおり修正されながらも）、ブルジョワ家庭や帝政期の政治家、軍人の館で息を吹き返したのである。

以来、美食には二つの「世界」が存在することになった。一皿ずつサーヴィスするレストランでの食事と、個人の邸宅での食事である。そして後者のサーヴィスは、二つの方法の妥協策ともいえる中間的なものに姿を変えていった。

ロシア式サーヴィス

ユルバン・デュボワとエミール・ベルナールの説明によれば、「ロシア式サーヴィスでは、温かい料理はそのまま食卓へ運ばれることはなく、調理場で切り分けて盛り付けてから順々に食事の間に運ばれ、客たちに披露される。ただし、食卓のまわりを通るには大きすぎるグロス・ピエス[*1]やルルヴェは、食事の間で切り分け、温めておいた皿に盛ったうえで会食者の前に出される」。

つまり、会食者は差し出された大皿から、自分の手で料理をとるわけだ。大皿には、前もって調理場で切り分けてある料理が盛られている。「もうひとつメートル・ドテルや給仕が気をつけなければならないのは、客ができるだけ無理なく料理を受けとれるようにすることである」。

料理が大きすぎる場合は、食卓の脇に置かれたゲリドン[*2]という一本脚の円卓で切り分ける。これはすでに「エキュイエ・トランシャン」がいた時代のフランス式サーヴィスにもとり入れられていた方法である。しかし、昔の方法と違って、料理が初めから食卓に並べられてはいない。このロシア式サーヴィスの第二の方法に従ってサーヴィス技術が確立され、後にはどの料理もこのようにゲリドンからサーヴィスするようになる。中には調理法の都合で（グリエされた肉、火を通した肉、ソテされた肉、揚げた肉など）、調理場であらかじめ切り分けられた料理も含まれている。

この方法によって、料理をすぐに食べられないという、フランス式サーヴィスの最大の欠点が解消された。「この（フランス式）方法の唯一の問題点は、いかに見た目に華やかとはいっても、その食卓の豪華さが料理の犠牲のうえに成り立っていることである。複雑な『セルヴィス』の中で、料理は会食者の目にさらしておかれる。おかげで、最後にやっと手をつけられる料理は、温かいアントレといえども、温かいまま最高の状態で味わえる可能性はほとんどない。盛り付けられた後、あまりに長時間、会食者の目の前に置かれたままなのだから」(3)。

おいしさの頂点を極めるべく、あらゆる条件の整った瞬間を求め、出来上がった料理の束の間のおいしさを尊重する。フランス式食卓の目をうばう視覚的な効果に代わる、味覚の美学が登場した。つまり、料理の実体のとらえなおしが起こったのだ。

口が目より優先されることによって、食卓の空間作りを最優先していた料理の構成が、消化に要する時間を考えに入れた時系列の構成に変わっていく。昔のような「セルヴィス」はなくなり、決められた順序に従って料理が運ばれてくることになる。

メニューにしても、それまでは各セルヴィスで供される料理のリストにすぎなかったが（「食卓に並んだ料理を見て選ぶことができるのだから、わざわざ客に案内する必要がない」[4]のである）、より詳しいものが作られる。さらに料理のつながりや供する順序を定めた規則もできる。

「同じ料理、同じソース、同じ付け合わせを繰り返すような、粗忽《そこつ》すぎる誤りや未熟さを一目でさとられる無知の披瀝《ひれき》を避けること」[5]が、これからは望ましい。

ジャン＝ポール・アロンは、ロシア式サーヴィスについて次のように述べている。

「ロシア式サーヴィスは、フランス式サーヴィスの時・空間配置に代わって、品質の多様性、アイデンティティ、『計算』によって、時間的推移に秩序を与える」[6]。この「計算」という言葉を敷衍《ふえん》すると、「食事の流れを標準化した一連のフロー・チャートに従った手順」[7]ということだ。この手法を理解するため、二つのサーヴィス法の争いに決着がついた時代まで飛んで、20世紀初頭の巨匠たち（エスコフィエ、ペラプラ[*3]、モンタニェ、アリ＝バブ[*4]など）の眼を通して、このサーヴィスがどんなものであったのかを見てみよう。

「料理が提供されるべき手順は次の通りである。ポタージュ（ディナーの場合）、しかし、牡蠣《かき》（冬場）やメロン（夏場）をこの前に出すこともある［……］。ポタージュに続いて、家禽《かきん》のポシェかブレゼ、あるいは肉、ジビエまたは詰め物をした温かいハムなどの切り身で、前もってそれぞれの提供の仕方に応じて調えている。次はサラダの付いたローストだが、この後冷たい料理、ゼリー寄せのパテ、フォワ・グラ、ショー＝フロワ[*5]、あるいは冷たいムースなどがくる場合は、サラダはこの冷たい料理に付く。これはフォワ・グラのための例外的なもので、フォワ・グラはヴィネグレット風味のサラダとともに味わってこそ真価を発揮するからだ。続いて野菜料理だが、これはかつてはアントルメに属していた。今ではアントルメは甘い料理で、温かいもの、冷たいものやアイスクリームに、ゴーフレットやサブレ、シガレット[*6]その他の甘いファンテジー[*7]を添えている。チーズはアントルメの前に出すべきで、偽美食家が言い張っているようにアントルメの後ではない［……］。故に、まずチーズ、次にアントルメ、そして最後にフルーツの順である」[8]。

ここに現われている規則は、旧サーヴィスの名残をとどめていて、第一セルヴィスに関連した料理で始まっている。オードヴル、ポタージュ、ルルヴェそして最も重要なアントレで締める。第二セルヴィスはメインの料理で始まり、以前はその周辺に並べていたショー＝フロワ、パテ、サラダ、そして甘いアントルメとフルーツで終わる[9]。

ひとつの例を挙げてみよう。これは、ユルバン・デュボワとエミール・ベルナールが『古典料理』の中で紹介しているもので、１８５０年頃の80人用のメニューである。これを見ると、コースの各ジャンルごとに料理を選択できる余地がまだ残っており、過渡的な状態であったことがうかがえる。

MENU DE 80 COUVERTS
SERVI POUR HUIT
８回に分けてサーヴィスされる
80 人用のメニュー

Service à la Russe
ロシア式サーヴィス

Soupières
スープ類

4-Potage orge perlé à d'Orléans
大麦のポタージュ、オルレアン風　4 皿

4-Consommé aux ravioles
ラヴィオリ入りコンソメ　4 皿

Hors d'œuvre
オードヴル

4-Petites bouchées de Prince
プリンスの小さなブーシェ　4 皿

4-Croustades à la Montglas
クルスタード、モングラ風　4 皿

Poissons
魚料理

4-Barbue, sauce aux crevettes
鮃の小海老ソース添え　4 皿

4-Filets de merlan à la horly
鱈、オルリー風　4 皿

Relevés
ルルヴェ＊8

4-Filet de bœuf à la napolitaine
牛フィレ肉、ナポリ風　4 皿

4-Dinde garnie, à l'impériale
七面鳥の詰め物、皇帝風　4 皿

Entrées
アントレ

4-Turban de filets de levraut
仔兎フィレ肉のテュルバン　4 皿

4-Timbales Agnès-Sorel
アニェス＝ソレル風タンバル　4 皿

4-Darne de saumon à la gelée
鮭のダルヌのゼリー寄せ　4 皿

4-Côtelettes de foie gras, Lucullus
フォワ・グラのコトレット、ルクルス風　4 皿

Punch Glacé
ポンシュ・グラッセ

Rôts
肉のロースト

4-Poulardes rôties——Cresson
肥育鶏のロティ、クレソン添え　4皿

4-Pintades piquées
ピケしたほろほろ鳥　4皿

Légumes
野菜料理

4-Truffes à l'italienne
イタリア風トリュフ　4皿

4-Pointes d'asperges aux œufs
アスパラガスの穂先と卵　4皿

Entremets
アントルメ

4-Gâteau Mazarin à l'ananas
パイナップルのガトー・マザラン　4皿

4-Pannequets à la Royale
パヌケ・ア・ラ・ロワイヤル　4皿

4-Suédoise de fruits, à la gelée
果物のスュエドワーズ、ゼリー寄せ　4皿

4-Crème française au marasquin
クレーム・フランセーズ、マラスキーノ風味　4皿

Flancs
フラン

4-Timbale à la Châteaubriand
シャトーブリアン風タンバル　4皿

4-Sultane en cascade
滝のスュルターヌ　4皿

「食べ物は重いものから軽いものへ」(10)というフランス式サーヴィスと違って、ここでは、肉のローストを頂点としてクレッシェンドとデクレッシェンドを描いている。

しかし、ワインに関してはフランス式サーヴィスの順序が守られている。つまり、デザートまでは軽いものからこくのあるワインへ「輝きのある(ランパン*9)ものから香りの高いもの」へ進み、デザートだけは特別に甘味のあるワインが供される。料理とワインの順序が同方向に進行し、ここに料理とワインとをしっかりと結ぶ明確な規則が生まれた。

食事の頂点ともいうべき肉料理を一層引き立てるため、「(肉のローストの前に)一種の中休みを作り出すことが考え出された。ネージュ*10、ポンシュ、ソルベ、スプーン*11などである」(11)。これらは、甘く口ざわりのよい食べ物で、凍らすことも多い。肉料理の乾いた塩気のある温かい味わいとは正反対なので、肉料理を強く印象づける効果があるのだ。

これは、特に視覚においてよく知られているのと同様な、感覚器官の相補性という現象の応用である。スプーン、ネージュなどで口の中が冷たさ、甘さ、液体で満たされることによって、身体は正反対の感覚を求め、肉のローストを最高に味わうための準備が整うことになる。

ただし、フランス式サーヴィスの項で述べた調理法のつながりの規則は、ここでも重んじられている。肉のローストの前には、液体の中で火を通した料理を出す（ポシエ、ブレゼ…）。また、塩辛いものから甘いものへと移っていくという、味の進行にも変化はない。

ところで、この時代に新しく登場したのが魚である。独立した料理としてアントレに加えられている。フランス式サーヴィスの時代には、魚料理は完全に独立した分類はされていなかった。調理の仕方によって、アントレになったり、ローストのひとつになったりしていたのだ。魚が料理の一部門として定着して、いままでの立場を変えてしまうと、17、18世紀には当たり前だった同じ皿に魚と肉が混ざっていることが、この時代では不自然に思われるようになる。

さらに食卓の作法にも変化が起こる。アンフィトリヨンや大切な客のもつ特権に変わりはないが、他の客も差別を感じるようなことはなくなった。テーブルの端に座っていても他の人と同じように食べることができ、待たされることはもうない。実際、「一番の重要人物へ最初に料理を運ぶことは、礼儀上やむをえない。ただし例外はこれだけで、ひとつの料理が終わると、次の料理は前の料理で最後に配られた人から配り始めることが作法にかなっている」。

このころからメートル・ドテルの役割が重要になってくる。芸術的かつ外交的な手腕をふるい、客の要望を瞬時に理解してそれをかなえるのである。

「フランスで卓越したメートル・ドテルになるためには、料理を熟知し、最低限英語が話せるばかりでなく、さらに特殊な才能が必要である。どんなことが喜ばれ、どんなことが嫌がられるかを、ぬかりなく察知する能力である。食事にきた客の性格、国籍、年齢、性別、その日の気分までも一瞬のうちに判断しなければならない」(12)。

メートル・ドテルの役割は、このような才知を発揮する、仕事だけにはとどまらない。肝心なのは、「自分が運ぶ料理を引き立てるために、あらゆる手段を用いて料理を魅惑のベールに包むことである。実際、演出家たるメートル・ドテルが、料理の魅力を引き出して食欲をそそるようにして紹介できなかったために、非凡な料理人の手によって周到に用意された料理でさえ、客から正当な賞賛を受けないこともありうる」。

ここに、レストラン独特の新しいサーヴィス方法が生まれた。フランバージュ*12、デクパージュ、トランシャージュ*13といった技法で、人々が富をひけらかすことを恐れなくなるにつれて広まっていった。また、もともと調理場と食卓をつなぐワンステップでしかなかったゲリドンの上での作業に、たっぷりと手がかけられることになる。

見せ場も所を変える。もはや舞台は食卓ではなく、食卓にぐっと近づいてきたゲリドンになった。会食者は観客席に腰を下ろして、助手を従えたメートル・ドテルの演技に魅了される。メートル・ドテルは、シェフ・ドゥ・ラン*14、ドゥミ＝シェフ・ドゥ・ラン[15]、皿を下げるコミなどを引き立て役に、アンフィトリヨンから主役の座を奪ったうえ、料理人まで支配下[16]においてしまった。巧妙に仕掛けられた特殊効果とともに、スペクタクルが繰り広げられる。スプーンとフォークを使ってナイフを使うにはもろすぎる魚の身を切り分ける(13)。肉のローストのトランシャージュのときには、呆然《ぼうぜん》とした観客の目の前で、刃渡り30センチを超えるナイフをもも肉のまわりで踊らせる。最後には花火までもが登場する。フランベされたクレープの炎の上にふりかけた砂糖粒が、幾千もの小さな星のようにきらめくのである。

メートル・ドテルは、創物主、あるいはレストランを支配する魔術師になった。かくして、レストラン・ホールの大立者たちが出現する。「トゥール・ダルジャン」のフレデリック[17]や、「マキシム」のアルベール[18]である。レストランの生みの親が料理人であるなら、育ての親は才能あるメートル・ドテルにほかならない。

ブルジョワ家庭で生き続けるフランス式サーヴィス

同じころ、個人の館の奥では依然としてフランス式サーヴィスが行なわれてはいたが、各セルヴィスでの料理の数は減ってくる。アントナン・カレームは、今までのきまりを変えて、新しいラグーを考案した。各セルヴィスから皿数が減った分を補うために、料理の付け合わせの種類を増やしたのである。彼にとって、セルヴィスが簡略になることは退廃にも等しかった。「フランス料理のルネサンス以来、パリの豪邸で、招かれた客の数に対して、こんなにわずかのアントレしか供されなかったことなどなかった。12皿あるべきアントレが8皿しかないなどとは［……］。難破寸前の料理を救うには、6皿のアントレに2皿のグロス・ピエスよりも、4皿のアントレに4皿のグロス・ピエス（いまだかつてなかったことだが）を出したほうがまだましのように思える。この新しい組み合わせに従うと、私の出すグロス・ピエスにはわずかなアントレしか伴わないが［……］。このような新しいやり方をとるなら、一層多彩で品の良いアントレとグロス・ピエスを供さねばならない。そのためには新しいラグーを考え出す必要があったのである」[14]。一方、U.デュボワとE.ベルナールは、ロシア式サーヴィスの各回に供する皿数を二倍に増やした。

飾りつけへのサーヴィスからの影響

食べ物は敬意をもって扱い、味の頂点で食べるべきである。そのためには、あまりに時間のかかりすぎる盛り付けは不可能である。この制約にもかかわらず、装飾は減らされるどころか逆に激化する。「豪華さに欠け」「何もない食卓」で食事をすることなど、まず話にならないからである。

こうして、飾りつけは二つに分かれて発達していく。手間どってはいられない温かい料理用と、比較的時間持ちのする冷たい料理用と。

温かい料理

温かい料理では、飾りつけの作業は二つの方向から行なわれる。土台となり、料理を組み立てるもとになるものと、料理の上からかぶせるものだ。土台になるものには、パッド、下支え、クルスタード[*19]、ソクル[*20]、ボルデュール[*21]などがある。揚げたパン、セモリナ、パミーヌ、米、パスタなどで作られ、高さのある飾り付けによって料理を「一層優雅に見せる役目」を果たす。この手のこんだ土台は、前もって用意しておくことができるので、出来たての料理の味を損なうことにはならない。

「このような土台は、絶対に必要というわけではないが[(15)]、古き良き伝統を尊重したい金持ちのアンフィトリヨンにとっては、快さと同時に豪華さと優雅さをも失わないためにほとんど欠かせない」[(16)]。

同じように前もって準備しておけるアトレ[*22]が、料理の飾りとして上から添えられるようになる。最初、アトレは大きな焼き串《ぐし》に肉を留めて固定しておくために使われていた。「私は、焼き串にローストビーフを安定させておくために、大きめのアトレを使うように指示した。これが、私たちの調理場で最も一般的な方法だった」[(17)]。

マシアロもアトレット、つまり仔牛《こうし》や豚の胸腺《きょうせん》に刺す小型の焼き串を作っていた。これをオードヴルとして出したり、パン粉をまぶした後グリエしたり揚げたりして、ロースト肉の付け合わせとして使っていた(18)。

さらにカレーム自身もアトレによる料理装飾に取り組み、料理の上にトリュフ、飾り切りした野菜、エクルヴィス、鶏のとさかなどをのせる。ついには、ローストした肉に限らず、ゆで肉やアントレやルルヴェにまで、これらの飾りものを突き刺すようになった。周りを取り囲む装飾が豪華になったことで、料理自体は簡潔なものが認められるようになった。

冷たい料理

しかし、装飾が文字どおり飛躍的進化を遂げたのは、冷たい料理だった。「一見したところ、ロシア式サーヴィスの正餐《せいさん》は食卓に何もなくなる瞬間があるので華やかな集まりにふさわしい豪華さに欠けると思われるかもしれない。しかし心配はご無用だ。冷たい料理、冷たいアントルメ、菓子、デザート類は、正餐が始まったときから食卓の上に左右対称に配置されて、そのほとんどは食事が続く間ずっと並べられている。料理人とメートル・ドテルは思うままに食卓を飾り、特に飾り付けに向いた料理で自分たちの才能を発揮することができる」(19)。

何週間もの仕事を要するような、途方もなく複雑極まる装飾(20)も出現する。正真正銘の誇大妄想のあらわれ。砂糖でできた岩壁の岬に立つ古代遺跡や廃墟《はいきよ》を模したような作品には、ロマン主義の影響に加えて、これらを貪《むさぼ》り吸収することによって古典文化(21)

を自分のものにしたいという、ブルジョワ階級の無意識の欲求が混ざりあっている。

こうして、料理は二方向に分かれて発展を遂げた。サーヴィスが複雑化するレストランでの食事と、料理の付け合わせの数が増えていく個人の屋敷での料理と。後者において、飾り付けの技術は「古典料理芸術」が成し遂げた未聞の頂点へ達する。

「料理科学」を目指して

料理は、同時に科学たらんと欲する（実験科学が目覚ましい発展を遂げている時代だった）。こうした気運は、19世紀のあらゆる料理文献に現われている。

例えば、カレームの『食物および料理論』が挙げられる。また、U.デュボワやE.ベルナールもこう述べている。「料理は、正真正銘の科学として重要な地位を占めるる。今必要なのは、一方で伝承の教え、他方で実験と実践に基づき、系統だてて理論づけられた確かな料理書である。このような料理書こそ、時代が求めて待ち望んでいるものだ。かつては、実践家カレームが料理の未来をしっかりと見すえ、合理的な基礎に基づく料理を初めて確立するという、素晴らしい功績を残した。以後、現代的視点から高級料理にとり組む意欲を見せた大著作集は、一冊も現われていない」。

またジュール・グフェはこういっている。「簡単な指示を出すのにも、私は絶えず目で時計を追い、秤《はかり》を決して手放さなかった」(22)。

さらにファーヴルも、「私はいばらの道を切り拓き、科学的調理という難題を解決するために、言葉に尽くせぬほどの力をふりしぼり、エネルギーを使い、たゆまぬ観察と実験を重ねてきた」(23)と述べている。

逆説的に思われるかもしれないが、料理の命名も料理の科学化という壮大な企図と密接にかかわっている。詩的連想を誘う料理名は、間接的ながらも、料理の発展に一役買ってもいるのである。一皿の料理やその数多い応用に名前をつける。続いて各料理の構成要素、つまり付け合わせ、ソース、調理法などの名前ができる。こうして、料理の名称はひとつの確固たる世界を作り上げ、その中で料理理論と組み合わせの規則が進化していく。

この結果、最初の目的はともあれ、料理の命名のおかげでひとつの分類システムがあらわれる。この相当に複雑なシステムは、料理のメニューを際限なく増やし、20世紀初めA.エスコフィエの時代にいたってその頂点に達する。

タイユヴァンの『ヴィアンディエ』*23でとり上げられたルセットはわずか100程度だったが、グランゴワール*24とソルニエの『料理総覧』の中では7000を超え、さらに増える可能性があることも示唆されている。

オスマゾーム[*25]を求めて：科学と錬金術の巧妙な混合

肉の味わいの根源と見て、カレームが憑かれたように探究し続けたものが、オスマゾームである。

彼によれば、それは肉をゆでる過程で現われる。「大鍋《おおなべ》をゆっくり温めて水温を徐々に上げる。すると牛肉の筋肉繊維が膨張し、その間にあるゼラチン質が溶け出す。この温度を保っているとポトフは静かに泡立ってくる。オスマゾームという肉の最もおいしい成分が少しずつ溶け出して、ブイヨンに濃度がつく。すると、筋肉の一部の、泡を生み出すアルブミンという成分が膨らみ、軽い泡になって鍋の表面に上ってくるのだ」[24]。「この純化学的な作用によって好ましい結果が生まれる。軽率にも大鍋を強すぎる火にかけるとすぐに沸騰してしまい、アルブミンが凝固して硬化し、水分が肉にしみ込む暇がないので、オスマゾームというゼラチン質の成分が肉から溶け出すことができない」[25]。

カレームのいう「純化学的操作」とは、科学的な言葉づかいを借りてはいるが、実は「精髄」を求めた錬金術的探究である。

オスマゾームは、大学の科学部長まで務めた化学者L.-J.テナール[*26]（1777―1857）の造語だが、肉の特性を示す科学的概念というより、感覚上の概念といったほうがよいだろう。この語を使う者にとっては、感覚的体験とそれに伴う味覚的判断が一致することはあっても、あいまいな定義しかできず、彼らがそのよりどころとする化学現象と矛盾してしまうこともある。

調理の経験はないが、美食にかけてはしっかりした見識をもつブリヤ＝サヴァランは、オスマゾームを「肉のきわめておいしい成分」と定義した。さらに、当時の化学的知識をとり入れてこう付け加えている。オスマゾームは「冷たい水に溶けるもので、沸騰した湯にしか溶けない抽出成分とは区別しなければならない。また、焦げて肉に焼き色をつけるのも、おもしろいことにオスマゾームだ」(26)。

一方カレームの考えでは、オスマゾームは軽く沸騰した湯に溶け出すものだった。自らの経験から、「肉のきわめておいしい成分」は、冷たい水には溶けないことを知っていたからだ。

いったい、オスマゾームの正体とは何なのか。M・ギルベール*27は、エルマン社版の『味覚の生理学』の注釈の中で、「クレアチン、イノシット、乳酸などの有機物質の複雑な混合物」と解説しているが、まだブリヤ＝サヴァランの定義にとらわれたままの部分もあり、冷たい水にも溶けると記している。また、彼は血漿《けっしょう》の中に溶け込んでいる化学物質もその一例に挙げている。しかし、以上の諸成分にはほとんど味がなく、あったにしても肉特有の味わいとはほど遠いものである。

結局、オスマゾームとは、現代の化学者が「ペプトン」と呼んでいる物質にあたるらしい。つまり、プロテインが加水分解した水溶性の物質で、2〜3時間煮込んだ煮汁の中に溶け出してくる成分だ。

化学物質の一種ペプトンは、複合プロテインがアミノ酸に変わる過程に現われるが、発酵によってもできる。醤油《しょうゆ》やベトナムのニョク・マムは、大豆や魚のプロテインを加水分解したものである。肉の場合、沸騰の作用でプロテインの一部がペプトンに形を変え、ブイヨンに溶け出す。たとえば、このブイヨンを煮詰めれば、風味が増して、肉のうま味のエキスがとれるというわけだ。

このオスマゾームという考え方に基づいて、加熱方法やフォン*28の理論が発展していくのである。

多様化する調理法

美食が発達し複雑化するに従って、新しい調理法が生まれる。

中世風のポタージュは姿を消し、新しい調理法「ブレゼ*29」が登場する。これまでの技法を組み合わせたもので、はっきりと二段階に分けられる調理法である。「リソレ*30」の段階と、香味材料を入れたこくのあるソースで煮込む段階だ。「ポワレ」が出現した状況も、同じように興味深い。

これを最初に理論づけたのが、カレームだった。実はカレームにとって、ポワレとは、調理法ではなかった。むしろ、(鶏の)肉に「まろやかさを与える」ために、ミルポワや「ブレズ」と同様、肉とともに調理される香り豊かな香味材料を意味していた。「さいの目切りのバイヨンヌハム12オンス、豚の背脂1リーヴル、輪切りにした仔牛のもも肉2リーヴル[……]上質のバター、にんじん4本と玉ねぎ大4個どちらもさいの目に切ったもの[……][*31]ブーケ・ガルニ1束、クローヴ2本、タイム、バジル、メース少々、ミニョネットひとつまみ、にんにく少々[……]」をすべて含んだ、材料の集合になる。そして、『すべての材料を弱火にかけて』、ブイヨンを加えて、さらに2時間煮込む。その後、布で押し潰《つぶ》すようにして漉《こ》す。こうしてできた『ポワル』は、鶏のアントレやグロス・ピエスを調理するために使われる」[27]。

ポワルは、味をほとんど究極まで濃縮させた出し汁であり、その中で鶏や肉を煮込むと肉の味がぐっとよくなる。同じ本の数行後に、カレームが書いているように、ポワルは、「ポワレするように指示した、他のグロス・ピエス」を調理するのに使うことができる。ここにきて、ポワレすることが調理法のひとつに認められた。しかし、調理の現場では、ポワレとブレゼの区別はまだついていない。材料にわずかの違いがあるだけで、ブレゼのほうがポワレよりも豪華だというくらいだ(仔牛のもも肉の輪切り、オー・ドゥ・ヴィなど)。

どちらも蓋《ふた》をした鍋を使い、「オスマゾームが詰まった」非常に濃いフォンの中で加熱する調理法である。ときには「力ずくで」密閉しようとして、粉と水で作った生地を蓋と鍋の隙間に詰めてブレジエール*32を完全に密閉し、熱作用を強めて調理した。ブリヤ＝サヴァランは、教会参事会員のシュヴリエ氏が、オスマゾームを失わぬよう、何と「鍵《かぎ》のかかるマルミット」(28)を発明したと書いている。

どちらのテクニックも、火を通す間に肉の味が落ちるのを防いで、その上一層おいしくするための方法だが、カレーム、デュボワ、ベルナール、さらにJ．グフェでも、ある種の肉のゆで煮と変わらない。つまり、リソレという前段階を通らずに、最初から液体を温めずに加える。デュボワとベルナールの「仔牛のノワ*33のブレゼ、リヨン風」を例にとろう。「深いキャスロールの底に背脂と薄切りにした野菜を敷いて、肉を入れる。ブーケ・ガルニを加え、フォン・ドゥ・ミルポワを半分の深さまで注ぐ。強火で10分間勢いよく煮立て、水分をとばす。弱火の上にキャスロールを移し、蓋をしてじっくりとノワに火を通す」(29)。「フォン・ドゥ・ミルポワ」とは、香味野菜と「脂肉と仔牛もも肉の輪切り」からとった煮汁であり、ポワルやほかの煮汁と同様のものである（カレームは「布漉し」を勧めている）。

J．グフェの説明はもっとはっきりしている。「お気づきのように、私はブレゼにどんな香味野菜も使わない。ミルポワを注ぐだけだ。ミルポワには、香草と根菜のエキスが溶け込んでいるから、玉ねぎもにんじんもクローヴも加える必要はない［……］。こうするとずっと澄んだ出しがとれるし、根菜を加えてしまうと大事なエッセンスが吸いとられてしまう」[30]。

ブレゼとポワレは、ブイイ[*34]とフリ[*35]の中間的なものだ。ロティ（またはリソレ）せずに液体の中で火を通すとブイイになり、コクのある油の中で火を通して、オスマゾームが増えたものがフリになる。さらに「おいしい揚げ物」には、加熱の始めの「スュルプリーズ[*36]」という一瞬の技がかかせない。「揚げ物の長所は、すべてスュルプリーズにある。こうすると、肉を入れた瞬間に沸き立つ油に『襲われて（と表現する）』、肉の表面が焦げて黒褐色やきつね色に変わる。スュルプリーズの間に肉を包む膜のようなものが作られ、油がしみ込むのを防ぎ、肉汁を閉じ込める。肉汁はそのまま中で変化し、隠れていたあらゆる味が引き出される」[31]。

ブレゼとポワレは、フリとブイイの役割を統合し、両方の長所を生かした完全に独立した調理方法になった。

ブレゼを、18、19世紀の料理の発見ということはできない。この方法は、中世のポタージュや、ルネサンス期のエストゥファード[*37]やラグーの中にも、潜在していた[32]。この後、ブレゼは、マシアロやムノンらによって広く使われるようになる。しかし、ムノンの手によって整えられたグランド・キュイジーヌとともに、新たに理論化された精緻《せいち》なテクニックがあらわれるのである。

調理方法の体系には、自然と文化という伝統的な対立があった（例を挙げると、火であぶることは自然でゆでることは文化だとか、燻製《くんせい》は方法においては自然で、出来上がりにおいては文化だとか）。ブレゼとラグーが第三の項目を作り出す。進歩する科学という項目である。

「ブレゼは、様々な調理法の中で、最も高くつき、しかも上手に仕上げることが困難だ。料理人は、このやっかいな調理法に慣れるためには、長期間にわたる、しかも念を入れた経験を積むよりほかない」[33]。

これこそ、紛れもない調理学だ！　ブレゼ以後、料理は進歩を繰り返して知識を累積する世界になる。

とはいえ、ポワレとブレゼの違いが明確に定義されるには、1902年に刊行されたエスコフィエの『ル・ギド・キュリネール（料理の手引き）』を待たなければならない。それまでは、この二つの用語は混用されたままだった。例えば、ムノンのルセットを見ても、「ジゴのポワレ」と「キュロットのブレゼ」との違いはしいていえば、液体の量だけだ[34]。
J．ファーヴルは、細かな事柄をおろそかにしない性格だったが、この問題に関しては、完全に口を閉ざしていた。彼にとってのポワルとは「把手《とって》のついた鋼や鍛鉄の板[35]」、単なるフライパンでしかない。もちろん、ポワレするというテクニックについてなにも語っていない。

エスコフィエは、ブレゼとブイイをはっきり区別することから始める。ブレゼする肉は、液体を加える前にリソレする。「底の厚いキャスロールか適当な大きさのブレジエールに、コンソメからすくいとった澄んだ脂を入れてよく熱する。この中で肉を均等にルヴニール[*38]する。この手順は、肉のまわりに鎧《よろい》のようなものを被《かぶ》せて、肉の内部にある肉汁がすぐに溶け出すのを防ぐために行なう。こうしないと、ブレゼがブイイになってしまう」。

さらに、ブレゼとポワレの間の明白な相違を述べている。「ポワレは、厳密にいえば、特殊なロティだ。ほどよく火を通すことも共通だし、バターなどで全体を加熱することも同じだから」。

エスコフィエは、ここで、ポワレに液体を加えることを否定している。A.カレームやJ.グフェばかりか同世代のペラプラまでもが、いたるところで行なっている調理法にもかかわらず。

ペラプラは、ためらわずにこう記している。「フィレ肉の全面に黄金色の焼き色がついたら、マデラ酒か白ワインを少々と4分の1リットルのドゥミ・グラス・ソースを注ぐ。味付けをして、蓋をしてオーヴンに入れる。時間は1リーヴルにつき15分弱の割合。フィレ肉はレアに火が通りソースの味を含み、ソースは肉とともに煮込まれたのでうま味が増している。さらに、肉の表面が焼けて皮をかぶったようなロティとは違って、切り分けるのも簡単だ。つまり、ローストとして供する牛フィレ肉と、ルルヴェとして出す牛フィレ肉との間に違いがあるのは当然のことだ」(36)。

ペラプラは、ここでもまだ、古いフランス式サーヴィスの理論を持ち出して、次の二つの分類を用いている。ブイイ、ポタージュ、及び第二のセルヴィスとはっきり区別できる汁気のある料理（ラグー、ブレゼ、ポワレ）からなる第一のセルヴィスと、ローストした肉が供される第二のセルヴィスである。

料理の進歩と科学化を目指したエスコフィエのほうは、調理法の体系の内的理論を追求した。1907年版の『料理の手引き』の序文で、その決意を表明している。「料理は、芸術であり続けると同時に、科学的なものになるだろう。今はまだ幅をきかせている、経験から得たきまりごとが、何事も偶然に委《ゆだ》ねることのない方法と厳密さに従う日が来よう」(37)。

調理法の視点に立って理論的に観察すると、ポワレに液体を注ぐとブレゼになってしまう。つまり、このこと以外には区別する要素がないのである。

エスコフィエの定義のおかげで、問題は鮮やかに解決した。たとえ、同じ本の中の150ページ先では、鶏のポワレについて前の理論と正反対のことを次のように書い

	ポワレ	ブレゼ
香味材料＋		
脂肪分	＋	＋
蓋をして加熱する	＋	＋
リソレしておく	＋	＋
液体を注ぐ	−	＋

ポワレとブレゼ

ているにしても、彼の功績は変わらないだろう。[38]「鶏にほぼ火が通ったら、ほんの少し液体を注ぐ。濃いフォン・ドゥ・ヴォライユ[*39]でも、トリュフの汁でも、シャンピニョンの汁でも、マデラ酒でも、白ワインでも赤ワインでもかまわない。液体を加えることで肉が乾くのを防げる。早く煮詰まりすぎるようなら、もう少し足してもよい」。

実際、ここでは二つの理論を対置している。ブレゼと紛らわしいからといって、ポワレには液体を加えないという公式上の理論と、旧来のフランス式サーヴィスの構成を受け継いだ美食家の舌の理論である。美食家の理論では、マデラ酒を数滴たらしても、公式を破る大罪を犯したなどとは考えず、フィレ肉が一層柔らかくなると感心する。「(第一のセルヴィスの)ルルヴェで供されるフィレ肉は、液体を加えたほうが、フランス式サーヴィスの構造によりよく同化する」。

エスコフィエにとって、ポワレは「特殊なロティ」

である。「これは、あらかじめリソレした材料を、厚いマティニョン[*40]の層で包み込んで火を通すことを核とする、古い調理法を単純化したものだ。肉は背脂で巻いたり、バターを塗った紙に包んだりして、オーヴンに入れたり、焼き串に刺して焼き、溶かしバターでアロゼ[*41]する」。明らかに、デュボワとベルナールにおける「牛フィレのロティ、マティニョン風味」の再現である。いずれにしろ、紙やマティニョンを媒体にして火通ししているのだから、この場合「ロティ」という用語を充てるのは、現在の用法からすると適当ではないだろう。

19世紀のムース、あるいは確かな価値を求めて：歯応え、味、本物…

19世紀に、料理術は最盛期を迎える。カレーム、デュボワ、グフェが原則を打ち立て、磨きをかけ、国際的料理となったフランス料理を理論づけていった。

この時代、独立した料理としてのムースはほとんど消滅してしまった。デュボワの『古典料理』のメニュー132例の中には肉や魚、野菜のムースはひとつも引用されていない。わずかに三つのデザート用ムースが、残っているだけである。

もちろん、ルセットは残っているが、今では「ファルス」[*42]に形を変えている。ムースが以前に比べて人気が落ちた理由を、グフェはこう説明している。「ファルスを料理の基礎のひとつとしては認めるが、濫用することには反対である。私は、ファルスを何にでも使うのには同意できない。一流の料理人の技術なら、ファルスを控え目に、しかも適当な状況でのみ登場させるべきだろう」。

実際、この「控え目な登場」と「適当な状況」という表現から、ムースが立場を大きく変えてしまったのがわかる。これ以後、ムースは一皿の料理の中で組み合わせる一要素にすぎなくなった。魚や肉、野菜の詰め物として用いられるわけだ。ムースは、今やそれ自体が実体をもったひとつの料理ではなく、料理を完成させ、引き立てるだけの存在でしかなくなった。

ファルスをかかせない料理では、ファルスが「パン」[*43]やコートレットの形に仕立てられる。鮭や、オマール海老《えび》や、ポジャルスキー風キジのコートレット…。未分化の原材料に隠喩《いんゆ》で意味を与えるのは、この場合、形と料理名である。この時代、富を手に入れて料理に金をつぎ込んでいたブルジョワたちは、確かな手応《てごた》えのあるものを求める傾向にあった。それに応えたのが、「パン」や肉などである。

人々が求めるものが、軽さや頼りなさ、味気なさの正反対、つまり、本物、歯応え、厚み、濃さに変わった。スーダック[*44]の「パン」は、魚の味を残し、しっかりした舌ざわりを持つべきで、口の中で溶けてしまってはいけない。
U.デュボワは、同時代の研究者として、確信と自民族中心主義的なプライドをのぞかせながら「美食の真理」に照らし合わせて外国の料理手法を再検討している。スーダックのスフレについては、次のように解説する。「ロシアでは、この料理をとても軽く作るので、スフレと名づけている。まさにこの名づけ方が誤りなのだ。生地が軽すぎると、膨らんでもすぐにしぼんでしまうということもあるが、まだたいした問題ではない。それ以上に悪いのは、軽すぎる生地には美食の資格が欠けているということだ。そんな風に作られてはならないこの料理に、私はスフレという名をつけなかった。『スーダックの「パン」、ロシア風』と呼ぼう。この料理は軽くならずにしっかりと形を保っていなければならない。口の中で生クリームも卵も感じられてはいけない。魚の味だけが感じられるべきなのだ」(39)。

このファルスは、現代のヌーヴェル・キュイジーヌ*45の軽いムースとは、正反対のものである。

こうして19世紀のムースと切り離せない、想像上の価値が登場する。

◎安定感：出来上がりがしぼまないこと。

◎確かな存在感：あまりに「軽く」「味気ない」イメージを与えるスフレという名前をつけ直す。隠喩を用いて、「パン」や肉の手応えの象徴的な力を与える。

こうして、かなりの量のバターや油を混ぜ込むことになった結果、料理は重くなって、食べ物に「鉛がぶらさげられる」。風味もまろやかになるが、食べる人の体も同様にまるくなる。みなが飢えていた時代の美意識にかなった身体の思い出が呼び覚ま

される。当時は肥満が、権威と高い身分をあらわしていたのだった。(40)

新しい道具、新しい食品、新しいルセット

鋳鉄製の新型調理用ストーヴ

19世紀を通じて、調理道具、中でも調理用ストーヴはめざましい進歩を遂げた。

19世紀の初めまでは、ストーヴはレンガ造りで、穴を開けて、中に燠《おき》を入れ、その上に鍋類を置いた。熱の当たりを間接的にしたいときには、金属板を一枚はさんだ。燃料は木炭である。かまど専用の煙突はなく、近くの排気口から煙を追い出していた。

炉床が内部にあって、煙突を備え、木炭でも石炭でも使える、オーヴンのついた調理用ストーヴの出現は、大きな進歩として歓迎された。J.グフェのいうように、レンガ製のかまどは（レンガは熱の当たりがやわらかいので）「調理の仕上げがややすかったことは間違いない」。新しいストーヴによって、レンガ製のストーヴでは不可能に近かったグラタンやスフレや菓子を焼けるようになった。

さらにグフェは、新旧二つの設備の長所を組み合わせた模型も作っている。「このストーヴはレンガ製で鉄板がのっている。こうすると、鉄製のストーヴでは文句をいわれても仕方なかった熱の当たりすぎを防ぐことができる。そのうえ、これは薪でも

石炭でも火力に使える方式をとっている。鉄板は炉とオーヴンの上に置いて、ここで通常の調理を行なう。ストーヴの左側には木炭を入れる口があき、鉄板を使わずにソースの仕込み、リエゾンやキャラメリゼなどの細かい調理作業を行なうこともできる。このようなストーヴと共に、グリヤードやロティソワール*[46]も備え付けたい」[41]。

1850年頃には最初のガス調理台が登場するが、プロの調理場に備えられるのはだいぶ後のことになる。進歩的なグフェは、この遅れを次のように嘆いている。「この新製品がいまだに普及せず、いくつかの料理法には大変便利なものであることが、残念ながら十分に理解されていない。特に、一定の強さの連続的な加熱を必要とするときには、とても便利だ」。

冷凍への挑戦

1857年には、技師フェルディナン・カレ*[47]が、メチルエーテルと第三アミンという新しい化学物質を使って、「人工的に氷を作り出す装置」を発明する。さらに一年後には、製氷機が登場し、氷で飲み物などを冷やせるようになる。

冷凍は一気に調理場に入り込んだわけではない。というのも、食品保存の効果のほどがまだ未解決だったのだ。シャルル・テリエ*[48]が、一ヵ月以上冷凍保存した羊のもも肉を科学アカデミーに紹介するなどして、努力を重ねたにもかかわらずである。

1869年に、世界初の冷凍船による大がかりな実験が行なわれたが、大失敗に終わり、港に到着したときには、もはや冷凍食材は食べられない状態だった。しかし、テリエはあきらめず、最終的にはその努力が報われる。

実験が成功するのは、1876年、冷凍装置を特別に装備した「フリゴリフィック（冷凍）号」という新造船によってのことだ。船は、牛肉や鶏肉、果物、野菜を満載してアメリカへ向けて出航し、新世界に立ち寄ってフランスへ戻ってきた。帰港すると、その積荷を使って宴会が開かれたが、料理は問題なく食べることができた。

だが、この決定的な実験も科学万能主義に沸くフランスでは、単なる物珍しい成功のひとつでしかなかった。冷凍を商業的に実用化したのはむしろアルゼンチンやウルグアイで、冷凍船をチャーターし特産物の肉をフランスへ輸送した。

シャルル・テリエは、この二つの国から生涯楽に暮らせるほどのロイヤルティを受けとったのである。「預言者、郷里に容れられず！」。

さらに1922年になって、やっと冷却装置のついた最初の冷蔵庫が「フリジデール」という商品名で登場する。それまで調理場では、人工的に作った氷塊で冷やした冷蔵室が使われていたのである。

農産物加工業の誕生

19世紀には科学技術の革命が起こる。缶詰やマーガリンが発明され、甜菜糖《てんさいとう》や粉末スープの工業生産が可能となり、ついに人類は飢餓からのがれることに成功する（少なくともヨーロッパにおいては）。

これらの発明は、ほとんどが軍隊の必要に迫られて生み出された（陸海軍の食糧問題は常に深刻で、軍の司令官はいくら征服を重ねても「財政がついていかない」と嘆いていた）。いずれにしても、食品化学への、まだ完全に科学的とはいえないにしても、合理的なアプローチと、経済界の工業化の発展によって、こうした発明が日の目を見たのである。

加熱処理した缶詰

1795年、糖菓業を営むニコラ・アペールは、経験的方法、つまり試行錯誤のすえ、食品を数ヵ月間にわたって保存する方法を発見した。

パストゥールが微生物の存在とその生態を明らかにする以前に、アペールは食品（グリンピース、さやいんげん、牛乳など）をガラス瓶に入れ密閉して、長時間煮沸する方法を思いついていた。これが殺菌消毒の発見である。シャプタル*49という、当時の著名な化学者でナポレオン1世の大臣を務めていた人物によって、アペールの発明はナポレオンに伝わり、その結果アペールは軍の公式納入業者に任命された。

こうして1803年、マッシーで操業を始めた小さな瓶詰工場は、50人以上の従業員を抱えるまでに発展した。

1809年には、皇帝から1万2000リーヴルの褒賞を賜り、その3年後には「人類の恩人」なる称号も授かった。しかし、特許をとらなかったので、その技術はイギリスをへてアメリカに伝わり、改良されて主にブリキ缶が使われるようになる。

1851年、ニコラ・アペールの甥《おい》、レイモン・シュヴァリエ＝アペール[*50]は、パパンの圧力釜《がま》（爆発して多くの事故を引き起こした悪名高き圧力鍋）を改良して高圧殺菌機を作り、特許を得る。この高圧殺菌装置によって、保存食品業は以後めざましい発展を遂げる。

甜菜から砂糖を作る

1806年、アンティル諸島を出発しルーアンに向かうフランスの未精製蔗糖《しょとう》の輸送船団が、イギリス艦隊の妨害を受けた。フランスには、糖蜜《とうみつ》から氷砂糖（別名国王の砂糖）を製造する製糖所が数多くあり、昔からヨーロッパ随一の砂糖供給国だった。ナポレオンは報復として、イギリス商品の締め出しを決定した。これが大陸封鎖令である。

しかし、砂糖不足は民衆の不満を募らせ、再びシャプタル大臣の登場となる。彼は著名な実業家バンジャマン・ドゥレセール[*51]がパッシーに開いたばかりの、甜菜から砂糖を抽出する小さな製糖所をナポレオンに紹介した。1812年1月2日、大臣に連れられてドゥレセールを訪ねたナポレオンは、その設備に感激し、みずからの手でレジョン・ドヌール勲章を授けた。さらに男爵の位も与え、何としてもこの新しい産業を発展させるように命じる。2年間で213の工場が建てられ、400万キロ以上の砂糖が生産された。

マーガリン

さらに陸海軍の経理局の要望から、素晴らしい未来が約束された食品が生まれた。マーガリンである。

1869年、ナポレオン3世は「艦隊の乗組員に、バターよりも長持ちする油脂食品を支給する」ためのコンクールを行なった。「安価になるはず」のこの食品は、「生活に困窮した社会階層」のためにも役立つという考えもあった。

バターの代用品を作り出したのは、イポリット・メージュ＝ムリエ[*52]で、この新製品をマルガリーヌ（マーガリン）と名づけた。これは（ギリシャ語のマルガリタスからとった）「真珠のような」という意味である。

しかし、この気どった名前にもかかわらず、マーガリンは実際には高級レストランや菓子店では使われなかった。プロが使い始めるのは、1910年に液状油脂への水素添加技術が実用化されてからのことである。溶解点を完全にコントロールできるようになり、折り込みパイ生地などの菓子作りにマーガリンは見事な効果を発揮した。

美食批評の展開

19世紀末から20世紀初頭にかけては、芸術と科学、科学技術と経験知識が結びつく時代だった。レストラン業はこの時期に、際立った繁栄を見せる。ブルジョワ家庭に料理長がいなくなったわけではない。両大戦間のパリでも、優に500人はいたのだ。しかし一方で、美食文学や美食ジャーナリズムが盛り上がり、レストランを省察の対象とし、また創造へと駆り立て、それを記事にして、時代の熱狂をレストランに向かわせたのである。

グリモ・ドゥ・ラ・レニエールとブリヤ＝サヴァランが開いた道に足を踏み入れたC.モンスレとA.ショル[*53]は、美食雑誌、『ル・グルメ』を1858年に創刊した。この雑誌そのものは長続きしなかったが、新しい形態のジャーナリズムを生み出し、今日の隆盛にいたるのである[42]。

食通文学と美食批評は最盛期を迎え、多くの指導的人物が現われた。ブリス男爵[*54]、L.ドゥ・フォス[*55]、フュルベール＝デュモンテーユ[*56]、M.ルフ[*57]、キュルノンスキー、A.ドゥ・クローズ[*58]、H.クロ・ジュヴ[*59]らである[43]。

レストランもまた脚光を浴び、美食を規定し、その現在を書き記し、将来に思いを巡らせるのは、料理長やメートル・ドテルたちだ。

L.ビニョン[44]、（プロヴァンス派の）J.B.ルブールとA.カイヤ、A.デュグレレ、

E.ニニョン、N.マルグリ、(45) J.ファーヴル、Ph.ジルベール、E.フェテュ、*60 A.エスコフィエ、P.モンターニェ、彼らはみな、レストラン（ときには複数のレストラン）の調理場を指揮していた。一時代前には、A.ボーヴィリエを例外として、「料理界の巨匠」がブルジョワ家庭に仕えていたのとは対照的である。

(1) J.-P.アロンが、N.ドゥ・ラボーディ（N. de Rabaudy）著『高位者たちの料理人レオネル（Léonel, Cuisinier des Grands)』1978年 Presse de la Renaissance 刊に寄せた序文。

(2) グリモ・ドゥ・ラ・レニエール

*1 グロス・ピエス（grosse pièce）　主たる肉料理。

*2 ゲリドン（guéridon）　円形、一本脚のサーヴィス用テーブル。

(3)(4) U.デュボワ&E.ベルナール共著『古典料理（La Cuisine classique)』1856年

(5) グリモ・ドゥ・ラ・レニエール著『主人役必携』の中の一節に、「フランス式のサーヴィスにおいては、メニューは料理人と主人役との間の秘密事項にならざるをえない」とある。

(6)(7) J.-P.アロン著『19世紀の食べ手』Gonthier Denoel 刊　1976年

*3 アンリ=ポール・ペラプラ（Henri-Paul Pellaprat）　1869〜1954。名料理人。コルドン・ブルーの設立者の一人。

*4 アリ=バブ（Ali-Bob）　1855〜1931。本名アンリ・バビンスキー。鉱山技師、美食家。大著『実用的美食学』を著す。

＊5 ショー＝フロワ（chaud-froid） 肉や魚などを加熱調理したものを冷やし、茶色または白いソースをかけてからジュレでつやを出した料理。

＊6 シガレット（cigarette） ラング・ドゥ・シャの生地で作った筒状の菓子。

＊7 ファンテジー（fantaisie） マジパンの上に、着色した生地を絞り出して作った小菓子。

(8) M.-N. ストゥルズ＝プレシス（M.-N. Stourdze-Pleissis）著「食べ手の認識」／J. デュヴィノー（J. Duvignaud）編著『認識社会学（Sociologie de la connaissance）』Payot 刊より。1979年

(9)『偉大な料理長によるフランス料理技法（L'Art culinaire français, par nos grand maître de la cuisine）』Flammarion 刊 1959年

＊8 ルルヴェ（relevés） ルルヴェは16、17世紀には当時のアントレのサブ・カテゴリーでしかない。より正確にはアントレの中間に出す料理だが、常に肉をベースにしたものでなければならない。その名は、この料理をポタージュを食べ終えて空になったスープ鉢の替わり（relève）に置いたことに由来する。

(10) ブリヤ＝サヴァラン著『味覚の生理学』

＊9 ランパン（lampant） 輝いた、澄んだ。

＊10 ネージュ（neige） 非常に軽いシロップ（糖度14度）をグラニテ（粗いシャーベット）のようにしたもの。

＊11 スプーン（spoon） イタリアン・メレンゲで軽く仕上げたシャーベット。A. エスコフィエ著『料理の手引き（Le Guide Culinaire）』

(11) L. レオスポ（L. Leospo）著『ホテル飲食産業論（Traité d'industrie hôtelière）』

(12) J. ファーヴル著『料理万有事典』1883～1890年

＊12 フランバージュ（flambage） 料理にアルコールをかけ、火をつけてアルコールを飛ばし、香りを残す操作。

＊13 トランシャージュ（tranchage） 肉の切り分け。

*14 シェフ・ドゥ・ラン (chef de rang) ヘッド・ウェイター。

*15 ドゥミ=シェフ・ドゥ・ラン (demi-chef de rang) 副ヘッド・ウエイター。

*16 コミ (commis) ウェイター。

(13) 凶器にもなるナイフと、キリスト教信仰においては犠牲の象徴である魚との間には、象徴的な対立関係がある。パンと同じように魚は山上で、イエスが分かち与えた食べ物である。また、蘇ったキリストが口にしたものも魚だった(ルカ書24:42)。魚は聖餐のしるしとなり、パンや魚を切るナイフに対する禁忌もよく理解できる。

*17 フレデリック・ドゥレール (Frédéric Delair) 名物の鴨料理の創始者。19世紀で最も著名なメートル・ドテル。

*18 アルベール・ブラゼ (Albert Blazer) 20世紀初めのマキシムのメートル・ドテル。

(14) U.デュボワ&E.ベルナール共著『芸術的料理』1814年 ダンテュ参照。同様に参考になるのが、A.カレーム『絵入り菓子職人 (Le Pâtissier Pittoresque)』1815年、F.マレック (Marrec)『料理における装飾芸術概論 (Traité Général de l'Ornementation artistique dans la Cuisine)』Culina 刊

*19 クルスタード (croustade) 練り込みパイ生地などでケースを作り料理を詰めたもの。

*20 ソクル (socle) 台座。

*21 ボルデュール (bordure) 縁飾り。

(15) ここでは料理の味のこと。

(16) U.デュボワ、E.ベルナール

*22 アトレ (hâtelet) 飾り付きの焼き串。

(17) A.カレーム

(18) マシアロ著『王室とブルジョワ家庭の料理人』参照。

(19) U. デュボワ&E. ベルナール共著『古典料理』第1巻

(20) このような複雑な発展は、先に引用した『絵入り菓子職人』のA. カレームに負うところが多い。カレームは早くから建築に興味をもっていた。

(21) P. ラブロー(Rabreau)著『カレーム、建築家市民(Carême, le citoyen architecte)』(『19世紀料理技術、A. カレーム、第3区長(L'Art Culinaire au 19e siècle : A. Carême : Maire du 3e arrondissement)』より)。事実、カレームは1825年、アレクサンドル1世に捧げた『建築計画(Projets d'architectures)』と、『パリ美化計画(Projets d'embellissement de Paris)』(後に、シャルル10世に献呈)という建築芸術についての2冊の書物を出版している。

(22) J. グフェ著『料理の本(Le Livre de Cuisine)』1884年 第6版 Baudoin 版111ページ。初版1867年

(23) J. ファーヴル著『料理万有事典』1910年(初版1883―1890年)

＊23 グランゴワール(Gringoire) ソルニエとの共著『料理総覧』は、エスコフィエの『料理の手引き』の縮刷版とも言えるもの。

＊24 ソルニエ(Saulnier)

＊25 オスマゾーム(osmazome/osmazone)

(24) A. カレーム著『19世紀フランス料理技術(L'Art de la cuisine française au XIXe siècle)』第1巻

(25) A. カレーム著『19世紀フランス料理技術』第3巻

＊26 L.-J. テナール(L.-J. Thenard)

(26) ブリヤ=サヴァラン著『味覚の生理学』

＊27 M. ギルベール(M. Guilbert)

＊28 フォン(fond) 出し汁。

＊29 ブレゼ(braiser) 蒸し煮。

＊30　リソレ（rissoler）　表面を強火で焼き固める。
＊31　ミニョネット（mignonnette）　粗挽き粒胡椒。
(27)　A．カレーム著『19世紀フランス料理技術』第1巻
＊32　ブレジエール（braisiere）　ブレゼ鍋。
(28)　ブリヤ＝サヴァラン著『味覚の生理学』
＊33　ノワ（noix）　内モモ肉。
(29)　U．デュボワ、E．ベルナール著『古典料理』第1巻
(30)　J．グフェ著『料理の本』
＊34　ブイイ（bouilli）　ゆでること。
＊35　フリ（frit）　揚げること。
＊36　スュルプリーズ（surprise）　びっくり。
(31)　ブリヤ＝サヴァラン著「揚げ物の理論」（『味覚の生理学』）
＊37　エストゥファード（estouffade）　煮込み料理。
(32)　参考：ラ・ヴァレンヌ著『フランスの料理人』より、「牛肉のエストゥファード」、「仔羊のラグー」。
(33)　A．エスコフィエ著『料理の手引き』
(34)　ムノン著『ブルジョワ家庭の女料理人』
(35)　J．ファーヴル著『料理万有事典』
＊38　ルヴニール（revenir）　色づくように炒める。
(36)　H．P．ペラプラ著『偉大な料理長によるフランス料理技法』Flammarion 刊
(37)　A．エスコフィエ著『料理の手引き』

（38） Ph. ジルベールかフェテュが執筆した部分かもしれない。この二人は『料理の手引き』の隠れた協力者でありながら、師匠A. エスコフィエの理論に従わなかったようである。

*39 フォン・ドゥ・ヴォライユ（fond de volaille） 鶏の出し汁。

*40 マティニョン（matignon） にんじん、玉ねぎ、セロリ、生ハム、タイム、ローリエをバターで炒めてマデラ酒でデグラッセしてとった出し汁。ここでは香味材料の意味で使われている。

*41 アロゼ（arroser） 液体をかける。

*42 ファルス（farce） 詰め物。

*43 パン（pain） 料理のパン。ファルスをパウンド型などの型に詰め、湯煎で火を通した料理。

*44 スーダック（soudac） サンドルに似たロシアの魚。

（39） U. デュボワ著『各国の料理（La Cuisine de tous les pays）』１８６８年

*45 ヌーヴェル・キュイジーヌ（Nouvelle Cuisine） 新フランス料理。

（40） 身体の美しさの基準と料理の規範との関係についての入門篇として、M. C. ファン（Phan）とJ.-L. フランドラン執筆の「女性美の変貌」論（『歴史（L'Histoire）』le Seuil 刊）が、非常に楽しい読み物である。

*46 ロティソワール（rotissoire） あぶり焼き用の火床。

（41） J. グフェ著『料理の本』

*47 フェルディナン・カレ（Ferdinand Carré） １８２４～１９００。技術者。冷蔵・冷凍庫の開発者の一人。

*48 シャルル・テリエ（Charles Tellier） １８２８～１９１３。発明家。冷蔵システム開発の先駆者。

*49 ジャン＝アントワーヌ・シャプタル（Jean-Antoine Chaptal） １７５６～１８３２。化学者、医師。シャプタリザシオン（ワインへの加糖技術）の発明者。

*50 レイモン・シュヴァリエ＝アペール（Raymond Chevallier-Appert） １８０１～１８９２。

＊51　バンジャマン・ドゥレセール（Benjamin Delessert）　1773〜1847。実業家。

＊52　イポリット・メージュ＝ムリエ（Hippolyte Mège-Mouriès）　1817〜1880。化学者。

＊53　A.ショル（A. Scholl）

(42)　Th.ゼルダンによれば、1890年頃、Ph.ジルベールは「32の異なる雑誌に寄稿していた」し、そのいくつかは相当の発行部数に達していた。（『フランス熱中史（Histoire des passions françaises）』）

＊54　ブリス男爵（Baron Brisse）

＊55　L.ドゥ・フォス（L. de Fos）

＊56　フュルベール＝デュモンテーユ（Fulbert-Dumonteil）　『食道楽のフランス（La France Gourmande）』の著者。パリ　1906年刊

＊57　マルセル・ルフ（Marcel Rouff）　1877〜1936。『美食のフランス（La France Gastronomique）』、『食卓をめぐるフランス（France à Table）』の共著者。小説『グルメ、ドダン・ブファンの生涯と情熱（La Vie et la passion de Dodin Bouffan Gourmet）』を出版している。Stock 刊　1970年

＊58　オースタン・ドゥ・クローズ（Austin de Croze）　1866〜1937。民俗学者。『食卓の心理学（La Phychologie de la Table）』San Pareil 刊　1928年、『フランスの地方料理（Les Plats Régionaux de la France）』Édition Montaigne 刊　1928年

＊59　アンリ・クロ・ジュヴ（Henri Clos Jouve）　『食卓をめぐるフランス』の共著者の一人。

(43)　ブリス（Brisse）男爵著『366のメニュー（Les 366 Menus）』1869年、『カレームの料理（La Cuisine de Carême）』1872年、『ガストロノミア（Gastronomia）』パリ　1870年

(44)　ルイ・ビニョン（Bignon）：有名な「カフェ・リッシュ」の支配人。

(45)　N.マルグリ（Marguery）：「ロシェ・ドゥ・カンカル」でこの道に入り、デュグレレのもと「レ・フレール・プロヴァンソー」で働いたのちに、独立した。

＊60　エミール・フェテュ（E. Fétu）

Antonin Carême　アントナン・カレーム（1783―1833）

　1783年7月、マリ＝アントワーヌ・カレーム、通称アントナンは、パリで貧しい大家族の末っ子として生まれた。

　建築現場の人夫だった父は、まだ10歳のカレームに一人で何とか生きていくよういい含めて、メーヌ門に置き去りにした。近所の居酒屋の主人に拾われたカレームは、そこで5年間世話になった。彼の修業は大衆料理に始まったわけである。

　まっとうな修業がしたくなったカレームは、15歳の時、菓子と仕出し料理で有名なバイイの店に入る。休憩時間に、彫版術、学芸全般、特に力を入れて建築学を勉強する。こうしてバイイの店でのピエス・モンテのスペシャリストになった。

　腕に自信を持ち、配達で訪れる大きな屋敷につてができるようになると、カレームは、1802年独立し、エキストラ（フリーの料理人）として働いていく決心をする。その後1813年までの間に、当時の名料理人といわれる人たち、アヴィス、フイエ、ルコック、ラーヌ、ラギピエールなどと共に仕事をした。また、著作への情熱が芽生えたのもこの頃だった。

1815年には、ロシア皇帝アレクサンドルの料理長になる。次いで1816年にブライトンでイギリス皇太子に仕えた後、1819年再びロシアの宮廷に戻る。しかし、あまりに劣悪な状況に耐えられずフランスに帰国した。望郷の想いは満たされ、パリに戻って、初めて著作の時間をとれた。カレームは、バグラシオン公妃に仕えた後、最後はロトシルト家で輝かしい一生を終えた。

カレームは、しっかりした組織を編成する才能にも恵まれていた。特に絶賛されたものに、ヴェルテュの宴（3日間に3回の宴席、パリから遠く離れた場所だったので材料の調達が極めて困難だった）や、フランス宮廷で開いた1200名の祝宴がある。

アントナン・カレームは大規模なビュッフェを取り仕切る、文句なしの巨匠だった。彼の食卓では、料理が見事な調和と平衡を保ちながら、あらゆる建築的モチーフを使って仕上げられている。

彼は極めて重要な数多くの著作を残している。『王室菓子職人』、『絵入り菓子職人』、『フランスのメートル・ドテル』、『パリの料理人』そして最後の2巻は、友人プリュムレの作った覚書によって、カレームの死後に出版された『19世紀フランス料理技術（全5巻）』などが挙げられる。この高名なカレームは、間違いなく近代料理における最高の巨匠である。

E.N.

Urbain Dubois　ユルバン・デュボワ（1818―1901）

1818年、ブーシュ＝ドゥ＝ローヌ県のトレで、ユルバン・デュボワは生まれた。才能豊かなこの料理人は、料理の進歩において重要な橋渡しの役割をになった。なぜなら、彼はアントナン・カレームの仕事の後継者であると同時に、オーギュスト・エスコフィエの師でもあったからである。

デュボワは、巨匠カレームの名で有名になったロトシルト家の調理場を取り仕切る料理長ハンスの下で見習いを始めた。

その後、デュグレレの指揮する「カフェ・アングレ」から「トルトーニ」へ、さらにノルマンディ風舌平目の生みの親ラングレが率いる「ロシェ・ドゥ・カンカル」へと移り歩いたが、その名が知れ渡ったのは、エミール・ベルナールの後を継いでプロイセンの宮廷料理長になってからである。

ユルバン・デュボワの功績は大きい。

彼は飾り付けのスペシャリストであり、サーヴィスの改革者であり、料理についての偉大な著作家だった。

彫刻芸術家デュボワは、特にソクルを使う盛り付けを好んだ。ソクルの中でも彼が注目したのは、マンドラン、ショポール、タンブールである。彼のすべての傑作に、アントナン・カレームと同じく、芸術家、建築家の資質が見える。

これらの記念碑的なピエス・モンテ以外に、デュボワはサーヴィスを改革する。料理をすべて一度にテーブルに並べる「フランス式サーヴィス」の伝統を守っていたカレームに背くつもりはなかったが、デュボワは「ロシア式サーヴィス」の擁護者だった。料理を切り分けてから客前に出すことは時代の要求である。その上で、メニューの組み合わせと、料理を出す順序についての厳格な規則を定めた。

さらに、E・ベルナールとの共著でも有名になる。『芸術的料理』（全2巻）、『古典料理』（全2巻）、『現代の料理』、『諸国の料理』、『女料理人の学校』、『菓子・ジャム職人大全』（全2巻）などの著作において、デュボワは込み入った料理の細部にまで目を配り、説明、紹介、案内に努めた。豊かな経験を持ち、それによって培われたあらゆる知識を広く伝えた人物だった。　E・N・

Jules Gouffé　ジュール・グフェ（1807―1877）

1807年、パリのレ・アール地区にあるサン＝メリ通り2番地にジュール・グフェは生まれた。グフェ家には、すでに二人の男の子アルフォンスとイポリットがいた。父は名の知れた菓子職人であった。当然の成り行きで息子たちは、料理人兼菓子職人に成長する。三人のうちで最も有名になったのがジュールだった。また、二人の兄と違って、ジュールは一生パリで仕事を続けた。アルフォンスはイギリス王室のオフィシエ・ドゥ・ブーシュになり、イポリットはペテルブルクでシュヴァロフ公爵家に仕えた。

父ピエール＝ルイの指導を受けながらジュールは仕事を覚え、早くから芸術的な飾り付けに心を引かれる。よく近くに立ち寄っていたカレームがグフェの店のショー・ウィンドウに飾られていた作品に目をつけ、まだ17歳だったジュールをオーストリア大使館に薦めた。

偉大な師カレームの導きで、グフェは進境著しく、そのかたわらで、エキストラとしてあらゆる仕事をこなし、パリ市主催の７０００人の大レセプションが開かれた際には、グフェは冷製料理部門の責任者を務める。この時には、17名の料理人が、台座の上にのせた冷製料理の盛り付け作業にかかりきりだった。その後15年間にわたってグフェはエキストラの仕事を続け、とりわけ、テュイルリー宮の大レセプションはすべて彼に任された。

しかし、この道のプロとして当然のことだが、グフェも自分の店を構えたいと考えるようになり、１８４６年フォーブル・サン＝トノレ通りに菓子店を開いた。この店はすぐに大繁盛して、４年後には28人（！）もの従業員を抱えている。しかし運悪く、グフェはリウマチに冒されて、１８５５年に店を売り渡してしまった。

長年の友人であるモンスレ、ブリス男爵、アレクサンドル・デュマ・ペールらが、引退したグフェが意気消沈している様子を見かねて、ジョッキー・クラブの料理長をやらないかと持ちかけた。

グフェは再び調理場に立つ決心をした。ジョッキー・クラブでは、たびたびスクリブで晩餐会を行ない、また、１８６７年の万国博覧会でもグフェはその才能を余すところなく発揮している。

グフェの著作は、カレーム以上に厳密な正確さへのこだわりを見せ、必ず秤と時計を手に持って仕事をするように勧めている。

最初の著作『料理の本』はカレームの教えを守りながらも、より簡潔かつ正確になっている。著作は『製菓の本』、『ポタージュの本』、『保存食の本』と続く。『保存食の本』の中ではニコラ・アペールの業績も取り上げている。

ルセットの羅列にとどまらず、グフェは料理修業の難しさを語ったり、アルコールやタバコの濫用を戒めたりもした。

引退後はラ・ニエーヴルでしばらく過ごしたが、最後は住み慣れたパリで生涯を終えた。

E. N.

Joseph Favre　ジョゼフ・ファーヴル（１８４９―１９０３）

ジョゼフ・ファーヴルは、当時フランス領だったサンプロン県（現スイス）の小さな村ヴェクスで生まれた。役人だった父がジョゼフが8歳の時に亡くなったので、医者に憧《あこが》れたジョゼフだったが、家には当然そんな余裕はなくなった。こうして、彼は料理見習いの道を選ぶことになる。

ジョゼフが見習いに入ったのはシオン（スイス）にある「グラン・トテル」である。その後、ジュネーブの「オテル・メトロポール」でコミを経験した後、ヴィースバーデン、ロンドン、ベルリンなどをはじめとして、ヨーロッパ中で働いた。しかし、パリとその豪華な料理に魅せられたファーヴルは、1869年「カフェ・ドゥ・ラ・ペ」の夜間の料理長として雇われ、その後ビニョン率いる有名な「カフェ・リッシュ」の料理長も務める。

1870年普仏戦争が勃発《ぼっぱつ》すると、スイス軍で兵役を務めた。この時ファーヴルは、料理に熱中しながらも、そこには科学や食餌《しょくじ》療法をもっと取り入れなければいけないと感じ始める。

戦争から戻ると、仕事と研究期間とを交互に過ごすことに決めた。こうして、ジュネーブ大学の講座を受講することになる。1880年にベルリンの「セントラル・ホテル」の調理場を指揮するが、このような責任ある地位も、書くことに専念したいと願っていた彼にとっては障害でしかなかった。

ベルリンを離れたファーヴルは、オイレンベルク公爵家に仕えたのを最後に料理人としてのキャリアを終えた。

ファーヴルは大学での研究成果の出版を計画する。この研究が、後に彼の記念碑的著作となる『料理万有事典』の土台となった。

この書物は4巻から成り、約5000項目、6000のルセットの他に、イラストもふんだんに使われている。

1877年には、すべて料理人が構成した初の新聞『料理科学』の設立者になる。この成功のおかげで出版界に大きな地位を築いたファーヴルだったが、それにとどまらず互恵組織「料理術の進歩のための万国組合」を創設した。

この団体は、サンフランシスコからオデッサまで広まり、やがて世界中に80もの支部を持つようになる。

ファーヴルの人柄と才能は大いに評価されて、1882年「フランス衛生協会」の会員に迎えられた。

しかし、このような地位や義務感は他人の嫉妬《しっと》をまねく。自信を失い疲れ果てたファーヴルは家族を連れてノルマンディ地方に引退した。ここで彼の『大事典』第2版の校正をして余生を過ごす。

かつてあれほどまでに援助の手を差しのべた料理人たちから遠く離れたブローニュ＝ビランクールの町で亡くなった。

E.N.

Adolphe Dugléré　アドルフ・デュグレレ（1805―1884）

料理名としてよく知られるデュグレレとは、料理界の巨匠の名である。極めて謙虚なこの人物は、美食文学者やコラムニストなどに較べると、自分の職歴についてほとんどなにも書き残していない。

1805年6月3日、ボルドーに生まれたデュグレレは、見習いを終えた後パリへ出る。彼の経歴を彩る才能と創造力は、ひとりの卓越したプロフェッショナルから受け継いだものだった。

それは誰か。そう、それはあのカレームである。二人は一時期ロトシルト家で一緒に働いていた。カレームはここで料理人としてのキャリアを終えることになったが、デュグレレは1848年の革命まで仕えている。

デュグレレは1848年から66年までレストラン「トロワ・フレール・プロヴァンソー」で料理長を務めた。パレ・ロワイヤルのこの有名な店は以前、実の兄弟ではなかったが、南仏出身の3人、バルテレミ、マネイユ、シモンが経営していた。

その後、デュグレレは「カフェ・アングレ」に入る。ちょうど1867年のパリ万博のころで、パリのレストラン業界は空前の繁栄期を迎えていた。ロシアからイギリスまでヨーロッパ中の祭好きがパリに集まって来て、店から店へと豪遊して歩いていた。「カフェ・アングレ」は流行に乗り、「グラン・セーズの間」などの別室サロンを設え、そこには快楽を求めて金持ちたちが「ココット（高級娼婦《しょうふ》）」を連れて通ってくる。中には、名の知れた女性もいた。

そのひとりがアンナ・デリヨンである。彼女に捧《ささ》げてデュグレレが創り出したのが、有名なポム・アンナである。

その後も、彼は次々と新しい料理を生み出した。フランス銀行総裁ジェルミニ伯爵に捧げたポタージュ・ジェルミニ、アルビュフェラ公爵スュシェ元帥に献上した肥育鶏のアルビュフェラ風や、鮃《ひらめ》のデュグレレ風など…。

続いて「カフェ・ドゥ・ラ・ペ」や「カフェ・アングレ」の料理顧問も務めた。

彼は、美食家の集まる場所へはあまり足を向けなかった。教養が広く、むしろ芸術家と親交を深め、高額の給料からミレーやディアズなど多くの画家たちに援助の手を差しのべた。彼の優雅なものごしを、エクトル・ベルリオーズと較べるジャーナリストもいた。

デュグレレの名前で出版された書物はないが、アレクサンドル・デュマ・ペールは、その『料理大事典』を著すにあたって、繰り返しデュグレレの忠告を仰いでいる。

１８８４年４月４日に彼が亡くなると、パリの新聞はこぞってこの大料理人に讃辞《さんじ》を贈った。彼は、その偉大な才能を証明する、幾多の素晴らしい料理を今に残した。

E.N.

Charles Reculet　シャルル・ルキュレ（1820—?）

ルキュレが、きわめて不当な評価を受けている料理人であることは確かだ。彼の研究は大きな意義を持ち、時代に先駆けていた。しかし、時代とのギャップは大きすぎた。経験主義が主流の時代に、料理に理論を持ち込もうとしたのである。

彼はブルジョワ家庭の料理人として働いていた。中でもオートロッシュ侯爵家とクールタヴェル侯爵家が知られている。

シャルル・ルキュレは根っからのカトリック教徒で信仰篤《あつ》く、狂信的でさえあった。1854年に『実践家としての料理人』を出版するが、この本は聖母マリアに捧げられていた。このように一風変わったところが異端児とみなされる原因となっていることは確かである。

しかし、その正確で厳密なアプローチは、現代的意義を失わず、より深い研究に値する。重要な特徴を二つ取り上げてみよう。

第一に、料理を材料でなく調理法によって分類し直した。野うさぎのシヴェと野うさぎのローストの間には、書き物机と木靴の作り方以上の違いがあるのだから。この点で彼は、偉大なカレームを含む当時の料理書のすべての著作者に対立する。

第二にルキュレの独創性が発揮されるのは、食品成分の精密な分析だった。彼は、肉や魚の「料理化学」と呼んでいる。

しかし、厳格な分類方法や彼が使用する用語は読者をうんざりさせる。たとえば、加熱のための液体を、重さのある料理要因（水、ワイン、牛乳）と、重さのない料理要因（バター、ラード、油）とに分類し、さらに、重さのあるほうは、つねにものを溶かすが、重さのないものはたまたま溶かすことがあるだけだ、というふうに解説する。

この入念な仕事が、ルキュレが厳格な編纂《へんさん》者であることを示している。やや古くさい用語法にもかかわらず、今なお現代性を有する巨匠である。J.グフェ、U.デュボワ、A.エスコフィエなどの偉大な料理人たちも、ルキュレの著作からインスピレーションを得ている。　E.N.

Nicolas Appert　ニコラ・アペール（1749―1841）

ニコラ・アペールは、1749年11月17日、シャロン＝スュル＝マルヌ（マルヌ県）に生まれた。父はホテルを経営していた。料理とコンフィズリ（糖菓、ジャム）の基礎的知識が、好奇心旺盛《おうせい》で粘り強い性格と結びついて革命的な食品保存法を発明し、完成することになる。彼の名前をとって「アペルティザシオン」と呼ばれる殺菌消毒法である。

ニコラ・アペールは、実家のホテルの厨房《ちゅうぼう》で調理の手ほどきを受けた後、クリスチャン4世（1772年）、フォルバック公妃（1775年）のもとに仕えて修業を重ねる。

特にコンフィズリにおいて腕を上げた。当時、コンフィズリといえばジャムからリキュール、シロップまでを含んでいた。1782年に、パリのレ・アール地区のロンバール通りに店を構える。ここで、それまでに得た知識を生かして瓶詰保存の研究を始めるのである。

政府は、遠征軍の食糧改善のため、長期間変質させずに食品を保存する方法を発明した者に、1万2000リーヴルの賞金を約束した。それを知ったアペールはさらに勢い込んで研究を進め、まずはイヴリーに、続いてマッシーに移り、店を広げた。さらに急速に開発を進め、1804年保存食を商品化し始める。

これが、それまで中世の遺物だった保存方法（塩漬け、燻製、アルコール漬け、酢漬け）に革命を起こした。

ニコラ・アペールは、見事賞金を獲得し、それをもとでに、さらに実験を続けていった。

この年に『あらゆる動植物食品を多年にわたり保存する技法』を出版する。この著書は英語とドイツ語に翻訳され、特にアメリカで大好評を得た。

グリモ・ドゥ・ラ・レニエールの『食通年鑑』や、ブリヤ＝サヴァランの『味覚の生理学』で彼の発明が紹介されたことは、アペールへの最高の評価である。

数多くの栄誉が次々とこの発明家に与えられた。

しかし研究家の例にもれず、アペールは飽くことなく実験を続け、全財産をつぎ込んでしまう。国からの年金で細々と余生を過ごし、1841年6月1日マッシーで亡くなった。

E.N.

Charles Monselet　シャルル・モンスレ（1825―1888）

ナントのグラスラン広場で貸本屋を営む家で、ピエール・シャルル・モンスレは、1825年4月30日に生まれた。生まれつきの内反足で、矯正はしたが生涯歩くのが不自由なままだった。

父の本屋の裏で過ごした少年時代に、モンスレの文筆の才能が目覚め、ジャーナリズム、詩、美食文学の道に入った。

1834年、モンスレの両親はナントを離れ、ボルドーでバター御し商を始める。モンスレはブノワ学院に入学し、そこで初めて韻文詩を書いた。16歳になるや、彼の詩は『ジロンド通信』に掲載されたほどだ。

しかし、文学活動など、父の目には十分な生活の保証とは映らず、卒業するとワイン商に就職させられて帳簿係になる。しかし、詩人にとって伝票作りは楽な仕事ではなかったらしく、やがて暇《いとま》を出された。

こうしてパリへ出て、ジェラール・ドゥ・ネルヴァルやテオフィル・ゴーティエらとつきあい始め、いろいろな雑誌に寄稿するようになった。

最初演劇時評を専門にしたモンスレは、１８５８年2月21日、食通新聞『ル・グルメ』を創刊する。この創刊イベントはパリの大ホテルで盛大に行なわれた。記事は好評で世間の注目を集めはしたが、雑誌の購読者は少なく、発行は24号で打ち切られる。彼の記事からこんな評論をとり上げよう。

「料理は、ほかのすべてのものと同じく、更新され変化を遂げなければならない。これは避けられない法則だ…」。

美食への愛情ゆえにモンスレは筆を休めず、翌年に『詩的な料理』、続いて食卓での逸話を集めた『ガストロノミー』を出版する。

批評家であり詩人であり美食家であるモンスレは、グリモ・ドゥ・ラ・レニエールの立派な後継者である。おいしい食事を楽しむ時間に、彼は、精神的な価値を見いだしているのだ。

１８８８年、長く病を患った末に世を去った。

E.N.

豪華ホテル●「シャトー暮らし」へのノスタルジー

人生の新しい楽しみ方

観光のはじまり

19世紀の終わりになると観光旅行が生まれた。人々は湯治に出かけ、コート・ダジュールが注目をあび、社交界が、あちこちの豪華ホテルで花開いた。

ヨーロッパ全体にこの贅沢《ぜいたく》な施設が広まっていくにつれて、フランス流の運営方法が不可欠になった。そして、今やシェフたちも、レストラン経営の経験を十分に身につけている。こうして、徐々に近代ホテル業が確立し、フランス式のテーブル・マナーや趣味は国際的なモデルになった。カリスマ的指導者オーギュスト・エスコフィエが料理を集大成して、カレーム、グフェ、デュボワ、ベルナールなどの先達たちの築いてきた料理体系に仕上げの一筆を加えた。

これまで見たように、19世紀の美食は、その担い手の正統性を確固たるものにしつつ、失われた旧体制の生活様式へ回帰したいという欲求にとりつかれている。一方で、政治体制の理念が、共和政、王政復古、帝政と移り変わったにもかかわらず…。

パリから始まったこのような新しいライフスタイルは、フランス、ヨーロッパ、アメリカ大陸や植民地領土にまで、水にまつわる三つの道（温泉保養地・海水浴場・定期航路や周遊の大型客船）を通じて広まっていった。

1850年代を迎えると、ヨーロッパの貴族階級の間に、湯治が再び流行し始めた。

◎食べ過ぎや植民地の風土病（アメーバ症）の治療？

◎社交生活の新しい形態？

◎ロマンチックな異国趣味？

おそらくは、以上すべてが少しずつ関係していたろうし、同時に旧体制下の「シャトー暮らし」への秘《ひそ》やかなノスタルジーもあっただろう。

プロンビエールからカールスバッドへ、ヴィシーからスパへ、バスからエクス＝レ＝バンへ、ヨーロッパの社交界や政界（ナポレオン3世、ヴィルヘルム2世、ロシア皇帝の宮廷）ばかりでなく、文学や芸術界の人々（ドストエフスキー、デュマ、ディケンズ、ドラクロワ、シャトーブリアン、ロッシーニ、ブラームス、サン＝サーンス、グノー、ワーグナーなど）も「温泉保養地」に夏を過ごしに訪れた。

このような温泉場の流行と並行して、海水浴場がにぎわいはじめる。フェリオがいうように、医者の処方箋《せん》によれば、海こそが、この世紀の諸病（痛み、ノイローゼ、くる病、痛風、ぜんそく、肺結核）を癒《いや》す奇跡の聖水盤となった。当時の海水浴は、今日の日光浴や浜辺遊びとはほど遠く、冷水浴こそ効能があると考えられていた。1853年に、リュセル博士は「水が冷たいほど分泌《せん》腺が活発になる」という理由で、冬の海水浴を奨励している。

従って、最も評価の高い保養地は、北フランス（水が極めて冷たい）で、地中海沿岸では10月から5月がシーズンであった。1931年になって、ようやくコート・ダジュール・ホテル連合加入のホテルが夏にもオープンすることを決める。

19世紀も末になると、主な保養地（カブール、ル・トゥケ、ドーヴィル、アルカションヌ、ビアリッツ、カンヌ、ニース、モンテ＝カルロ）には豪華ホテルやカジノができて、外国の貴族たちをひきよせた。上客といえば、最初はイギリス人（ニースにはその名をつけたプロムナードがある）、ロシア人、ドイツ人であったが、やがてアメリカ人にとって代わられる。

大型客船にのって、新大陸からこうした客たちがフランスを訪れるとともに、植民地からも多くの人々が、夏になると肝臓やアメーバ症を癒すために温泉地にやって来るようになった。

ホテル業の誕生

豪華ホテル、カジノ、劇場があらゆる保養地に建てられた。鉄道が人の移動に拍車をかけた。フランス風の生活スタイルがヨーロッパの貴族階級の間では常識になった。これは、その質の高さと魅力もあるだろうが、レストラン経営者の職業意識のたまものでもある。というのも、現在の「ホテル業」は、大革命後数年のうちにフランスで形成され始め、19世紀半ばには、この業界の技術、組織管理は飛躍的な進歩をとげ、その運営方法は広く国外に輸出された。

レストランの料理人、メートル・ドテル、支配人は、フランス人であるかフランスで教育を受けている。例えば、バーデン＝バーデンの保養地は、南西フランス出身のジャック・ブナゼ[*1]の運営により、「世界の夏の都」として名を高めた。このドイツの保養地では、カジノのディーラーがモリエールのセリフをあやつり、「水の季節のイラスト入りガイド」[(1)]『ル・メルキュール・ドゥ・バード』という夏季新聞は、フランス語で発行されている。1862年には、エクトル・ベルリオーズが当地の劇場のオープニングに、自作『ベアトリスとベネディクト』を指揮した。

その後も、フランス人たちは、イギリスの豪華ホテル（「サヴォイ」のエスコフィエとリッツ、「クラリッジ」のニニョン）、豪華客船の調理場に「君臨」する。

これらの豪華ホテルから、ヨーロッパ貴族社会全体に、革命後のレストランで生まれたフランス式のテーブルマナーが普及していったのである。

社会的、職業的要件も定まって、サーヴィスの規則が確立した。ニースでは、最初のホテル学校が開校して、将来のホテル業者に基礎知識を伝えるべく、数々の書籍が出版された。ルイ・レオスポ[*2]（ニース・ホテル・スクール教授）が書いた『ホテル飲食産業論』[(2)]は英語、イタリア語、ギリシャ語、デンマーク語、ノルウェー語、日本語に翻訳されている。取り上げられているサーヴィス技術は、もっぱらロシア式の高級なサーヴィスをレストランに適用したもので、それをさらに三つに分類している。

◎フランス式：給仕が大皿に盛った料理を客に差し出し、客が自分で料理をとる。旧体制のフランス式のサーヴィスとは、明らかにかけ離れたものである。

◎イギリス式：給仕が大皿に盛った料理を運び、フォークとスプーンを組み合わせた道具を使って、給仕の手で客にとり分ける。

◎ロシア式：ゲリドンで。

以上のような三種類の方法は、やり方のニュアンスがほんの少し違うだけである。

食事の構成、料理の提供順序、時間的な長さについては、ロシア式サーヴィスの原則を完全に守っている。

19世紀終わりから20世紀初頭にかけて出現した豪華ホテルは、革命後のフランス式テーブル・マナーの国際化と支配的地位をもたらした。

オーギュスト・エスコフィエ、偉大なる集大成者

20世紀初めの料理技術は、エスコフィエの考え方に、はっきりと表れている。彼は、調理法の単純化、簡略化、新開発という大きな流れの中で、「この時代の客の行動的生活への要求に適応」するために、古典的料理の再構築に取り組んだ。

しかし、彼の何よりの功績は、調理科学の整理・体系化であろう。カレーム、デュボワ、ベルナール、グフェらを駆り立てた科学主義への野望をひきついで、エスコフィエは料理に精緻《せいち》な分類をほどこし、ルセットの数を急激に増加させた。

ソースからソースが生まれる

料理書に書かれたソースを数え上げてみると、明らかにカレーム以降に（A.ボーヴィリエからすでにその動きは始まっていたが）、目に見えて数が増えている。

この数の増加は、ソースの考え方と作り方の深い変化を示している。それまでは、

図Ⓐソース：カレーム以前の構成

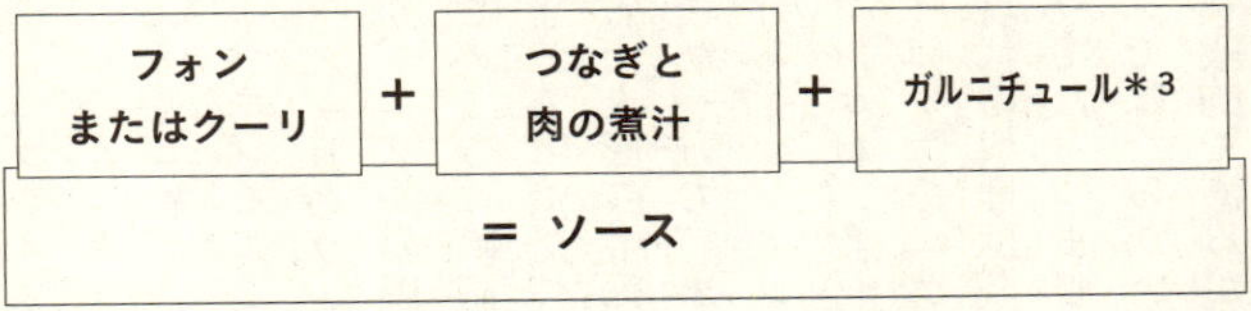

図Ⓑソース：カレームの構成

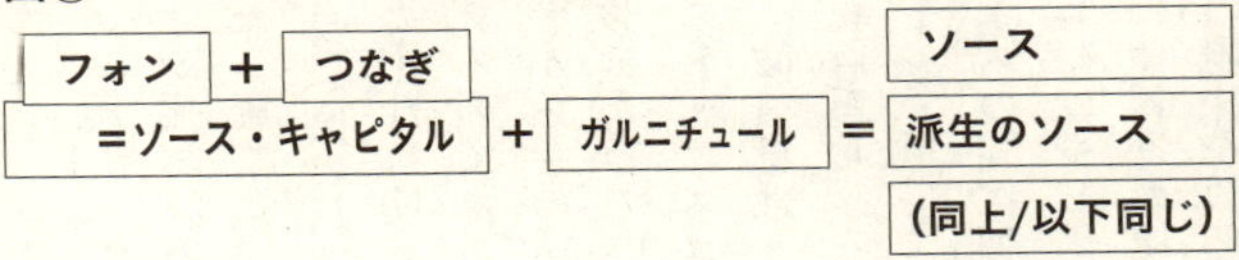

ソースは上の図Ⓐのように構成されていた。

それがカレーム[3]の手によって、「グランド・ソース」（U.デュボワとE.ベルナールは「ソース・キャピタル」*4と呼ぶ）が作られる。これが派生（プティット・）ソースのベースとして使われる（図Ⓑ）。

カレームは、グランド・ソースを次の五つに分類している。「エスパニョール」「ヴルーテ」「ベシャメル」「アルマンド」「ソース・トマト」である。またU.デュボワとE.ベルナールは、「エスパニョール」「ヴルーテ」「ベシャメル」「ヴィルロワ」の四つに分けて、「ソース・キャピタル」と名づけている。これらのグランド・ソースのどれにでも、いくつか材料を加えるだけで、新しいソースが生まれる。例えば、カレームのソース[4]「アルマンド」からは、八つのソースができる。

◎「シュプレーム（最高の）」（バターと鶏のコンソメを加える）
◎「ヴェニシエンヌ（ベニス風）」（バターとエストラゴン、鶏のグラスを加える）
◎「ヴィエネーズ（ヴィーン風）」（パセリとレモンとバターを加える）
◎「プランセス（プリンセス風）」（パセリとナツメグ、鶏のグラスを加える）

それぞれのソースにグラ（肉の日＝通常の日用）、メグル（肉断ちの日用）の2種あり、メグルの場合は肉の出汁《だし》は使えないので、魚の出汁に代える。

「このように際限なく増えるのである。わずかなニュアンスで、ソースからソースが生まれる。ただのヴルーテから手の込んだヴルーテができるように。ソースの技術は、まるで人形の中に別の人形が入っているロシアのマトリョーシカのようだ」(5)。

また一方で、オーギュスト・エスコフィエが、体系を複雑化し、この現象に拍車をかける。マシアロの主義（彼自身はうまく主張できなかったが）を受け継いで、エスコフィエは、食材の風味を尊重し、それまでどんな肉にでも使われていた「グラン・ブイヨン」や「ブレジエール」（いずれも基本の出汁）をやめようと提案している。

「現代の料理は、肉とソースの間に調和を保つという、はっきりした合理的法則を打ち立てた。つまり、ジビエにはジビエのソースやフォンを用いる。そのほかの肉のフォンではならない。これは魚料理の場合も同じである。特徴のないソースを添えるのが一般的であるが、固有の風味を料理に与えるフュメ*5を使うべきである」(6)。

この考え方は、グランド・ソースの数も増やす。以後は「仔牛《こうし》のヴルーテ」「鶏のヴルーテ」「魚のヴルーテ」なども使われるようになった。

つまり、新しいソースを作り出すためには、それと同じ数のベースを追加する必要があるわけだ。

さらにエスコフィエは、ソースの構成に新たな段階を付け加える。ちょっとしたソースが、新たな分化の出発点となる。こうして、「グランド・ソース」のひとつ（魚のヴルーテ）を基本にした「ソース・ノルマンド（ノルマンディ風ソース）」から、シャンピニョンのエキスを加えたり、カキの汁を加えたり、生クリームと卵黄でつないだり、バターでモンテしたりすることによって、六つの新しいソースが生まれる。「ディプロマート（外交官風）」「エコセーズ（スコットランド風）」「レジャンス（摂政風）」「アンショワ（アンチョビ風味）」「カキ風味」「ヴェロン風」と呼ばれるものである。

味わいへの学問的アプローチ

エッサンス、グラス、ガルニチュールや材料の追加や組み合わせは（アンチョビとグラス・ドゥ・ヴィアンドなど様々）、19世紀や20世紀初頭の高級料理のカリカチャーが思わせるような、「不調和な食材の野蛮な積み重ね」ではない。まったく逆に、そこには基本的な食材の持つ風味を引き立たせるための知的アプローチが見られる。

組み合わせのゲーム

料理名が、料理本体を離れて「ガルニチュール」「ソース」「基本材料」を意味するように変わっていくと、それにつれて料理書は、もはや単にルセットの膨大なリストではなくなる。美食のきまりを尊重しながら、新しい料理を作り出す可能性を与えてくれる参考書となるのである。

料理の付け合わせのリストが登場し（190以上の種類がある）、ソースのリストの数が増え（280種以上）、材料、フォン、ガルニチュール、ソースの組み合わせ方の規則ができてくる。この規則によって、ゲームのルールがはっきりした。

例えば、「美食家風（ア・ラ・ガストロノーム）」のガルニチュールは、「皮をむきコンソメで煮て、小玉葱《たまねぎ》のようにグラッセにした、申し分のない栗20個、シャンパーニュで煮た中くらいの大きさのトリュフ10個とブロンドのグラス・ドゥ・ヴィアンドをからめた鶏の良質な腎臓20個と、縦に二つに切ってバターでソテした大きめのモリーユ10個」のことである[7]。

このガルニチュールは、「牛や豚、鶏などの肉料理のため」のものであり、「トリュフ風味のドゥミ・グラス・ソース」が添えられる。ガルニチュールの構成、それが組み合わされる主食材、添えるソースなどの知識を駆使して、以後、料理人は「美食家風の」という名のついた無数の料理を作り出すのである。

例えば、—去勢鶏の美食家風、—鴨の美食家風、—キジの美食家風、—七面鳥の美食家風、—牛フィレ肉の美食家風、—牛肉の美食家風、—仔牛のノワの美食家風、—仔牛のキャレの美食家風……など。

この結果、料理名が料理の体系をより複雑にしてしまう。料理用語ができて、料理名がその一端を担う。きまった料理名が、きまった内容を表すようになり、18世紀の気ままさは通用しなくなった。

もちろん、新しい料理の創造が妨げられるわけではないので、新しい料理名がつけられることもある。むしろ既成の料理名がしっかり固定したことが、料理の秩序と進歩の保証となった。Th. グランゴワールとL. ソルニエは、きまったいい方をむやみに変えたりしないように警告している。

「実際のところ、毎日、シェフたちは、悪意はないにしろ、前から別の名前で知られている料理に、日々新しい名前をつけている。また、毎日どこかの料理人が、すでに『登録済の』名前を使って、その名前からは連想しがたい料理を紹介しているのである。これは重大な誤りである。自分の使命を意識しているシェフなら、共にこの過ちに抗議する義務がある。なぜなら、どのような科学や偉大な料理人の努力があろうとも、こうした過ちが料理術をきっとデカダンスへ導いてしまうだろうから」(8)。

実用的な呼び名があっという間に広まった。比喩《ひゆ》や連想にたよったような料理名は影をひそめる。[9] その結果、大げさで学識をてらった語は避ける必要がでてくる。例えば、シャンピニョンといわずに、クリプトガム[*6]という語を使うことほどばかげたことはないからである。

しかし、場合によっては、トリュフを『黒い真珠』と表現するように、大胆な婉曲《えんきょく》語法が認められることもある。しかしこのような破格を用いるには、十分すぎるほどの節度が必要であり、新しい破格を作るなどもってのほかである。料理言葉は正しく使わねばならない。グランゴワールやソルニエら料理アカデミー会員でもある語彙《ごい》研究者たちが、その番人となる。[10]

メニューの構成にしても、味のつながりより、料理名のつながりを尊重して組み立てるというきまりができてしまう。「決して同じ名前の料理を2度繰り返してはいけない」。また葬儀のときの会食には、「プーラルド・ドゥミ＝ドゥイユ[*7]」をメニューに加えたりしてはならない、など…。

しかし、少しずつ、特に第二次大戦後は、料理名はその意義を失っていった。料理名があてにしていたイメージや動機づけが変化してしまったのである。シンボルとしての力を失った無意味な記号の体系だけが残されて、少しずつ美食趣味は衰えていった。

1960年代は、料理にとって暗い時代であった。料理人は、永遠に失われた料理の黄金時代のルセットを、危なっかしくとまではいわないが、ただ繰り返すのみであった。インテリたちを魅了したマルクス主義や、実業家たちを夢中にさせた経済成長や、医療としての食餌療法《しょくじ》には、食べ物に対する禁欲主義がまとわりついていた。若い指導層からなる新しい社会階層にとっては、美食についての言葉など、過去の遺物であり、場違いな淫乱《いんらん》さをかもしだしているだけである。

ヴェルサイユでは、たとえば「ド・ゴール時代」、相変わらず超豪華な晩餐《ばんさん》も催されていた。そこではメニューはみごとに古典的なものであったが、それも過ぎ去った生活スタイルの断末魔の叫びでしかなかった。

＊1　**ジャック・ブナゼ（Jacques Benazet）**　?～1848。バーデン＝バーデンの王と呼ばれたホテル、カジノ経営者。

（1）　A.ワロン（Wallon）著『水の町の日常生活（La Vie quotidienne dans les villes d'eaux）』Hachette 刊

＊2　**ルイ・レオスポ（Louis Leospo）**

（2）　ルイ・レオスポ著『ホテル飲食産業論（Traité d'industrie hôtelière）』1918年、初版 Andrau 刊、4版以後 flammarion 刊

＊3　**ガルニチュール（garniture）**　具。付け合わせ。香味野菜の意でも使われる。

（3）　おそらく、彼以前の18世紀の終わりくらいには作られていたと思われる。その理由は、カレームが、「大いに恩恵を受けた」「我々の時代の巨匠たち」、ラギピエール、ロベール、ショー、ラーヌ、ダニエル、デュナン、ヴナール、リショー

などに、しばしば敬意を表しているからである（『19世紀フランス料理技術』第3巻）。しかし、これらの人々は本を残さなかったので、A.カレームが、ソースの技術を理論づけた最初の人物であるとされている。たとえば、ボーヴィリエにしても、『料理人の技術』の中で、ソースの簡単な一覧表を挙げるにとどまっている。

＊4 ソース・キャピタル（sauce capitale） 主となるソース。

(4) A.カレーム著『19世紀フランス料理技術』第3巻

(5) J.-P.アロン著『19世紀の食べ手』

＊5 フュメ（fumet） 魚の出し汁。

(6) A.エスコフィエ著『料理の手引き』

(7) A.エスコフィエ著『料理の手引き』

(8) Th.グランゴワール&L.ソルニエ共著『料理総覧（Le Répertoire de la cuisine）』

(9) グリモ・ドゥ・ラ・レニエールが19世紀初頭に多用した例がある。

＊6 クリプトガム（cryptogame） 隠花。

(10) J.ファーヴルが創設した料理アカデミー（Académie culinaire）にも所属している。

＊7 プーラルド・ドゥミ＝ドゥイユ（poularde demi-deuil） 喪服を着た肥育鶏。皮の下にトリュフの薄切りを入れる。

Édouard Nignon　エドゥアール・ニニョン（1865―1935）

ニニョンという名は、比較的知られていないが、エスコフィエ、デュグレレ、フィレアス・ジルベールと並び称される価値がある。

１８６５年ブルターニュに生まれ、10歳でナントのレストラン「モニエ」で見習いを始める。パリの有名なトレトゥール（仕出し、惣菜店《そうざいてん》）「ポテル・エ・シャボー」で働くようになるのは、さらに数年後のことである。その後パリの有名店を渡り歩き腕を磨いた。金色のバルコニーがあるのでその名のついた「メゾン・ドレ」、デュグレレが有名にした「カフェ・アングレ」、毎週金曜日にゴンクール兄弟と友人たちが『マニーの夕べ』に集った「カフェ・マニー」、エスカロップの創作で知られた「パイヤール」などである。

当時の有名シェフたちと同じように、ニニョンも外国から招聘《しょうへい》される。オーストリア皇帝の料理人たちを指導した後、この上ない契約に魅せられてモスクワへ赴き、１２０人の料理人からなるエルミタージュ宮の料理人団を指揮する。

しかし、郷愁の念にかられたニニョンは、１９０４年パリへ戻る。料理人ラリュが自らの名で１８８６年に開いたレストラン「ラリュ」に勤めるが、店は当時苦境に陥っていた。ニニョンは才能を余すところなく発揮し、店はすぐにマドレーヌ広場で一番の評判をとる。店のオーナー、ユゼ公爵は１９０８年にニニョンに店を譲った。

第一次世界大戦後の料理の変化はニニョンにも影響を与え、物資制限や客の新しい要求に耐えられず、１９２１年には甥に店をまかせてしまった。

文学を愛したニニョンは、『美食家たちの七日物語、あるいは食卓の悦楽』を書き残している。「享楽の七日間」という副題を持つこの本は、近代料理書の最高傑作とされる。残念なことに発行部数はごくわずかである。また、サシャ・ギトリが序文を書いた『フランス料理讃歌《さんか》』が出版されている。これらの書物の中には、グルナディーヌ、パスカリーヌ、カピュシーヌなど、一世を風靡《ふうび》した料理を見ることができる。

E. N.

Auguste Escoffier　オーギュスト・エスコフィエ（1846―1935）

ニース伯爵領がまだフランスに併合される以前、ニースのはずれの小さな村ヴィルヌーヴ＝ルベで、1846年10月28日、オーギュスト・エスコフィエは生まれた。父は鍛冶《かじ》屋兼錠前屋で、少年時代のオーギュストは彫刻家を夢みていた。計画をあきらめきれないうちから、叔父《おじ》フランソワの営むニースの「レストラン・フランセ」に見習いに出された。

これがレジョン・ドヌールの栄誉に輝く類稀《たぐいまれ》な人生の第一歩だった。亡くなるのは、1935年2月12日、モンテ＝カルロである。

まずニースの「クリュブ・マセナ」で働いたあと、パリに上り流行のレストラン「プティ・ムーラン・ルージュ」にコミとして入った。万国博の開かれた1867年には、ガルド・マンジェのシェフになる。

1870年に軍に召集された際の試練は、深く心に刻みこまれた。パリに戻ると、再び「プティ・ムーラン・ルージュ」で働き、つづいて世界に名声が轟《とどろ》くトレトゥール「シュヴェ」に移る。さらに、パイヤールが経営する「レストラン・メール」を経て、モンテ＝カルロの「グラン・トテル」に入った。

ここでのセザール・リッツとの出会いが、その比類ない国際的キャリアの始まりとなる。

二人の協力は、1890年、危機に瀕《ひん》していたロンドン「サヴォイ」の再建に始まった。この事業が成功すると、ローマの「グランド・ホテル」の開業にも手を染める。さらに、1898年にはパリに「リッツ」を開き、続いてロンドンに「カールトン」を開業する。そして、引退するまでカールトンにとどまった。

オーギュスト・エスコフィエの組織運営能力を見込んで、あちこちから声がかかった。先に挙げたホテル開業に加えて、ハンブルク～アメリカ航路会社から、客船「アメリカ」や「ランペラトル」の厨房《ちゅうぼう》設備や人材採用を任せられる。またエスコフィエは別の面でも才能を発揮した。1912年に、ロンドンの「セシル・ホテル」での「エピクロスのディナー」を計画する。すべてフランス語で書かれたそのメニューは、同時にヨーロッパの37の都市で供されることになった。

エスコフィエは近代生活の要求にも柔軟に対応している。盛り付けを簡素にして飾り付け用の台座を取り払い、ホールでの料理の切り分けを避ける。もったいぶったメニューを廃止し、値段の決まったメニューを考案してモンテ＝カルロで試した後、それを「サヴォイ」にも適用した。

エスコフィエの創作した料理は数多い。例を挙げれば、肥育鶏のサン・タリアンス風、ニンフのオロール風、何度も名の変わったペーシュ・メルバなどである。

当時の社会問題への関心も深く、エスコフィエは生涯を通して、困窮している料理人やその家族を助けるために奮闘している。１９１０年には『貧困の根絶のための相互扶助計画』という小冊子を発行した。

また世界中の調理場で今でも参考書となっているのが、エスコフィエが、U.デュボワとE.ベルナールの考え方をふまえて１９０２年に出版した『ル・ギド・キュリネール（料理の手引き）』である。この仕事には、二人の名料理人フィレアス・ジルベールとエミール・フェテュも中心となって参加している。またエスコフィエは、『レ・キャルネ・デピキュール（エピクロスの手帳）』という名の雑誌も創刊する。彼の筆になる書物は、このほかにも『ロウ細工の華』、『メニューの本』、『リッツ』、『料理』、『調理便覧』などが挙げられる。

近代料理の押しもおされもせぬ巨匠と認められたオーギュスト・エスコフィエは、

単なる料理人であるばかりではない。発案者であり、革新者であり、著述者であり、ヒューマニストであり、優れた人格者であった。

E.N.

Philéas Gilbert フィレアス・ジルベール（1857—1943）

フィレアス・ジルベールは、1857年9月11日にヨンヌ県ラ・シャペル＝スュル＝クルーズに生まれた。偉大な料理人であると同時に、料理に関する著作でも名をなし、厳格な組合主義者でもある。1943年にポン＝ト＝ダム（セーヌ＝エ＝マルヌ県）で亡くなったときには、アシェット年鑑の編集に取り組んでいた。

最初にサンスで菓子職人として見習いを始めた。続いて1874年からはパリで、当時の製菓界の巨匠たち、ファヴァール、リュエル、キィエらのもとで働く。

しかし、ラオン（エヌ県）で、彼に深く影響を与える料理人に出会った。その人は、「ポテル・エ・シャボー」の調理場を指揮したこともあるシェフ、デルミニィである。

パリに戻ると「タベルヌ・ドゥ・ロンドル」で働き、さらに兵役を終えた後も戻って勤めを続ける。ジュヴァンセル伯爵家、ボーケール伯爵家、「タベルヌ・コンティナンタル」などを経て、1884年、パリでも最高級レストランの一つ「ボンヴァレ」に料理長として迎えられた。1920年にそこを退職すると、友人のプロスペル・サルを助けるためにモンテ＝カルロの「オテル・ドゥ・パリ」におもむき、その調理場を取り仕切った。

「ボンヴァレ」で料理長の仕事をこなしながら、ジルベールはエスコフィエとともに発刊した雑誌『ラール・キュリネール（料理術）』に執筆している。さらに他の数多くの定期雑誌にも寄稿した。『ル・ジュルナル』、『ル・グルメ』、『キュリナ』、『ラ・レピュブリック』などである。

「ボンヴァレ」を離れると、雑誌『ポ＝ト＝フ』の編集長を1936年まで務めた。この雑誌に掲載された調理法や論文の数々はすべて、細部へのこだわりと明快さを持つ模範的な著作で、これらを集めたものは、素晴らしい料理書になった。彼の最初の本『懐かしの料理』は1890年に出版され、続いて1893年には『月々の料理』が出る。またジルベールは、エミール・フェテュと共に、1902年発行のエスコフィエの『ル・ギド・キュリネール（料理の手引き）』の編集にも積極的に参加した。さらに1912年からは、アシェット年鑑の料理の部を担当する。

生涯を通して、ジルベールは労働条件の改善をめざして闘い、1880年には権利要求と料理の研究の機関として『料理人の進歩同盟』を設立した。体面などは気にかけず、印税のほとんどを、年とった料理人を援助するレオポルド・ムーリエ財団にまわしたのである。

彼の力量をもってすれば、豪華ホテルやヨーロッパの宮廷で輝かしい生涯を送ることも可能だっただろうが、それよりも、ものを書き、助言をし、人の援助をする道を選んだのであった。
E.N.

Pierre Lacam　ピエール・ラカン（1836—1902）

ピエール・ラカンは、才能に恵まれた革新的な菓子職人で、熱烈に崇拝するアントナン・カレームの業績を継ぎ、数点の書物を著して、現代の製菓技術の基礎を築くことを企図し、それを成し遂げた。

ピエール・ラカンは1836年12月27日、美食の地ペリゴール地方のサン＝タマン＝ドゥ＝ベルベスに生まれた。14歳で、もう一方の美食の中心地リヨンのフロディエール通りにあった、「パティスリ・シャネ」に見習いで入った。リヨン時代の最後の年には、知識を広げようと、数軒の有名店をまわっている。

ラカンは才能に恵まれていただけでなく、強固な意志の持ち主でもあった。彼は続いて「トゥール・ドゥ・フランス（フランス職人遍歴の旅）」に出て、1854年から56年にかけて、ヴィエンヌ、タラル、ギヴォール、さらに職人組合にとって象徴的な意味を持つトゥールを巡っている。そこから首都に上り、「オドリ・エ・ジレ」の店で仕事に就いた。

カレームに倣って、ラカンは発見し、学び、理解し、そしてそれをまとめることに意欲を燃やしていた。新たな経験を求めて、旅から旅へと、ブレスト、ディナン、ナント、ソーミュール、ロッシュを経巡った。

それまでに得た知識をまとめ、伝えるために、早くも1865年には、優れた菓子職人ダレンヌの手を借りて、『菓子職人=氷菓職人』を上梓《じょうし》した。この本は、その明晰《めいせき》で正確なことから、いち早く成功を収め、すぐさま第2版が出版されることになる。

ナポレオン3世治下の第二帝政時代、フランス経済は目覚ましい発展を遂げた。パリは格別の賑《にぎ》わいを見せ、飲食業も活況を呈し、レストラン、製菓店が脚光を浴びていた。パリでの成功こそが、美食の巨匠であることの証《あかし》となる。

かくしてラカンは再びパリに上り、ロワイヤル通りの「ラ・メゾン・ラデュレ」に製菓長として入った。ここで彼はその創造的、革新的な感性を存分に発揮し、プティ・フール、イタリアン・メレンゲを使ったアントルメなど、菓子の古典となっている夥《おびただ》しい数のルセットを創り出していった。

カレーム、そして後のエスコフィエと同じく、ラカンも自己実現をさらに確かなものとするために、自らの店を作る必要性を強く感じていた。

1875年、彼はトゥールに戻り、店を開いた。

しかし、事業に束縛されてその創造の妨げになると感じたのか、モナコ公国の君主、シャルル3世の要請に応じて、その製菓=アントルメ係という有利な職を受け、18

79年までその地位にとどまった。

ラカンの心には相変わらず技術探究への情熱がくすぶっていた。

彼はまたも巡歴の旅に出る。その後、1887年には再び自らの負担でヴァンセンヌに店を開いた。

だが、彼は書き溜《た》めていたメモや書き残しておいたエッセーのすべてをまとめておきたいと思い、仕事をうち捨てて著述に専念し、1890年『製菓に関する歴史的、地理的覚書』を上梓した。版を改めるごとに内容を書き足しながら、この本は5版を重ねた。さらに1893年には、別の製菓＝氷菓職人で、ビュッシュ・ドゥ・ノエルの考案者と目されるシャラドとの共著で、『古典的氷菓職人』を、また同じ年に『氷菓の覚書』を出版している。

ラカンは熱心な蔵書家でもあり、700冊近くの美食関連の書籍を蒐集《しゅうしゅう》している。彼は同業者の組合、アカデミー・キュリネール、料理博愛組合、サン＝ミシェル組合(菓子職人の団体)にも積極的に関与した。

1894年6月21日のパリのレザールのアントナン＝カレーム通りの開通式には、この巨匠の銅像を建てる資金を醵出《きょしゅつ》している。

製菓の発展と技術の伝達に生涯を捧《ささ》げ、ラカンは1902年8月22日、卒中で倒れた。彼はパリのバニュー墓地に眠っている。

E.N.

Prosper Montagné　プロスペル・モンタニェ　（1865―1948）

カスーレの国（ラングドック地方）、カルカソンヌ市街のはずれで、1865年11月14日、プロスペル・モンタニェは生まれた。商人の息子として十分な教育を受けた彼は、建築家や画家を目指した。

しかしモンタニェの父親はそのような仕事を堅実なものとは思わなかったので、少々本人の意には反していたが、プロスペルを料理見習いに出した。それでも、彼は輝かしいキャリアを重ねることになる。素晴らしい料理人である一方で、学識豊かな料理著作家であり、名講演者でもあった。

しかし、モンタニェのデビューは順調とはいえなかった。父親は、トゥールーズの「オテル・デ・キャトル・セゾン」を買い取り、息子に料理を修得させようと企てたが、これは失敗に終わる。

プロスペルはコートレの「ロテル・ダングルテール」に移り、見習いから出直した。再出発は功を奏し、基礎をしっかり身につけたモンタニェは、パリへ出て「アンバサドゥール」や「グラン・トテル」で働く。その後、モンテ＝カルロの「オテル・ドゥ・パリ」の超一流の調理場に加わった。モナコを離れたあとは、季節ごとに移動して、リュションでは「カジノ」の調理場を指揮した。1900年にはパリに戻り、「パヴィヨン・ダルムノンヴィル」から「ルドワイヤン」へと移り、再び「グラン・

トテル」に戻る。

1907年には調理場を離れ、完全に料理研究に没頭する。

自分自身の著作に先立って、まず、ジュール・グフェの『料理の本』の完成を手伝っている。続いて友人のプロスペル・サルとの共著で『ラ・グランド・キュイジーヌ・イリュストレ（図説料理大全）』、『グラン・リーヴル・ドゥ・ラ・キュイジーヌ（料理の大事典）』を出版した。オード出身のモンタニェの郷土意識は強く、『ラングドックの御馳走《ごちそう》』を書き上げた。

しかし、彼の最も重要な作品は、ゴトシャルク博士との共著『ラルース・ガストロノミック』の初版で、これは、歴史的名著であり、確かな参考書である。同時に、『ラ・ボンヌ・キュイジーヌ』、『パリ生活』、『ル・グルメ』、『ラール・キュリネール』といった雑誌にも寄稿している。

しかし、簡単に調理場を捨てることはできず、1920年には、パリのエシェル通りのルーヴルの近くにレストランを開業する。その料理は並外れて素晴らしく、モンタニェが客の前に料理を仕上げに来て、客との会話を楽しむこともよくあった。残念なことに、経営状態は惨憺《さんたん》たるもので、夢のような10年間の後、店を閉める。

その後は「フランスガス会社」の展示会を成功させるなど、その雄弁の才を生かした。また、最後の日まで『レーヌ・ペドック社』の料理顧問を務めた。
E.N.

Apollon Caillat　アポロン・カイヤ（1857―1942）

料理人にして料理書著作者、経営者にして共済組合員、組合活動家にしてレジョン・ドヌール勲章シュヴァリエの受勲者である料理界の巨匠、と碑文ならば紹介するところだろうか。

ヴァル県のピュジェに生まれたカイヤは、12歳になるとトゥーロンの「オテル・ヴィクトリア」の見習いとして、輝かしいキャリアの第一歩を歩み始める。15歳のころは、マルセイユの「オテル・ドゥ・カスティヨン」で働き、その後、「レストラン・デ・グルメ」に移る。不況の時代で賃金が安かったので、カイヤはカヌビエールで新聞売りをして生活費の足しにしている。

マントン、カンヌ、インターラーケン、エヴィアンなどを渡り歩いたあとで、リヨンに落ち着いた。

しばらくすると、彼に人生の転機が訪れる。エクス＝レ＝バンの「オテル・ドゥ・リューロップ」に雇われるのである。そこでその才能が認められ、すぐに料理長に抜擢《ばってき》された。ヴィクトリア女王のエクス滞在中には、そのパーソナル・サーヴィスに配属される。

最終的には、引退するまで、カイヤはマルセイユの「オテル・デュ・ルーヴル」の料理長を続けた。

その間にも、「ホテル食糧協会」の調理検査官を務めたり、長・中距離航路の人材採用と育成にたずさわったりした。

最小限の教育しか受けずに世に出てしまったカイヤであるが、読書と研究を怠ることはなかった。飽くことのない向上心と、プロとしての申し分のない腕をもち、『ラール・キュリネール』をはじめ、多くの雑誌に寄稿している。1898年には、「イワシの150の調理法」という小論文を発表している。オーギュスト・エスコフィエの友人として、Ph.ジルベール、E.フェテュらと共に、『ル・ギド・キュリネール（料理の手引き）』の編集にも参加した。

書物を愛し、5000冊を超える蔵書を持っていた。それらは、現在「パリ料理人協会」の所有になっている。

最後に、カイヤは生涯通じて料理人の労働条件の向上に力を注ぎ、週休を獲得するために闘ったことをつけ加えておこう。　E.N.

Jean-Baptiste Reboul　ジャン＝バティスト・ルブール（1862―1926）

ジャン＝バティスト・ルブールが、それほど有名ではない料理人＝料理著作家にとどまったのは、生まれ故郷への愛着が強かったせいである。

外の世界とは、フィレアス・ジルベールと接触があっただけで、これは彼がルブールに、『ラール・キュリネール』、『ポ＝ト＝フ』の編集者として参加を求めたからだった。

ヴァル県のロックブリュサンヌに生まれたルブールは、マルセイユで見習い期間を過ごした。21歳の時にスイスへ行き、ヴォー州の「モン・フルーリ」で料理長を務めることになる。

しかし、故郷の風は忘れ難く、南仏の海岸に戻った。中でもモンテ＝カルロでは、エスコフィエと親交を結び、続いてカンヌのカールトンに移った。パリでの短期間の滞在中には「オテル・ドルセ」に勤める。しかし、執筆の時間を増やすことを望んで、マルセイユのブルジョワ家庭での仕事もやめてしまう。

１８９５年、J.-B.ルブールは、『プロヴァンス地方の料理』を出版するが、これはかなりの成功をおさめた。現在までに23版を数えている。地方色の濃い書名にもかかわらず、この本はフランス料理全般を論じている。ただし、偉大なるプロヴァンス人、フレデリック・ミストラルの要望に応《こた》えて、７版目からはプロヴァンス語をとり入れている。

J.-B.ルブールは、自分の知識を伝えることを好んだ。特に「マルティグ」というペンネームで、数多くの料理記事を発表している。

E.N.

現代●観光地のレストラン業からヌーヴェル・キュイジーヌ[*1]へ

美食の黄金時代には、パリが料理創造の中心だった。20世紀前半は、観光旅行と美食が結びついた時代である。

この時代になって人々は、地方というフランスの魂の奥深くに、長い間忘れ去られていた美食の財宝を探しに出かける。

グリモ・ドゥ・ラ・レニエールの『パリの食べ歩き』にならって誕生した『ギド・ミシュラン』は周知のとおりの成功をとげた。

これによって、高級料理がフランスの地方にある民衆やブルジョワ階級の料理からインスピレーションを受け、家族経営のオーベルジュ[*2]が瞬く間に美食の殿堂になり、フランス料理の復活のいしずえとなったのである。

観光地のレストラン業

ミイラ化した美食趣味

両大戦間以後、料理の楽園の神話は崩れて料理創造は頭打ちになった。技術の頂点はすでに極められてしまった。料理長たちは、「黄金時代（19世紀）」に偉大な立役者たちが作り出した作品を、器用に再現することしかできない。

「我々の時代の猛スピードで変わる生活のテンポに美食を合わせるため、やむなくソクルをやめ、より簡単な新しい盛り付け台の製作方法を考案することになった。しかし、サーヴィスも料理も根本的には変わっているわけではない」と、20世紀の初めにエスコフィエが書いている。[1] 改革というものは、最初の完成品の堕落として現われるのが常である。

１９１７年のロシア革命（ロシアの債務返済不能のために、多くのフランスの金利生活者が破産することになる）によって、豪華ホテルはその顧客の一部を失うことになる。たった数年で温泉施設はすたれてしまい、社会保障によってかろうじて生き残った。

１９３６年の有給休暇法施行のおかげで、小市民や労働者が大挙して海辺に出かけるようになる。ホテル・レストラン市場の民主化である。

供給が需要に適応するのが、上手な商売の仕方ではないだろうか。フランスのホテル業者は上流階級ばかりを相手にしていたので、これまでは経済的な現実を考える必要はなかった。芸術を自認する美食とは、あくまで美学に属するものであり、経済的な合理性など考慮するものではなかったのである。「伝統」に縛られた大ホテル業者も変化の波の中で民主化を経験するが、実際に民主化の恩恵に浴したのは、むしろ小さな家庭的なホテルだった。

オースタン・ドゥ・クローズ[*3]は、1928年に次のように書いている。「パリや保養地の豪華ホテルでも、戦争のずいぶん前から、国際化、工業化、無関心が食卓にも蔓延《まんえん》している。上質で健全なフランス料理に忠実な社交界のエリートや妥協しない『ブルジョワたち』を除いて、もはや食のなんたるかを知る食べ手などいない。[…]料理はその魂を失い、『大量生産の料理』、化学製品のような料理、地方色のない料理になってしまった」。これは「三原色から七つのプリズムの色を引き出すように、七つの焼き直しを生み出せる三つのソースに征服された結果というしかない」[(2)]。

この落差を実感したオースタン・ドゥ・クローズの「食卓の地方主義」[(3)]運動は、素晴らしい思いつきであった。1923年と1924年には秋のサロン[*4]の一環として8日間「地方主義の美食」という催しを企画する。フランス中からシェフを募って、各地方の料理を紹介するものである。この試みはその後、キュルノンスキーの手によって、1939年、さらに1949年から1959年にかけて10年以上も続けられた。

この試みの意義は、フランスの田舎の美食を掘りおこして、フランス人に伝統的な民衆の料理を再評価させた点にある。

「パリで夕食や夜食を食べることはあっても、本当に食事を楽しめるのは、やはり田舎である。私たちの口を喜ばす多種多様な料理や特産物。また、自然で地方色のある食品の素朴な味わいや、大切に伝えられてきた風味豊かなルセット。これらこそフランスの各地方の財宝である。この財宝のはかりしれない豊かさをかえりみることもなく、他の多くのものとともに人々は忘れ去りつつある…」(4)。

しかし、秋のサロンで出展されたメニューや調理法と、またオースタン・ドゥ・クローズ(5)や後のキュルノンスキー(6)が出版した書物を見ると、このような地方料理と称するものは、まだ古典的料理の観点によって大胆にふるいにかけられている。農民や大衆の料理というより、地方料理の古典料理風焼き直しといった方がより実体に近い。

黄金時代が、パリを料理創造の中心、本当においしく食べることができる世界で唯一の場所に仕立て上げたとすれば、20世紀初頭は、「美食アカデミー」のシモン・アルベロがいうように「観光旅行と美食の神聖同盟」による地方料理への回帰の時代である。

『ギド・ミシュラン』の誕生

まさにフランスの核心、つまり諸地方の奥深くにひそんでいるフランスに、人々は今や美食の宝庫を見いだしたのである。「美食の遊牧民はあらゆる事柄において貪欲《どんよく》である。彼らにとって、ソーリューの『肥育鶏のベル・オロール風』、ナントの『白バターソース添えカワカマス』、リヨンの『クネル』、ボルドーの『ヤツメウナギのシヴェ』、ニームの『ブランダード』、ペリゴールの『鵞鳥《がちょう》のコンフィ』がすべてではないのだ。これらの素晴らしいスペシャリテを宿泊地ごとに味わうとき、同じだけの時間をかけて風景を愛《め》でたり、美術館や大寺院や旧市街を訪れたりすることも忘れないのである」(7)。

となると、こうした観光旅行をするためのガイドブックがあればとても便利である。グリモ・ドゥ・ラ・レニエールの『パリの食べ歩き』にならって1900年に発行された赤い小冊子は、大成功をおさめ、今なお料理界の頂点に君臨している。『ギド・ミシュラン』である。このガイドは、主要なホテル、レストランの名前や住所を旅行者に提供するだけではなく、それぞれの水準をクラス分けしたり、スペシャリテを紹介するといった野心を持っていたのである。

ミシュランの星印は優秀と認められた証拠であり、レストラン経営者にとっては成功の象徴となった。

かくして、地方のレストランのいくつかは美食の殿堂となり、「トゥ・パリ」と呼ばれるパリの名士たちや、フランスを旅行する外国人旅行者たちが押し寄せた。中でも戦前に出現した三つのレストランは有名である。ル・コル・ドゥ・ラ・リュエールの「メール・ブラジエ（ブラジエおばさん）」、ソーリューのアレクサンドル・デュメーヌのレストラン「コート・ドール」、それにヴィエンヌにあるフェルナン・ポワンのレストラン「ラ・ピラミッド」である。

現在の美食の王国フランスを支配する王家ともいうべき、次のようなレストランも、初めは、家族経営の小さなオーベルジュとして基礎を固めた。コロンジュ＝オ＝モンドールのボキューズ、イローゼルンのエーベルラン*5、オーシュのダギャン*6、ヴィルヌーヴ＝ドゥ＝マルサンのダローズ*7などである。

ヌーヴェル・キュイジーヌ

20世紀の初頭は、料理・サーヴィスいずれの分野でも、真の意味で変革というべきものもなく過ぎていった。「我々の時代の猛スピードで変わる生活のテンポに美食を合わせるため、やむなくソクルをやめ、より簡単な新しい盛り付け台の製作方法を考案することになった」(8)。確かに1907年にエスコフィエは、このように述べているが、ロシア式サーヴィスのサブ・カテゴリー（フランス式サーヴィスは大皿を客に差し出し、イギリス式サーヴィスはさらにサーヴィス用のナイフとフォークで客に大皿から給仕が取り分け、ロシア式サーヴィスは簡単にいえばゲリドンを使ってサーヴィスする）は、そのまま残っていた。また1910年代の終わりにフランスに登場した調理師学校が、こうした保守的傾向を助長する役割を果たしたことにも注目すべきだろう。

美食は、失われたかつての楽園グランド・キュイジーヌ、そして19世紀の料理へのノスタルジーに包まれて、まどろんでいた。料理芸術の頂点にはすでに到達してしまい、シェフがその上に成すべきこと、それは巨匠たちによって創られた作品を巧みに翻案することである。

1960年になっても経済成長は続いた。科学が急発展をとげ、人類は月の上を歩き、星から星へ旅することを夢みる。科学万能主義が未来に向けて、はてしない進歩を華々しく打ち上げた。

このような動きの中で、料理は祝宴の外にあった。人々は、うんざりするような長い時間を食事に浪費することなど馬鹿げていると考えた。戦時中の統制はすでに過去のものになった。人々は仕事であまりに忙しい。社会を建て直しているのだ。知識人は、「偉大なる夕べ（革命の日）」の到来と階級のない社会への前進を前提とした、マルクス主義と革命を唱える。

非常識なまでの贅沢《ぜいたく》は、政治的にマークされタブーとなった。美食趣味は、眠れる森の美女のように長い眠りに落ちる。

冒険家たちにとっては、節制した食事こそ時代の流行であり、理想的な体型もすっかり変わってしまった。18、19世紀には、美食家の肥満は高い社会的地位を示すものだった。必要にしばられず好きなだけ食べられる身分の象徴だったのである。ところが豊かな時代になると、やせていることが誇りになる。ふくよかな肉体をもった昔の美女は、かぼそく「必要最低限」しか肉のついていない肢体の前には、魅力を失ってしまう。医者の勧める合理的なダイエットが流行し、おいしいものと健康、または美食とダイエットの決別が宣言された。

ところがこのような流れの中でも、まだ料理人たちは伝統の枠を抜け出せないでいた。19世紀の黄金時代にいつまでもしがみついている料理界と時代の要求との溝は深まるばかりだったのである。

自然への回帰

進歩主義が市民権を得たのを一方で補うように、「田舎風で『自然な』料理が、美食のランクづけの一角をくずす。ポテ[*8]、田舎風パン、バターの塊が、ブルジョワ家庭の食卓にも出現する。ローストしたじゃがいも、薪を使う網焼き、『自然の』野菜などがもてはやされ、工業生産品の対極にある、ワイン、油、ハム・ソーセージ、農家の自家製の食べ物を食通たちが求めるようになる。この現象はすべて、田舎風の素朴さや自然の良さを再認識した証拠であり、過度に洗練された複雑なテクニックの必要な高級料理に較べても軽蔑されることはなくなった。今や高級料理と田舎の食べ物という昔の対比に代わって新しい対比が生まれた。高級な美食と田舎風の美食に対する、工業生産的な食べ物というように」(9)。

サーヴィス方法は変わらないが、食卓には田舎風の道具が並ぶ。例えば、粗い陶土でできた食器類、木の柄がついた肉用ナイフなどだ。読者も、南米産の冷凍のアントルコートを小さなまな板の上で切り分けるのに使ったことがあろうかと思う。

アニエールに店を持つミシェル・ゲラールは、まったく新しい「ポ＝ト＝フ」によって大成功を収める。

この「ネオアルカイスム（新懐古主義）」は、1968年以降も、有機菜食主義の流行によって、エコロジーの形で続いていく。1970年から1976年にかけては、ダイエット食の店や「レスト＝ヴェジェ」[*9]やマクロビオティック[*10]を売り物にする店がはやった。ここには、危険な食品を拒絶することで、自然のままの完璧《かんぺき》さに較べ、あまりに歪《ゆが》められ、堕落してしまった社会的・文化的秩序へ組み込まれることを拒む態度があらわれている。今こそかの完璧さを、大地全体との調和や世界の秩序との調和をとり戻さねばならない。

思い描かれていた環境が少しずつ現実化し、ヌーヴェル・キュイジーヌの準備が整う。

1. 安全な食品を使った食事制限
2. ほっそりとした理想的な体型
3. 自然との調和への願望
4. 既成の社会秩序の拒絶

しかし、このような精神的背景は、60年代の終わりにはすでに根付いていたものの、はじめのうちは、美食の価値を否定したり、禁欲主義へ向かったりするばかりだった。この状況を逆転させるには、もう一度目の前の快楽の名誉回復を図らねばならない。石油ショックと経済危機の勃発《ぼっぱつ》で、経済成長の神話がはじめて崩れたことによって、ようやく美食が息を吹き返した。1974年になって新たな風が調理場に吹きだしたのである。

もちろん料理人たちも、自ら改革を起こしたのだ。神経症的忠実さでエスコフィエの古典料理を繰り返すことにうんざりして、自分自身の料理を生み出し始める。ミシエル・ゲラール、アンリ・ゴー[11]、クリスティアン・ミヨー[12]はマスコミに登場し、「ヌーヴェル・キュイジーヌ」の口上文を打ち出した。これが広まるのに、電動ミキサーでマヨネーズを作り上げるほどの時間もかからなかった。年老いてすっかり腹の出た美食評論のエスタブリッシュメントは激しく抵抗し、それがまたゲラールたちの成功と、美食のルネサンスを確かなものとしたのである。将来が「成長率ゼロ」の時代なら、「さらに上を」求めて何になろうか。人生を楽しみたいなら、今ここで楽しもう。さあ！ みんなで「地中海クラブへ！」「みんなでレストランへ！」。

欲求に直面する

大皿盛りは姿を消し、各人の皿に手をかける。メートル・ドテルが、大袈裟《おおげさ》な動作でゲリドンのあたりで立ち回り、料理を切り分け、フランベし、もったいぶってコミたちに指図したりする時代は過ぎ去った。あんな演劇調は今や人形劇にしか見えない。給仕にしても、お仕えするというより、もっとアグレッシブになった。主人と部下の口調はすっかり逆転した。「新しい店主」のもとには、もう職人たちは存在しない。いるのはパートナーなのだ。

「楽しむ」ために「レストに」食事をしにやってくる人々。食卓ではリビドーも発言権を持っているのだ、などと精神分析医から教わったか、『ゴー・エ・ミヨー』[10]で読んだかしてやってくるわけだ。食べ物こそ「欲求の対象」として、心からの関心事なのである。

「燕尾服《えんびふく》を着た給仕など不要だ…」。おいしい料理はレストラン・ホールで生まれるのではない。「銀皿におさまっているのはクレープ・シュゼット、オムレット・フランベやコニャックに溺《おぼ》れたペッパー・ステーキである。その下には、いやな臭いを出す危なっかしいアルコール・ランプが灯《とも》されている。こんな料理のまわりで繰り広げられる陳腐な踊りを見ても、祭の出し物や消防士の見張りを連想するばかりで、美食的とはいい難い」(11)。

抑圧的で規則ばかり、去勢コンプレックスを引き起こしそうな儀礼偏重の会食は崩れ去った。

解放された女性たちは快楽を得る権利を要求し、また食べ手も同様の権利を自由に主張するようになって、美食についての社会的規制から少しずつ脱するのである。一人前ずつていねいに盛り付けられた、一人ひとりの皿が、この個人主義の盛り上がりを象徴している。大皿から料理をとり分けては、優先順に従って(最も年上の女性に始まり、既婚女性から未婚女性へ、最後に男性を年齢順に)配っていくメートル・ドテルを延々と待つという欲求不満も解消された。

彼はハッチ・バックの車をガレージに入れる。赤茶色でなければ、銀色だろう。ホールでの肉の塊のデクパージュの光景は、かつては王権の近くにあることをほのめかす演出であり、古典的な貴族社会で非常に高く評価されて、その時代の遺物のように生き残ってきたが、もはや時代遅れとなり、今日ではエギュイエット[13]にすることが流行している。その後、皿に銀のクローシュ[14]をかぶせて同時に運んでくる。サーヴィス係は、すべてのクローシュを皿からいっせいに取り上げて外し、しばし客にうれしい驚きを与える。すべての客に同一のメニューという時代は終わった。それぞれの客が、気分や食欲のままにメニューを構成する。さらにワインをグラスで提供するようにさえなり、料理との相性に縛られることからも自由になった。

そしてムニュ・「デギュスタション」[15]が登場する。小さなポーションで異なる7、8皿の料理を続けて出す、料理人の最良部分の抜粋版のようなものだ。最後は「啓蒙《けいもう》的デザート」で幕を閉じる。まさにフランス菓子の集約で、たとえば、トロワグロ兄弟の大皿盛りのデザートからインスピレーションをえた、フランシス・ガルシアの「子供の夢」がある。これは2皿で構成されるデザートで、同時にサーヴィスされる。初めはフランボワーズのクーリ[16]を敷いた冷たいデザート。中央にマンゴー、レモン、カシスの3種のソルベを置き、その周りに星形に、プラムのワイン漬けを2個、オレンジとグレープフルーツの切り身を3枚、イチゴ2個、グロゼイユ数個を配する。二つめは温かいデザートで、たま温かいクレーム・アングレーズ[17]を敷き、クレープ2枚と縁なしの薄いタルト、そしてウ・ア・ラ・ネージュ[*18]とともに供する。そしてテーブルの中央には、砂糖抜きのチョコレートが中に入ったトリュフを置く。

一口ごとに、新たな味覚に襲われることだろう。甘味、苦味、酸味が次々に流れ込み、味覚を呼び起こし、呼応し合い、その余韻がこだまする。食事はデザート菓子から強烈な印象を被りながら収束する。食べ手は子供の気分になって、それが夢だとも思えない。

ヌーヴェル・キュイジーヌのサーヴィス方法は、個別化した形で鮮やかに甦《よみがえ》ったフランス式サーヴィスなのだ。

肉体の再発見

社会的神話に大きな変化が起きた。政治であれ科学であれ輝く未来像は捨て去られて、目の前の快楽の追求が、それにとって代わった。ヌーヴェル・キュイジーヌは、この変化の証人ともいえるのだが、もうひとつ、肉体の再発見、人間の再統合という展開にもかかわっている。

デカルト哲学以後の西洋の伝統では、肉体的活動へのかかわりの程度によって、最も繊細な感覚から最も粗野なものまでをランクづけてきた。モーリス・ゲガンは次のように書いている。

「聴覚にこだわり、味覚を軽蔑することは、非常に重要なポイントである。鋭敏な耳をもっていることは大いに賞賛されるのに、敏感な舌や舌乳頭をもっていることはひどく低く評価されている」(12)。これは、味覚が最も肉体に近いものであり、肉体は罪の場、過ちの場ということである。

ところで、20世紀前半を通じての「グルメ」*19と「グルマン」*20の違いをはっきりさせておくことが重要である。グルメは、節度をもって食事の楽しみを高め、昇華する。本能をコントロールする美学の実践である。一方グルマンとは、欲望の高まりを前にすると理性を失い、それに背くことを含意している。

美食をすることは、罪悪感を伴う行ないである。キリスト教徒を罪から守る宗教上の規律がある。加えて、健康を守るためとされる医学的な原則もあるのだ。ミシェル・ゲラールは、その著書『太らない高級料理』(13)の中で、ダイエットと美学を統合し、見事に食道楽を罪の意識から解放して人々の健康に貢献している。

ヌーヴェル・キュイジーヌの特徴

「ソースは、主食材の風味を守り、生かさねばならない」とは、80年代の料理界のスターのひとり、ジョエル・ロビュションの信念である。そういいながら、彼は、マシアロ、ムノン、A.カレーム、A.エスコフィエの後継者であり、現代人の忘れがちなフランス料理の魂をはっきりと思い出させてくれる料理人である。しかし、過去とのつながりや、昔のアイディアが繰り返しよみがえることに気をとられると、味覚の進歩の道を逸《そ》れてしまったり、現代の料理の中の真の独創性を見逃してしまいかねない。

マシアロは、1691年に食べ物の風味の尊重を主張して、基本の食材を隠してしまうくらいに香辛料を濫用していた当時の料理人たちに反対した。

エスコフィエは味の尊重を提唱した。それは、当時の料理人たちに、主役になる食べ物とソースと、それに添える数多い付け合わせとの組み合わせを簡略化させるためであった。

現代の料理人たちは、再び「食材の持つ本来の味を大事にすることを主張しながら」、新しい加熱方法や新しいソースの概念を発展させている。

さらに、料理と並行して発展してきたサーヴィスについても同じことがいえるが、その度合いは異なる。

1974年以来、新たな肉体信仰やほっそりとした身体が美しいとされたことに応《こた》えて、料理は「軽さ」を求める。ミシェル・ゲラールは、『太らない高級料理』の中のルセットでゴンクール賞を「葬り去って」しまう。

フィンダスによる「軽い料理」シリーズの成功が、こうした現象の広まりを証言している。

ソースの進化

◎出汁を煮出す時間を短縮する。ただし、よく煮詰めること。

19世紀の料理人は、錬金術の象徴体系にヒントを得て、延々と煮つづけることが味わいのエッセンスを「純化」する方法と考えていた。ところが、現代の料理人は、食材がもつ本来の風味を追求して新しい加熱方法を生み出す。出汁のとり方にも若干の修正を加えた。「実際、ソースはハーブ・ティーに似ていると思う」とロビュションは語っている。「おいしいハーブ・ティーをいれるためには、ちょうどいい具合に煮出さなければならない。昔流のソースの出汁は、延々と煮出されていたせいで、えぐみがあった。ちょうどいい頃合を見つけ出す必要がある。フォン・ドゥ・ヴォーは3時間煮込めばそれでいい」(14)。このように煮込んだ後は、漉したフォンを煮詰めて味を凝縮させる。

◎軽く、とおっしゃるんですか?

ソースを軽くするために、ごく普通に(少なくともお話の上で)認められたやり方は、小麦粉によるつなぎをやめることである。この方法は、ほとんど狂信的なまでに実行され、ブール・マニエ*21のひとかけらまで、調理場から追放してしまった。

ところで、すべての鑑定家が軽いと認めるこれらのソースには、どのようなつなぎが使われるのだろうか。

ミシェル・ゲラールが考案したのは、脂肪分の少ない乳製品である。ヨーグルト（脂肪分0％）や20％のクリーム、脂肪分を減らしたバターを使うことであり、現にこのバターは今では華々しい売上をあげている。また他にも、高速ミキサー（ブレンダー）を使って、野菜のピュレでソースをつなぐ方法も提案している。「私の作る太らない料理の基本的原則のひとつはここにあり、私のルセットの中でも数多く応用されている。［…］野菜を巧みに調合し混ぜ合わせることが、まったく新しい香りのハーモニーの基礎になる」(15)。

以上が、現代のダイエットへの熱中と一致した傾向である。

しかし、ここで軽さというのは、ほとんどの場合バターで「モンテ」*22したソースが残す特有の味覚のことなのである。小麦粉をつなぎにしたソースは舌の上にはりつくが、バターで乳濁させたソースは、後に芳香を残しながら、口の中をすべってゆく。「現代のソースとは何か」という問いに答えて、ジョエル・ロビュションは、その誉れ高い率直さで、ためらわずにこう述べている。「よく煮詰めて、脂肪分を加えたジュ（食材のうま味のとけ込んだ液体）であるといえよう。バターやクリームといった脂肪分は、ジュを乳濁化するために混ぜこむ。私の若いころは、1リットルのソースを作るためには30～40グラムのバターと30～40グラムの粉が必要だった。今日では、80～100グラムのバターを使うのだ。これでは多い」。

バターのつなぎのほうが、小麦粉やルーを使うよりも、ずっとカロリーが高いということは、見過ごされがちである（バター100g＝740カロリー：バター40g＋小麦粉40g＝450カロリー）。

現在の料理を愛する人たち（料理人も美食家も）すべてが考えている軽さとは、実はダイエットには対応せず、むしろ味覚の印象を大事にした軽さなのだ。

ムースの復活

この味覚の追求が、ダイエットへの関心とあいまって、ムースを再流行させた。A.ギヨ[16]やM.ゲラールの「軽く」「太らない」料理のおかげで、ムースが見直され、これまでにない地位に押し上げられた。確かにミキサーやフード・プロセッサーなど、ムースのテクニックを改革し、単純化し、完成に導いた新しい調理器具の出現の賜物でもある。しかし何より、「軽さ」という象徴的オーラが、これらの器具のおかげで形を成し、20世紀の食べ手を魅了した。彼らは、自分の体型から貪欲な食欲を見破られてしまうことをいつも恐れているのだ。

このような象徴的意味合いの影響は、ムースの作り方の中にも読みとることができる。時代の流れと精神的背景の変化によって、ムースはやわらかくなったり、重くなったり、軽くなったりしている。

「ムース」とは、料理やお菓子作りにおける様々な料理の総称であり、熱くしたり冷

古典料理とヌーヴェル・キュイジーヌの対照

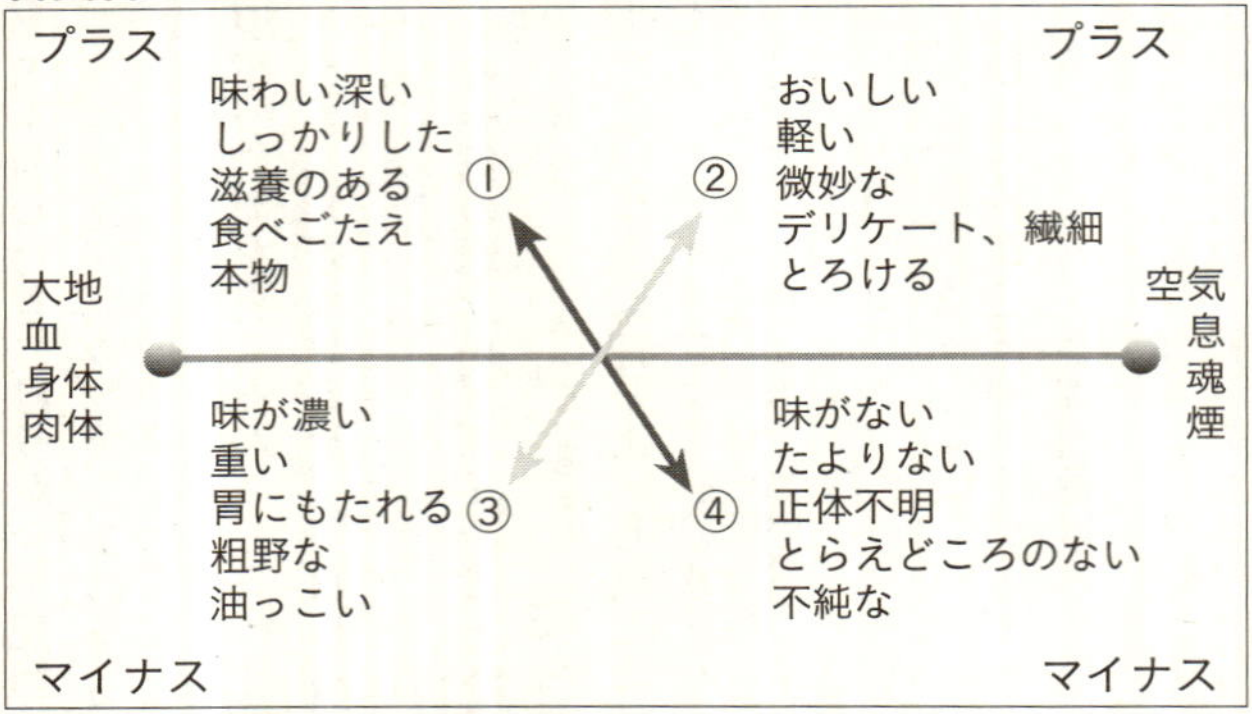

①←→④古典料理を示す軸
②←→③ヌーヴェル・キュイジーヌを示す軸

やしたり、ときには非常に冷たくして出すこともある。共通した特徴は、いろいろな食材を細かく刻んだり、すりつぶしたり、ミキサーにかけるなどして、多少なりとも空気を含ませ、しっかりと混ぜ合わせることである。口の中で溶けて、ほとんど噛《か》まなくても食べられる。

70年代のヌーヴェル・キュイジーヌの始まりとともに、食べ物の象徴的な意味がすっかり変わってしまった。ムースも例外ではない。

それまでムースやムスリーヌは、味気なく実体もなく、とらえどころがなくてたよりない、メニューの中で重要な位置(例えば「食べごたえのある」料理のように)を占めることなど考えられない料理だった。しかし、ヌーヴェル・キュイジーヌ以降人気を集め、あらゆる種類の食卓に進出することになった。今ではその味の特徴は、軽い、微妙、デリケートな、繊細、味わい深い、ふんわりとしたと形容されている。「ムースは、さえない味の成分をはぎとっている」[17]とJ.-P.アロンはいい切る。

ここでは、味覚の枠組みに完全な逆転現象が起きている。ダイエットと美食とは両立しないものとずっと考えられていた。

しかし、この対立を乗りこえようと、過食とは違った食事の楽しみ方を追求し始めるのである。軽く、消化のよいムースが、繊細な食の楽しみを可能にするのではないかと、ふと思われるようになる。健康を保ちつつ、新しい美学にかなった、ほっそりとした身体もつくれるのだ。

一方、フード・プロセッサーの登場はムースの作り方に革命を起こした。あの長ったらしい下ごしらえが、今やあっという間に終わる。

氷の上でこねなくても、フード・プロセッサーが、細かく刻んで「つぶして」ファルス[*23]にしてくれる。さらに（ゴムのように）均等に混ぜてくれるので、基本になるすり身の量以上のクリームでも混ぜ込むことができる。また、空気を含ませて、大きく膨らませることもできる。

技術が軽さの象徴に手助けをしたわけだ。

料理の創造性

過去に思いを巡らし…

１９７０年までは、どんな名シェフでも、自分の才能を表現するには、「黄金時代」の先人が作り出した作品を繰り返すしかなかった。

音楽との類比でいえば、20世紀の料理人は現代の演奏家と同じような状況にいる。現代の演奏家にはもはや作曲活動は不可能になっている。バッハやベートーヴェンの作品を精一杯演奏する以外に、自分の才能を展開することはできないのだ。自分がどんなに頑張っても傑作を創り出す余地など残ってはいない。

このような状況の下でのイノヴェーションは、すでに完成したものを破壊する形でしか生まれないものである。

70年代に始まったヌーヴェル・キュイジーヌは、料理の解放の巨大なうねりだった。料理人たちは19世紀の古典料理を捨て、危険をかえりみずに創作活動に身を投じた。しかし、１５０年もうやうやしく繰り返してきた束縛から逃れるには、幾分のいき過ぎは避けられなかった。「イワシのいちご添え」や「鮃《ひらめ》のキウイ添え」なる料理の時代が、当然ながら批判を浴びて、あっという間に過ぎ去った。

しかし、このいき過ぎの時期が過ぎると、根本が問い直され、美食精神をひっくり返すほどの動きに成長する。料理創作が復権し再び可能になった。問題は料理人のインスピレーションである。

貴族や民衆料理の伝統に飛び込み、今日の料理に思いを巡らす

料理人は、ずっと長い間、失われた料理の楽園を崇拝し続けてきた。儀式を取り仕切る司祭のように、伝統を守ることを自分の使命と信じていたのだ。今やそのやり方にも各自が個性を出し、再活性化が図られる。つまり、現代性と彼ならではの何かを与えることが要求される。テクノロジーの進歩で料理をとり巻く環境が整い、農業者は、念入りに作っている反面、均一化して個性を失った作物を市場に送り出している。料理人の個性化こそが、今まで以上に求められているのである。

今まで、料理のインスピレーションは、偉大な古典芸術に長い間抑えつけられていたが、次の二つの軸にそって発展していく。

◎中世やルネサンス時代の古い調理法の再発見によって甦った「黄金時代」以前の貴族料理。——その時代の原則による料理法の見直しである。

◎地方の民衆料理。これも高級料理のせいで表に出てこなかった。——フランスでは、貴族階級の料理の伝統は、民衆の作る食事とはまったく別に発達してきた。

このようにして、「ヌーヴェル・キュイジーヌ・ドゥ・テロワール（郷土の）」が生

まれ、ロジェ・ヴェルジェ、ジャック・マクシマン[24]、エミール・ユング[25]、アントワーヌ・ウェステルマン[26]、アンドレ・ダギャン、リュシアン・ヴァネル[27]、ミシェル・ブラス、シャルルー・レナル[28]らが、雄弁なスポークスマンの役目を果たしている。「ヌーヴェル・キュイジーヌ・ドゥ・テロワール」とは、地方料理の食材とテクニックへの、名シェフたちの里帰り現象である。

料理が歩んできた道は二つあった。贅沢で必要レベルとかけ離れることをよしとする貴族料理と、その土地で生まれ育った産物をもっぱら利用する民衆料理とである。生理的欲求に応えるのに、贅沢な材料を使って最高に洗練された料理をもってするか、きわめて素朴でありふれた材料でほんの少し贅沢な料理を作り出そうと努めるか。これが料理に関するイマジネーションをめぐる、二つの対立する軸である。

工業化され、いくぶん魂を失いつつある食材の世界にもう一度確かなよりどころを与えたい、こうした希望にこたえる「ヌーヴェル・キュイジーヌ・ドゥ・テロワール」の登場は、この二つの矛盾する対立軸の再統合であり、料理創造の新たな一歩であるといえよう。

ヌーヴェル・キュイジーヌ精神の輸出

ヌーヴェル・キュイジーヌを俯瞰《ふかん》してその特徴を挙げれば、美食の伝統には二つの流れがある、という考え方をとっているといえるだろう。ひとつは芸術的な料理とテーブル・マナー、つまり古典的な美食、そしてかたや地方の庶民的な食文化である。1980年代フランスの大シェフたちは世界中を巡り、こうした考えを伝えていった。あるいは「フランスのヌーヴェル・キュイジーヌ」のプロモーションをするために招かれ、さらに大物のシェフは国際的ホテル・チェーンや食品企業の顧問となった。[*29]ヴェルジェやブランはバンコクに、ロビュション、ガニェール、ロワゾー、ブラスは日本へ、ゲラールはアメリカへ、ボキューズは…まめに世界中いたる所へと出向いていった。

大阪の辻調理師専門学校（日本）、モントリオールのケベック・ホテル観光学校（カナダ）、エストリル・ホテル観光学校（ポルトガル）、クアラルンプルのテイラー・カレッジ（マレーシア）、ハイデルベルクのホテル専門学校（ドイツ）などは、フランスのスター料理人をこぞって迎え入れた。フランス料理の状況とキュイジーヌ・ドゥ・テロワールの振興ぶりを顕《あら》わすものは、フランスの最優秀職人賞（M.O.F.）[*30]とミシュランの「星」である。フランスの名シェフたちは、こうして地方の料理の伝統を重んじる、という考えも喧伝《けんでん》していった。

他の食文化との出会いは、二つの成果をもたらしたといえよう。

まず、地域性をインスピレーションの源とする芸術的な料理の発展を促し、ケベック、日本、オーストリア、カリフォルニア、ドイツ風…、の「ヌーヴェル・キュイジーヌ」を生み出すことに寄与した。今日ではこうした料理は、多くの若手料理人から熱く支持されている。

一方、フランス料理サイドも、この出会いによって影響を受けたといえるだろう。ここから外国料理の技法と食材を使って色付けした「混血ヌーヴェル・キュイジーヌ」というべきものが登場した。その影響が最も顕著に表れたのはデコレーションである。今日のフランス料理の盛り付けの設《しつら》えは、アジア、特に日本の装飾技法に多くを負っている(18)。さらに料理そのものにも大きな変化をもたらしたが、そのひとつに多様なスパイスの使用が挙げられよう。古典料理では、スパイスは半ばホメオパシー的[*31]な使い方だったが、ときに材料と同程度にまでその重要性を高めた。他方、アジアの竹籠《たけかご》の蒸し器の導入により、蒸気を使った多彩な加熱技法が生み出されている。

料理変革の形態

ヌーヴェル・キュイジーヌでどのように料理変革が行なわれていったのか。その料理の独創性に関して、二つの軸が見てとれる。まず、古典的な料理名のつけ方の規則、すなわち料理名のコードを使った言葉遊びで、料理名の構文をいったん破壊し、構成し直して料理名の創作に利用するのだ。第二は料理の主たる味の構成そのもの、風味の組み立てを変えてしまうことである。

コードを使ったゲーム

古典的な料理の命名法、つまり個人名、地名、階級名など、料理との間で意味する範囲があいまいな指示対象を用いた料理名に、中世の終わりからルネサンスを通じて行なわれていたような説明的な料理名がとって代わった。料理名は、要素を網羅して記すため長大になり、ことさらに連想を呼び起こすものになる。自然な、小さな、軽い、繊細な等の形容詞が、様ざまな珍しい香草や野菜類に付されて、料理名の中に組み込まれた。

アラン・シャペルに次のような格好の例がある。「小舟のスペインダイの腹身と背身、赤ワインのアンフュージョン*32、若いポワローのフォンデュ*33添え」、あるいは「ロケット菜、レーヌ・デ・グラス、フーユ・ドゥ・シェーヌ、エクレルジョンとバルバリの小鴨のサラダ、くるみ油とシャポン添え」。

「小舟」は、あなたのために、このタイを釣りに漁に出た。だから名もない食材、大型の加工船がスーパー・マーケットの陳列棚に吐き出す冷凍の魚とはわけが違う。赤ワインのアンフュージョン。アンフュージョンより軽いソースはない。これなら消化不良も治るかもしれず、タイの腹身の味わいを重くすることはないだろう。最後に、ポワローは「若い」、すなわち「新鮮」で、さらにフォンデュは、とろけるような味の快楽を約束し、ついでに肥満も溶かして、解消することもできよう。「サラダ」は農産物のカタログからの引き写しのように、すべての素材が重み付けもなく列記されている。幾分とも珍しい各種のサラダ用野菜、小鴨、そしてくるみ油にいたるまで料理名に盛り込んでいる。

しかし、ゲームはこれにとどまらず、料理表現の新たな方法は、料理名のレトリックを破壊するにいたる。

ジャン＝ポール・アロンは、このように述べている。「我々は、言葉が現実にとって代わる、そんな社会に生きているのだ」(19)。

ときに見られる行き過ぎた料理表現を批判して、元料理人で美食ジャーナリストのアンリ・ポステル*34は１９７８年の『パリ・ポッシュ』に次のような記事を寄せている。「ここに紹介するのは、世紀末にさしかかろうとしているレストランのメニューからの引用である。

——ホロホロ鳥の胸肉の薄切り、クレソンの花びらのコンポート添え

——マグロのリエット、ライム風味のアボカドのムース添え

——的鯛のフィレ、グロゼイユ添え

——イチゴのスープ

このように、料理より先に言葉が流行してしまうのだ。料理も新しいかもしれない

が、料理の実体よりも言葉が優位に立つ。最新の流行を楽しむために、どんなやり方がとられているかを次に挙げてみる。

◎アントレにデザート風の名を施す。まず『フロマージュ・ドゥ・テットのソルベ』[*35]を例に挙げておこう。

◎忘れてならないのは、テリーヌは魚と野菜（小野菜に限定してもよい）しかないかのようだということ。

◎メイン料理で、伝統的な料理名の組み合わせを変えてしまう、とくに肉と魚との間で行なう場合が多い。例えば、『舌平目のランプ肉』または『牛肉のア・ラ・モードのダルヌ』[*36]。

◎デザートをアントレの料理名に変える。『イチジクのスープ』『イチゴのスープ』など。

このようにその魅力を支えているのは料理ではない。構文を巧みに操る技術である。料理の創造はごく少なく、我々を楽しませているのは気晴らしの再創造である」。

ボステルは以上のように結論づけている。論駁《ろんばく》のための記事なので誇張して描いてはいるが、ここで明らかにされているのは、ヌーヴェル・キュイジーヌが、どのようにコードを操り、言葉のゲームを行なっているのか、もっと大まかにいえば、料理とは言語の問題である、ということだ。

しかし、いっそう意外なのは、料理創造の本筋から逸脱した、この言葉と料理のゲームの成果が、速やかに古典の中に組み入れられてしまうことだ。以後「ミルフィーユ」とはトマトとカニのみを重ねた料理（ジョエル・ロビュション）の名となり、「カネロニ」は麵《めん》の生地を使わずナスに代え、中にはマグロを詰める（これもロビュション）。「タルタル」はサケとカキで作り、キャヴィアを上に飾る、という新しい表現方法をとる（ベルナール・ロワゾー）。そして、「ラヴィオリ」はフォワ・グラとトリュフのジュを使って、高級な料理におさまった（ドミニク・トゥルージ[*37]）。

料理は味の集合体――口の中で何が起こるかが重要

古典料理では数種の味を互いに浸透させ、そして統合する。そこではフォンをベースにしてソースを巧みに作り、そのソースが数種の主食材の味を引き出し、結びつけ、融合させる、こうした役割を担っていた。対してヌーヴェル・キュイジーヌが推し進めたのは、風味の並置で、新しい料理の創作も古典的な料理の翻案も、もっぱらこの論理に基づいて行なわれている。二つの例を見てみよう。初めは創作。ミシェル・ブラスの「家禽《かきん》の手羽」である。

料理は三つのパーツから成る。部分的に骨をはずしてバターでソテした家禽の手羽、フロマージュ・ブランを主体としたソース、そして香辛料、パン粉と粗塩の混ぜ物である。食べ方は次の通り。手で食べるのだが、まず手羽をフロマージュ・ブランに漬け、さらにパン粉の混ぜ物の中で転がす。だから、フロマージュ・ブランと香辛料を混ぜたパン粉の量は、自分にふさわしいバランスを徐々に見つけながら、食べ手が自身で按配《あんばい》する。風味の統合は、まさに食べ手の口の中で完成するので、料理人は料理作品の制作に部分的にしか関与していないことになる。

第二の例は、「カエルの脚のソテ、ニンニクのピュレとパセリのジュ添え」。「カエルの脚、プロヴァンス風」のベルナール・ロワゾーによる翻案である。この料理は、カエルの両脚を分け、一部骨をはずして、フライパンでソテし、皿の中央にニンニクのピュレとパセリのジュを別々に盛り付けたものだ。ここでも、食べ手は、手を使って食べ、ニンニクとパセリを混ぜる按配は、その好みに任されている。

これら二つの例で明らかになるのは、食べ手が料理の仕上げに、すなわち味の構成の最終決定に、積極的な役割を演じているということである。この点でも日本料理、とりわけ統合よりも並置を旨とする偉大な「会席料理」の影響が顕著に見られる[20]。

＊1　ヌーヴェル・キュイジーヌ（Nouvelle Cuisine）　新フランス料理。
＊2　オーベルジュ（auberge）　小規模のホテル・レストラン。
（1）　エスコフィエ著『料理の手引き』1907年版の序文
＊3　オースタン・ドゥ・クローズ（Austin de Croze）　187ページ注＊58参照。

(2) A.ドゥ・クローズ著「食卓の地方主義（Le régionalisme de la table）」／『食卓の心理学（Psychologie de la Table）』1928年より

(3) この考え方は後にキュルノンスキーとマルセル・ルフに継承された。

＊4 秋のサロン（le Salon d'Automne） 毎年発行される、メニューと調理法を紹介した20ページほどの小冊子。

(4) シャルル・ブラン（Ch. Brun）著「地方色豊かな美食（Gastronomie régionaliste）」／『食卓の心理学（Psychologie de la Table）』1928年より

(5) A.ドゥ・クローズ著『フランスの地方料理（Les plats regionaux de France）』1928年 Montaigne 刊、1977年 Morcrette から再販

(6) P.E.ラメゾン（P.E. Lamaison）、キュルノンスキー（Curnonsky）共著『料理と風景（Recettes et paysages）』Lamaison 刊 1951年

(7) シモン・アルベロ（S. Arbellot）著『ラ・ガストロノミー（La Gastronomie）』Hachette 刊 1962年

＊5 ポール・エーベルラン（Paul Haeberlin） イローゼルン「オーベルジュ・ドゥ・リル」のオーナー・シェフ。

＊6 アンドレ・ダギャン（André Daguin） ガスコーニュ地方「デ・ザンバサドゥール」のオーナー・シェフ。

＊7 クロード・ダローズ（Claude Darroze） ランド地方の同名のレストランのオーナー・シェフ。現「エレーヌ・ダローズ」。

(8) A.エスコフィエ著『料理の手引き』1907年版の序文（P.7）

＊8 ポテ（potée） 豚、キャベツ、じゃがいもなどを煮込んだスープ。

(9) E.モラン（E. Morin）著「時代の精神（L'esprit du temps）、その2」／『壊死（Nécrose）』1975年、Grasset 刊

＊9 レスト＝ヴェジェ（resto-végé） 菜食レストラン。

＊10　マクロビオティック（macrobiotique）　菜食主義的食餌療法の一種。
＊11　アンリ・ゴー（Henri Gault）　１９２９～２０００。20世紀後半を代表するフランスの料理批評家。
＊12　クリスティアン・ミヨー（Christian Millau）　アンリ・ゴーとともに雑誌、ガイドブックを創刊。
（10）雑誌『ゴー・エ・ミヨー（Gault et Millau）』第１４２号／「性と愛と食卓（Le sexe, l'amour et la table）」（１９８１年、C. マッソンによる調査）
＊13　エギュイエット（aiguillette）　細長い薄切り肉。
（11）J.-F. ルヴェル（J.-F. Revel）著『おしゃべりの饗宴（Un festin en paroles）』
＊14　クローシュ（cloche）　鐘形のディッシュカバー。
＊15　デギュスタシヨン（dégustation）　試食、試飲の意。
＊16　クーリ（coulis）　液体のピュレ。
＊17　クレーム・アングレーズ（crème anglaise）　カスタード・クリーム。
＊18　ウ・ア・ラ・ネージュ（œuf à la neige）　卵白を淡雪状に掻き立てて作る菓子。
（12）モーリス・ゲガン（M. Guégan）著「味覚は精神の証である（Le sens du goût est preuve d'esprit）」／A. ドゥ・クローズ著『食卓の心理学』より
＊19　グルメ（gourmet）　美食家。
＊20　グルマン（gourmand）　大食家。
（13）ミシェル・ゲラール著『太らない高級料理（La Grande Cuisine minceur）』Laffont 刊　１９７６年
（14）ジョエル・ロビュション「ソースの技術」／N. ドゥ・ラボーディのインタヴューによる。『飲み物とレストラン業（Boissons et restauration）』１９８６年11月号
＊21　ブール・マニエ（beurre manié）　小麦粉と練り合わせたバター。

(15) ミシェル・ゲラール著『太らない高級料理』Laffont 刊

＊22 **モンテ（monter）** バターを溶かし込んで仕上げる。

(16) A.ギョ（A. Guillot）著『本物の軽い料理（La Vraie Cuisine légère）』Flammarion 刊

(17) J.-P.アロン著『現代人（Les Modernes）』1984年、Gallimard 刊

＊23 **ファルス（farce）** 詰め物。

＊24 **ジャック・マクシマン（Jacques Maximin）** 1980年代を代表するシェフの一人。ニース「ホテル・ネグレスコ」の元シェフ。

＊25 **エミール・ユング（Emile Jung）** ストラスブール「クロコディール」のオーナー・シェフ。

＊26 **アントワーヌ・ウェステルマン（Antoine Westerman）** ストラスブール「ビュルイーゼル」のオーナー・シェフ。

＊27 **リュシアン・ヴァネル（Lucian Vanel）** トゥールーズの同名のレストランのオーナー・シェフ。

＊28 **シャルルー・レナル（Charlou Raynal）** リームーザン地方、コレーズ「ラ・クレマイエール」のオーナー・シェフ。

＊29 **ジョルジュ・ブラン（George Blanc）** ブルゴーニュ地方、ボナの同名のレストランのオーナー・シェフ。

＊30 **M.O.F.（Meilleurs Ouvriers de France）** フランス最優秀職人賞。技術者の最高の栄誉のひとつ。

(18) ロジェ・アプシュ（R. Habsch）著『料理の提供技術（L'Art de présenter les plats）』（L. T. J. Lanore 刊）へのJ.-P.プーランの序文参照。

＊31 **ホメオパシー（homéopathie）** 同種療法。病気と同じような反応を引き起こす微量の薬物による治療法。ここでは隠し味の意味。

＊32 **アンフュージョン（infusion）** 抽出液。煎じた汁。

＊33　**フォンデュ (fondue)**　煮とかしたもの。

(19)　J.-P. アロン「一般事例としての文化と特殊事例としての料理における氷化現象について (De la glaciation dans la culture en général et dans la cuisine en particulier)」／『バベル (Babel)』コレクションの『栽培、食物 (Cultures, nourriture)』の巻より。１９９７年、Actes Sud 刊

＊34　**アンリ・ボステル (Henri Bostel)**

＊35　**フロマージュ・ドゥ・テット (fromage de tête)**　豚の頭肉を使って作る豚肉加工品。一種のガランティーヌ。

＊36　**ダルヌ (darne)**　輪切り。通常は丸みのある魚の切り身に使う語。

＊37　**ドミニク・トゥルージ (Dominique Toulousy)**　トゥールーズ「レ・ジャルダン・ドゥ・ロペラ」のオーナー・シェフ。

(20)　石毛直道著「食物、料理」「食卓作法」の項／ベルク・オーギュスタン (B. Augustin) 編『日本文化事典 (Dictionnaire de la civilisation japonaise)』Hazan 刊　１９９４年

Maurice Edmond Sailland dit Curnonsky　モーリス・エドモン・サイヤン　通称：キュルノンスキー（１８７２—１９５６）

１８７２年10月12日、美しいアンジュー地方の町アンジェで、モーリス・エドモン・サイヤンは生まれた。今ヨではやや忘れ去られた感があるが、「美食のプリン

ス」にも選ばれたキュルノンスキーは、フランス料理の名声を高めるために力を尽くした高名な料理歴史研究家、著作家だった。

裕福な家庭に生まれたモーリス・サイヤンは、サン＝モーリス高校に学ぶ。やがて両親の期待を裏切って作家の道を選ぶが、彼らの体裁を考えてペンネームを使うことにした。名前の前半はユーモア作家アルフォンス・アレの作品『キュル・ノン（Cœur Non ＝もちろん！）』にちなんでいる。1894年というと帝政ロシアとの歩みよりが活発な時代であり、ロシア・ブームにのって「スキー」というスラブ系の語尾を付けたのである。

駆け出しのころは、多くの新聞に寄稿し、エミール・ゾラとも親交を結んでいた。1900年の万博の後、新聞社の代表団に加わって極東へおもむく。この旅行で中国料理の魅力、多様性、繊細さを知った。パリへ戻った彼は100万部を超える発行部数をもった当時の二大新聞と契約する。『ル・ジュルナル』と『ル・マタン』である。ここでの執筆は1925年まで続いた。

その間にも、キュルノンスキーは数多くの著書を出版して、いずれも大成功を収めた。ここでは、全28巻の『美食のフランス』だけを挙げておこう。彼は、フランス料理を高級料理、ブルジョワ家庭料理、地方料理、農民料理の四つに分類している。キュルノンスキーは、郷土料理の偉大なる先唱者でもあるのだ。

1926年には『ル・ジュルナル』と『ル・マタン』の両紙が、最高の美食家を選ぶアンケートを行なっている。さまざまの予選をへて、「美食のプリンス」を決める最終選考には二人の名前が残った。ベルギー出身のモーリス・デ・ゾンビオとキュルノンスキーである。栄誉はキュルノンスキーに輝き、嫌な噂をたてられたにもかかわらず、この束の間のライバル二人は厚い友情で結ばれた。

このような威光に包まれながら、彼の著作や批評は読者に大きな影響を与えるが、敵も作った。やがて時がたち、今ではキュルノンスキーの名は、フランス料理術の偉大なる擁護者であり、宣伝家だったという思い出しか残っていない。　E.N.

Eugénie Brazier　ウジェニー・ブラジエ（1895―1977）

ブール＝カン＝ブレス（アン県）では、この日1895年6月12日は市の立つ日であった。突然に産気づいたクロード・ブラジエは、実家に運ばれて小さなウジェニーを産み落とした。

ウジェニー・ブラジエは、こうして慌ただしく仕事の合間に生まれてきたが、それはそのまま彼女の人生の縮図であった。仕事と労苦にあけくれ、1977年2月、つかの間の引退生活の後に亡くなってしまう。

当時、「メール（おばさん）」と呼ばれる女料理人が数多くいて、華美ではないがしっかりとした料理を出す店を仕切っていた。個性豊かで生き生きとした彼女たちが、リヨン地方の食の名声を支えていたのである。メール・ギイ、メール・ビュイソン、メール・フィルーなどがいる。しかし、何といってもフランス料理史に残る足跡を刻んだのは、メール・ブラジエだろう。

ウジェニーの両親は、ポン・ダンの近くで農場を営んでいた。生活は苦しく、彼女は5歳から家畜の世話を任されている。10歳の時に母を失って他の農家に預けられるが、20歳でリヨンの大きなお屋敷へ侍女として入り、初めて台所仕事を任される。ほどなくして料理に情熱を燃やすようになり、お屋敷の仕事をやめてメール・フィルーのレストランへ入った。そこでは料理以外に商売のコツもおぼえた。しかし、ウジェニーは女主人メール・フィルーとは性格的に合わず、評判のレストラン「ラ・ブラスリー・デュ・ドラゴン」に移る。こうして絹の町リヨンで彼女の名が知れわたることになるのである。

１９２２年4月ウジェニー・ブラジエは、店を開く。小さなエピスリ（食料品店）を買い取り何人かの下宿人を置いた。徐々に、リヨンの裕福な客たちが、メール・ブラジエのシンプルだが完璧な料理を賞味しにやって来るようになる。健康を害してしばらく休んだあと、リヨンのすぐ近くル・コル・ドゥ・ラ・リュエールに小さな店を買った。これが栄光の始まりである。１９３３年は『ギド・ミシュラン』が有名な三つ星をつけ始めた年だが、メール・ブラジエはこの栄誉を受けたのである。

有名人がこぞって「肥育鶏のドゥミ＝ドゥイユ」を味わいに来る。メニューは豊富とはいえないが、どれをとっても完璧なものである。料理はシンプルで材料は常に第一級のものを使っている。バターの風味はきいているが決して度を越してはいない。

彼女は自分自身に厳しく、他人に対しても同様に厳しい。ポール・ボキューズが1946年にコミとしてここに入った。よき修業の場であったことだろう。

あくことなく料理を改革し、完成していったウジェニー・ブラジエであるが、その情熱にも終止符を打ち、「コル・ドゥ・ラ・リュエール」のそばに隠居する。

しかし、調理場を離れると気力も衰え、ほどなく病に倒れて、1977年2月に亡くなった。　E.N.

Alexandre Dumaine　アレクサンドル・デュメーヌ（1895—1974）

1895年8月26日、アレクサンドル・デュメーヌはソーヌ＝エ＝ロワール県のディゴワンで生まれた。数々の遍歴をへて、ソーリューの「オテル・ドゥ・ラ・コート・ドール」を手に入れると、そこを美食家たちの巡礼地に仕立て上げたのである。

アレクサンドル・デュメーヌは、パレ＝ル＝モニアルにある「オテル・ドゥ・ラ・ポスト」の、有名な料理人の家系の末裔《まつえい》であるルイ・ボンヌヴェの下で見習いをした。

基礎を身につけると、デュメーヌは季節労働者のように、夏はヴィシーのカールトンで、冬は南へ下りてカンヌのカールトンで働く。その後パリへ出て、有名なレストラン経営者レオポルド・ムーリエの「カフェ・ドゥ・パリ」に雇われた。さらに名料理人マリウス・デュトレが指揮していた「エリゼ・パラス」の一員に加わる。第一次大戦後は、引き続きパリで、「オテル・ルーヴォワ」のシェフ・ソーシエのポストを任せられた。

そのころ、アレクサンドルは、アメリカの雑誌『ハーパーズ・バザール』の寄稿者であったジャンヌと結婚する。生涯通じて、ジャンヌは彼の相談相手であり良き主婦であった。

大西洋汽船会社が、１９２２年に北アフリカに美食家のためのホテル・チェーンを展開することを決める。デュメーヌはシェフを務めていたオテル・ルーヴォワをやめて、この会社に雇われ、アルジェリアのジュルジュラ、ビスクラ、ルフィの「オテル・エタップ」を次々と指揮してまわった。

９年後、デュメーヌ夫妻はソーリューの「オテル・ドゥ・ラ・コート・ドール」を買い取った。北アフリカで得た大いなる名声のおかげで、店は好調なスタートをきった。二人のレストランは、パリとリヨンを結ぶ国道６号線沿いの夢のオアシスになった。こうして首都から３時間ほどのこのレストランに、パリの名士たちが集まったのである。

アレクサンドル・デュメーヌの料理の評判は、その土地の食材を使った調理法の素晴らしさに由来する。

彼は、土地の素材である豚肉製品、家禽類、ブロシェ（カワカマス）、エクルヴィスなどを見事に活用して、ブルゴーニュ・ワインと組み合わせている。シヴェ、サルミ、鶏の赤ワイン煮などで、比類ない腕前を発揮したのである。

物資制限の厳しい戦争時代が終わると、デュメーヌはレストランの規模を広げ、1951年には『ギド・ミシュラン』から三つ目の星を与えられた。シェフの仕事を辞めるにあたり、『私の料理』という本を書き、この中で彼の最上のルセットをいくつか紹介している。

才能に恵まれながらも、謙虚な料理人A．デュメーヌは、1974年4月2日にブール＝カン＝ブレスでその生涯を閉じた。　　E．N．

Fernand Point　フェルナン・ポワン（1897―1955）

キュルノンスキーが「調理場のラシーヌ」と呼び、当代の大料理人たちの中でもひときわ抜きんでたシェフがブレスに生まれた。料理人でレストラン経営者であるフェルナン・ポワンは、やがてヴィエンヌの彼のレストラン「ラ・ピラミッド」を世界で最も有名なレストランのひとつにしてしまうのである。そして、自らの神殿の中で1955年に亡くなる。

生まれたときから、フェルナン・ポワンは調理場の中で育った。父オーギュスト・ポワンは、ルーアン（ブルゴーニュ）で「オテル＝ビュッフェ・ドゥ・ラ・ガール」を経営していた。また祖母や母が、この地方の名声を高めていた「メール（料理おばさん）」のひとりとして、彼を目覚めさせる下地となった。父の監督の下での見習いを終えると、ポワンはパリへ上って、「ブリストル」の料理人団に加わり、その後有名な「レストラン・フォワイヨ」、エヴィアンの「ル・ロワイヤル」でも働いた。

このような大レストランで、フェルナン・ポワンは彼の料理の基本となる信条を固めたのである。第一にソースの重要性。次に前日から仕込みをしないこと（毎朝一からやり直さなければならない）。三番目の原則は「バターとにかくバター」（ただし分別をもって）。これは生地ブレスに由来すると考えられる。

1923年、父オーギュスト・ポワンはヴィエンヌの「レストラン・ギュー」を買い取った。これを後に、古代ローマ人の遺《のこ》した尖塔《せんとう》に敬意を表して「ラ・ピラミッド」と改称するのである。こうして、名声への第一歩を踏み出すわけだが、その真価は1930年になって初めて発揮されることになる。

フェルナン・ポワンはこの年、アルデーシュ出身のマリ＝ルイーズ・ポーランと結婚する。接客、意欲、知性に秀で、「マド」という愛称で知られた彼女は、かの一徹な大男にとって欠かせない存在となったのである。

大料理人の例にもれず、フェルナン・ポワンの料理も思慮分別にもとづいて打ち立てられている。つまり一見してなにより単純そうに見えるものが、作るとなるとなにより難しいということだ。たとえば、単純な「目玉焼」にこそ、調味加減、焼き加減に細心の注意が必要なのである。

料理はルセットの中で固定してはならないが、常に基本には忠実でなければならない、とポワンは確言する。フェルナン・ポワンの料理とは、調和・繊細・純粋の探究にほかならない。現代の巨匠たち、トロワグロ、シャペル、ボキューズ、ウーティエらは、彼の下で育っている。フェルナン・ポワンにとって、食卓の喜びとは料理だけにとどまらない。食事をする部屋の内装、心地よさ、食器類なども重要な条件である。彼の「ラ・ピラミッド」では、あらゆる芸術に必要なこの調和を目指して、すべてが整えられている。

歓迎の意を表してホールへ出てくるとき、フェルナン・ポワンはいつもラヴァリエール・タイ（ふんわりと結んだ大きな蝶《ちょう》ネクタイ）をしめていた。その姿は今も彼の忠実な弟子たちの頭の中に残っている。寛大でありながら厳しく、謙虚で才能にあふれ、常に完璧を目指してやまない男として。

E．N．

Raymond Oliver　レイモン・オリヴェ　（1909―1990）

ジロンド川沿いのランゴンの町で四代続いたホテル・レストランの家に、1909年3月27日、レイモン・オリヴェは生まれた。パリの「ル・グラン・ヴェフール」のオーナー・シェフになったオリヴェは、テレビの長寿番組の出演者として、プロの料理の一般大衆への普及に力を注いだ人物でもある。

レイモンの父、ルイ・オリヴェは息子に家の伝統を押し付けようとはせず、普通の堅実な勉強をさせた。しかし血は争えないものである。レイモン・オリヴェは自らパリの「ムーラン・ルージュ」でバーマン見習いとして働き始める。そのとき賢明にも、息子の熱意を知った父ルイ・オリヴェは、彼をシャンゼリゼ通りにある「グラン・ホテル・シャンボール」に入らせた。そこで、オリヴェはギャルド・マンジェのコミから料理人としてのキャリアをスタートさせる。

オリヴェは、1948年、パレ・ロワイヤルにある「ル・グラン・ヴェフール」を「マキシム」の支配人M.ヴォーダブルから買い取り、オーナーとなる。

これが彼の栄光への第一歩だった。調理場は有能な調理長にまかせて、オリヴェは接客やサーヴィスを監督することに気を配った。知識に加えて知性も教養も兼ね備えた人物でもあり、料理を愛するがゆえに、古い料理の文献を収集し、彼の書斎は参考文献の宝庫となった。

当時普及しつつあったテレビに目をつけた彼は、果敢にも週に一度の料理番組を始めることを決心した。たやすいことではなかった。カメラの前で料理をするには、多くの技術的な制約はもちろん、料理を作るだけの時とはまったく違った手段と構成のセンスが要求されるからである。料理を紹介し、細かくかみ砕いて説明し、やる気を起こさせる。一言でいえば、教育者の顔である。文句なしの成功をおさめ、料理人のテクニックが、美食家のおいしそうな口調に彩られながら、家庭の台所に浸透していった。

日本で万国博覧会が行なわれたときには、オリヴェはレストラン部門をとりしきる。それ以来、彼の名声は世界的なものになった。1965年『料理（La Cuisine）』を出版して、マスメディアで活躍する料理人の著書は出版界でも見事な成功をおさめる。オリヴェ家の伝統が彼を離さなかったように、レイモンのあとを息子ミシェルが引き継ぐことになった。

E.N.

Paul Bocuse　ポール・ボキューズ（1926―）

1926年2月11日、ポール・ボキューズは、リヨンのはずれソーヌ川沿いのコロンジュ＝オ＝モンドールに生まれた。母親イルマの両親が同じ村で「オテル・デュ・ポン」を経営していたが、父親ジョルジュにモンテ＝カルロの「オテル・ドゥ・パリ」や、エヴィアンの「ロワイヤル」などの大きな調理場に入って働いていた。祖父ジョセフは、「レストラン・ボキューズ」の所有者だったが、家庭の事情により手放していた。

これほどの料理人一家に生まれると、ポール・ボキューズが名を成したのももっともである。苦労がなかったわけではない。だが、今日ではボキューズ、いやムッシュ・ポールは、世界一有名なフランス人シェフになっている。

一見楽々と得たに見える名声のかげに、ボキューズの苦闘があった。まだ12歳だったころに起こった戦争のせいで、ポールはふつう通りの見習いに出ることができなかった。少年時代のほとんどは密猟をして過ごす。みかねた父親はリヨンのクロード・マレの店に修業にやった。パリ解放の時に兵役に就いたあと、ル・コル・ドゥ・ラ・リュエールにある有名な「メール・ブラジエ」で働き出すが、これは相当厳しい見習い時代だったようだ。

当時ヴィエンヌでは「ラ・ピラミッド」が頭角を現わしており、ポール・ボキューズは、父と一緒に働いたことがあったフェルナン・ポワンにうまい具合に雇ってもらえた。

向上心あふれるポールは、次にパリにおもむき、マドレーヌ広場にある有名なレストラン「リュカ・カルトン」の調理場に加わる。その後、フェルナン・ポワンのもとに戻り、1954年までギャルド・マンジェを任せられている。

父親が「レストラン・デュ・ポン・ドゥ・コロンジュ」を再開すると、ポールは夏のシーズンにはこの店で働き、冬にはメジェヴに出かけて仕事をした。59年、父の死にあって、ポールは店を継いだ。そして1961年には「フランス最優秀職人賞（M.O.F.）」の栄冠を得て、不動の地位を確立したのである。ポール・ボキューズを紹介するとなると、非常にスケールの大きな人間の姿を描くことになる。

フェルナン・ポワンの影響であろうか？　確かに師と同じように、彼は調理場から離れる。ただし、料理人の白衣を身につけたままだ。彼の望みは、料理人がその苦労にふさわしい報いを客から受け取ることである。また、彼はまとめ役でもあり、仲間の料理人たちと世界を巡る。「フランス料理の大使」として、世界中でフランスの食材や調理機器の宣伝にもたずさわっている。

つまり、ポール・ボキューズは、コミュニケーションの人なのだ。誠実な彼は、大袈裟な自己宣伝などしない。大新聞や有力雑誌の方から彼を表紙にのせる。ムッシュ・ポールはどこにでも顔を出す。分身を作り出す能力を持っているとしか思えない。

仕事の合間をぬって、『市場の料理』、『ジビエ』、『あなたのキッチンのボキューズ』などを出版し、11カ国語に翻訳されている。　E.N.

Michel Guérard　ミシェル・ゲラール（1933―）

二つの典型的な成功が、ミシェル・ゲラールのキャリアひいてはフランス料理の発展を彩っている。

第一には、「太らない料理（キュイジーヌ・マンスール）」という考え方とその普及であり、第二にはそれを高級料理から産業レベルにまで広めたことである。

ミシェル・ゲラールは、1933年3月27日に、ヴァル＝ドワーズの小さな村ヴェトゥイユに生まれた。父親は肉屋を営んでいた。世話をしてもらった祖母から、料理やお菓子作りの面白さを教えられた。勉強が好きだったのだが、16歳になるや両親から手に職をつけるようにいわれる。ゲラールは製菓を選び、「マント・ラ・ジョリ」で見習いを始めた。

この見習いを終えると、ゲラールの興味は料理の方へ向き、トートの「ロテルリ・デ・シーニュ」で働く。

1955年、パリへ出て「クリヨン」のシェフ・パティシエの地位を得た。ここで初めて大人数を指揮し、その組織力が開花した。

1958年にはM.O.F.を受賞する。さらに腕を磨くため、彼は「リド」に入り、おまけに店のオーナー家の料理の面倒までみた。このような経験を積んだのち、古典的なレストラン界に戻り、ブージヴァルの「ドラヴェーヌ」などで仕事をする。

1965年、ゲラールは自分の翼で飛び立つ決心を固め、アニエールの小さなビストロを買い取った。最初は苦労も多かったが、やがて成功が訪れ、パリからの客たちが「ポ＝ト＝フ」の狭い廊下にひしめいた。客たちは口々にその一味違った新しい軽い料理を誉め称《たた》えた。

1974年には進路を変え、ゲラールはランド地方のウジェニー＝レ＝バンに居を定める。この温泉保養地でダイエット食の研究を進め、1976年には最初の著作『太らない高級料理』を出版し、さらに二年後には『食いしん坊の料理』を出す。この二冊は大好評で12カ国語に翻訳されている。

ゲラールの活動は多岐にわたり、保養地ウジェニーを活性化したかと思うと、「日光浴のチェーン」経営にも一部参加したりする。またネスレ・グループの料理顧問として、冷凍食品開発にたずさわった。このように職人仕事を工業的レベルに移行させることができたのも、目覚ましい功績のひとつである。

大声を上げず、質朴できわめて礼儀正しい料理人、企業家でダイナミックなミシェル・ゲラールは、料理界の巨匠の一人として、前進を続けている。

E.N.

Joël Robuchon ジョエル・ロビュション（1945—）

ジョエル・ロビュションのキャリアはいろいろな意味で典型的であり、若い料理人たちのモデルとなるものだろう。その成功の源には、彼の三つの長所、誠実・厳しさ・謙虚がある。

20世紀末の、この偉大なるシェフの歩んできた迷いなき道をたどってみよう。

15歳のときに、ジョエル・ロビュションは、建築家になりたいという夢を諦《あきら》め、「ル・ルレ・ドゥ・ポワティエ」で料理人の見習いを始める。１９６３年７月に、初めてコミとしてディナールの「グラン・トテル」に入る。９月になると、パリへ出ていくつかの店で働いた後、「バークレー」の料理人に加わった。

25歳にして早くも、ラ・ペニッシュで「イル・ドゥ・フランス」のシェフの地位についている。次いで、「ル・フランテル・ドゥ・ランジス」にわずかの間とどまった後、「コンコルド・ラファイエット・ポルト・マイヨ」で不動の地位を築く。わずか29歳でこのパリの大ホテルの開業に参加したのである。

大料理人団の配置や組織を仕上げた成功によって、１９７８年には「ホテル・ニッコー」のレストラン部長の座に迎えられる。

そして、１９８１年、ロビュションはついに自分のレストラン「ジャマン」を開いたのだった。

彼の魂の父であり良き仲間、その歩みを導いた人物の名前は、ここまで伏せておいた。メートル・キュイジニエ・ドゥ・フランスのジャン・ドラヴェーヌである。

キャリアを重ねるにつれて、ロビュションは、技術の向上と美意識の進化のためには調理工程の管理が必要であることを痛感する。こうして確立したロビュション・スタイルが、彼の料理創造のいたるところに浸透している。

ロビュションの成功は、何よりもまず厳格さの上に成り立ったものであり、この真っ先にあげられる長所が、1976年のM.O.F.受賞をふくむ数知れないコンクールでの優勝、さらにレストランの成功へとつながった。

また、その誠実さも彼の躍進のもう一つの要因になっている。レストランの輝かしい成功のおかげで、三年間でミシュランの三つ星を獲得するまでになり、多くのマスコミの取材などで多忙な身となった。にもかかわらず、ロビュションはいつも仕上げの場にいて、ホールへ送り出す料理すべてに目を光らせている。

数年前から、その活動は、技術指導、レストラン計画の策定そして新調理テクノロジーの改良などへと向かっている。またテレビをにぎわせ、「グラン・シェフのような料理を」や「いただきます、もちろん」に登場し、さらに「グルメT.V.」という自らのチャンネルも作っている。

また著者として多くの本、『ジョエル・ロビュションの美味《おい》しくて素直な料理』、東京に開いたブティック・レストランと同名の『アトリエ・ドゥ・ジョエル・ロビュション』、そして『テロワールと現代のルセット』を著している。

E.N.

Roger Vergé　ロジェ・ヴェルジェ　（1930—）

現代の大料理人たちが居並ぶ神殿で、ロジェ・ヴェルジェは特異な地位を占めている。そのフランス料理への貢献は、卓越した完璧な技術で南仏の料理をうち立て、そしてその伝道者としての役割も巧みに成し遂げたことにある。

ヴェルジェは、1930年4月7日、アリエ県のコマントリに生まれた。彼の父はその地で鍛冶《かじ》屋を営んでいた。中学時代は、勉強好きな優秀な生徒であった。彼は読書を通して、二つの熱い思いを育《はぐく》んでいた。一つは、彼のアイドル、ジャン・メルモのように世界を駆け巡ること。パイロットになり、地の果てまで冒険の旅に出ることであった。

彼のもう一つの夢、それは料理人になること。これは優れた女性料理人だった叔母《おば》のセレスティーヌから愛情を込めて伝えられ、次第に彼の心の大きな部分を占めるようになっていった。しかし、ロジェ・ヴェルジェは、幸運にもこの二つの情熱を両立させることになる。

中学を卒業すると機械関係の学校に進んだが、父親の死により断念せざるをえなくなる。叔母のセレスティーヌは、彼に故郷のホテル＝レストラン「ブルボネ」で仕事をするよう勧め、彼は17歳でアレクシス・シャニエ料理長のもとへ見習いとして入った。シャニエは、かつてはパリの「トゥール・ダルジャン」の料理長であった。このオーヴェルニュのオーベルジュは仕事にも時間にも厳しかったが、ここで彼は料理への情熱を確信した。

見習いが終わると、シャニエは彼を「トゥール・ダルジャン」に推薦した。しかし、都会での生活に恐れをなして、ヴェルジェはすぐに「ブルボネ」に舞い戻ってしまった。だが、彼の母は厳しく、ヴェルジェを再びパリへ送り返した。

今度は、彼はリュシアン・ディア率いる「プラザ＝アテネ」に、コミとして入る。ここで大組織の仕事とオーギュスト・エスコフィエの料理の基本とを習い覚えた。この後、彼はカサブランカの「マンスール」、アルジェの「ロワジス」など、長く国外で仕事をすることになる。

さらに、リュシアン・ディアの推薦で、彼はケニアとローデシアの16の宿泊施設の運営を任された。その状況は劣悪で、用度は揃わず、食材の調達もままならず、スタッフの質も悪く、さらに政治情勢も緊迫していた。こうした逆境は、彼を後に「老練な大佐」と呼ばれるほどの人物に鍛え上げた。

1960年にヴェルジェは、モンテ＝カルロの「オテル・ドゥ・パリ」に迎えられる。さらに1961年から68年には、交互に冬の「オショ＝リオス」（ジャマイカ）と、ヴァル県の「クリュブ・ドゥ・カヴァリエール」の料理の指揮をとり、そしてここで彼の料理がミシュランに初めて認知され、二つ星を獲得した。

そして新たな挑戦が始まる。1968年、彼はグルノーブルの「ジュ・オランピーク」のレストラン運営責任者に就任した。

意を決して、ヴェルジェは「ムーラン・ドゥ・ムージャン」を買い取った。妻のドニーズの助けを得て、彼は建物を増改築し、美しい庭園を設えて、次第にそこはコート・ダジュールでも特別な場所となっていった。

その料理は創造的で、かつ陽光に満ちたプロヴァンスの食材であふれてはいたが、他の地方の食材もなおざりにしてはいない。表現はクラシックな料理に踏みとどまっていたが、偉大なソース職人としての独創性はかいま見ることができた。「料理におけるソースは、絵画における色彩と同じだ。すなわちその本質である」。

1970年に一つ目の星を獲得、ついで1973年に二つ星、そして次の年には最高の褒賞である三つ目の星が与えられた。その間に同業の料理人からは、「M.O.F.」(1972年)が贈られている。

ロジェ・ヴェルジェは職人から芸術家への道を歩んでいく。彫刻家のセザール、画家ロジェ・ミュール、ガラス工芸家ポール・ファン・ランらの友人との付き合いは、彼の創作に刺激を与えた。人生も、お祭騒ぎも楽しみながら、彼は美食を深め、芸術のひとつとしてゆく。こうしてムーランは、避けて通れない有名人たちの集会所となった。

彼はポール・ボキューズ、ガストン・ルノートルと協力して、オーランドのエプコット・センターに「シェフ・ドゥ・フランス」を開き、これを指揮した。

ヴェルジェはその情熱や技術を鷹揚《おうよう》に料理人たちに伝え、そのかまどの前でデュカス、マクシマン、シボワらが、厳しい仕事に取り組みながらその料理を学んでいった。2軒目のレストランとなる「ラマンディエ」では学校も開いている。さらに、数冊の書籍を著し、その料理を記し、哲学を披瀝《ひれき》している。『太陽の国　プロヴァンスの料理』、『わがムーランの祝宴』、『わがムーランの野菜料理』。

成功を成し遂げてもヴェルジェは、その自然で素直で快活な性格を表に出し続けたが、それは料理にも表れている。冒険家ではなく、料理人、好奇心にあふれる偉大な芸術家となったが、彼は絶えず新たな食材を、表現効果を、そして感覚を追い求める。こうしてその料理は驚きと感嘆を与え、そしてその威光は輝き続けている。　E.N.

Michel Bras　ミシェル・ブラス　(1946―)

ミシェル・ブラスの占めている位置は、今日のシェフの間でもきわめて特異である。技術、経歴、ライフスタイル、そのいずれをとっても、ひどく風変わり、型破りだ。この偉大なシェフは、毅然《きぜん》として彼の領域である自然の探求に力を注ぎ、刹那《せつな》的な誘惑に耳をかそうとしない。

ミシェル・ブラスは1946年11月4日、アヴェロン県のガルディアックに生まれた。家業のホテル＝レストラン、「ルー・マズュック」から数百メートルほどの、エスパリオン校で学んでいる。魅力を感じたものは、オーブラックと料理の二つだった。彼は高校を出ると、優れた料理人だった母の指導で、地方料理の手ほどきをうける。そして、母との共同作業は長く続くことになる。

ライヨールから離れることは難しく、他の調理場に身を寄せることも、トゥール・ドゥ・フランスに出ることもままならず、外で料理を学ぶことはなかった。料理書を熱心にひも解き、直感を頼りに、ブラスは独力で研鑽《けんさん》を続ける。さらに聖アウグスティヌス、ラマルティーヌ、サン＝テクジュペリ、エルネスト・ルナン、フランシス・ポンジュなどの偉大な作家の作品をむさぼり読んだ。

「ルー・マズュック」は美食批評家から高い評価を得て、次第にその名声を確立していった。そして、現在では、当然のようにミシュランで三つ星に輝いている。

1992年、ブラスは夢を実現させる。村の中心から少し離れたプエシュ・デュ・スュケに建てられた「ミシェル・ブラス」は、オーブラックの高原の光、岩、そして草花という周囲の環境に完全に溶け込んでいる。

ここでは、レストランの外も皿の上も、自然が主役である。自然との仲介者ミシェル・ブラスは、昔からの羊飼いたちの道、ドライユを駈けめぐり、その素晴らしい自然を思索し、寒ざむとした日差し、黄金色の太陽、魅惑的な光、湧水…、時にめぐり合うこうした感動的な瞬間を記憶にとどめる。

店のロゴマークでもあるシストルは繊細で、目立たず、傷みやすく、少しの汚れも受けつけず、せわしない人の目を逃れている、そんな野草だが、それはまさにミシェル・ブラスの人柄そのものだ。

客は食事だけでなく、感動と感性も、ともに味わう。ブラスは、気難しくも多彩な創造性を持ち、絶えず疑問を抱き、常に感動する心を必要とする。その盛り付けは、活《い》きいきとして、輝かしく、また劇的である。まるで「野を渡る一陣の風」のように。比喩《ひゆ》を進めると、たとえばゲンチアナの楕円《だえん》形の巨大な葉は、インドネシアで見かけるバナナの葉のように、美しい盛り付けの器となる。雲のたちこめた空を貫いた光線が、スズキのフィレの黒い陰を照らし出し…。

その創造の源泉は常に大地に根ざしている。五感と四味を結びつけ、食の感性、美食の快楽を呼び覚ます。この融合は時に意表を突き、いつも理解されるわけではないが、この創造的料理人は、大胆かつ執拗《しつよう》に、表現を極限まで追いつめる。

著作には次のものがある。『ミシェル・ブラスの本』、『ミシェル・ブラスの手帳』。これらの書は、その人となりを理解する助けとなる。

土地の精神を強調するために、ライヨールの伝統であるナイフを食事の間ずっとテーブルに置き、さらにまたパンをテーブルで切り分けもする。この食卓での儀式は、型どおりのサーヴィスになじんだ客を驚かすことになる。

郷土に強固に根ざしながらも、疑いもなくミシェル・ブラスは才能に満ちた改革者である。

E.N.

Bernard Loiseau　ベルナール・ロワゾー（1951—2003）

名声を獲得するには、卓越した料理技術だけでは不十分である。メディアとの交流にも長《た》け、また巧みな経営手腕も必要だ。ベルナール・ロワゾーは、これらの要素の融合を巧みに成し遂げ、ある調査によれば、フランス料理の最も人気のあるシェフとなった。

ベルナール・ロワゾーは1951年1月13日、オーヴェルニュのシャマリエールに生まれた。16歳で中学を卒業すると、さしたる志もなく製菓の見習いを始めた。見習いに入ったのは、ロワンヌのトロワグロ兄弟の店で、ここで料理の職業教育就業証書（C.A.P.）を得た。見習い時代の同僚に、後に名声を博するもうひとりの料理人ギー・サヴォワもいた。「トロワグロ」では、ミシュランの三つ星獲得に伴うメディアの取材攻勢を目の当たりにし、彼は天職に目覚める。目標は定まり、道筋を見極め、そして一歩を踏み出した。

兵役を終え、彼はクロード・ヴェルジェと出会う。ヴェルジェはパリに6軒のレストランを所有し、料理長を探しているところだった。まず彼が入ったのはクリシーにあった「ラ・バリエール・ドゥ・クリシー」。そこで彼は、軽く独創的な料理を求められた。こうしてロワゾーのさらなるスタイルが確立していく。次の年にクロード・ヴェルジェは、ロワゾーをパリ・オペラ座の目と鼻の先にある「ラ・バリエール・ポクラン」へと移した。料理批評家ゴーとミヨーが彼の才能に着目したのは、その店でのことである。

1975年、クロード・ヴェルジェは、ブルゴーニュのソーリューにある「ラ・コート・ドール」を買い取った。ここは偉大なアレクサンドル・デュメーヌが築き上げたかつての美食の殿堂で、デュメーヌ亡き後は打ち捨てられたような有様だった。ヴェルジェはロワゾーにその指揮をゆだねる。着任するや、確固たる野望と独創的な考えを持った24歳の若きシェフは、旧来のスタッフと激しく衝突した。ロワゾーは断固とした姿勢で、たゆまず働き、料理に対する自らの考えを推し進めてゆく。

細部にいたるまで追いつめ、完璧を求めた。彼がこだわったのは、素材の持ち味を活かすこと、そして料理の軽さである。このため、その古めかしいルセットから脂肪、砂糖、小麦粉を一掃した。スタッフに対しては温かい人間関係を維持しながらも、厳格かつ厳密な仕事を要求した。最良の地方の産物を求めて、地域の生産者に良質の食材を提供してもらうよう働きかけた。

こうした倦《う》むことを知らない並外れた努力が実を結び、着任して2年後の1977年に、「ラ・コート・ドール」はミシュランの星を取り戻し、さらに1981年には二つ星に昇格した。

1982年、ロワゾーはこの店のオーナーとなる。美食のガイド・ブックでは評価されたが、モルヴァンという辺地に客を呼ぶにはそれだけでは足りず、店の改築に取り掛かった。その建物は伝統的なブルゴーニュ・スタイルに忠実に倣った造りだが、それに非日常性、快適さ、豪華さを加味した。

1993年3月、ついにミシュランから三つ星の評価を受け、客が殺到した。料理のスタッフに信頼をおいて、ロワゾーはキッチンから離れることが多くなり、得意とするメディアとの交流に熱意を傾ける。

日本では、ロワゾーが料理指導を行ない、「ラ・コート・ドール」名のレストランを神戸《こうべ》に開いた。また一連の農産物加工品の開発にも取り組み、さらにパリで「ラ・タント・ルイーズ」、続いて「ラ・タント・マルグリット」をオープンした。そして、ベルナール・ロワゾーは、1998年12月、ついに会社を証券市場の二部に上場し、大きな衝撃を与えた。これは独立店としては初めてのことである。

ポール・ボキューズに代わってベルナール・ロワゾーがフランス料理のリーダーと

なり、スポークスマンとなった。技術や強固な意志も成功の基盤となっているが、天賦の料理の才、コミュニケーションの鋭いセンス、コメディアンとしての才能、そして大胆な経営手腕、これらの巧みな融合がなければ、このような成功にはいたらなかっただろう。

すべては、ロワゾーに微笑みかけているように見えた。しかし、暗い裂け目は口をあけ始めていたのだ。感激家、熱情家、完璧主義者で常に「頂点」を目指す、そんな彼は、精神状態の悪化に気づかなかった。料理の本質的な価値にひどく固執し、ちょっとした気まぐれや流行の動きで、料理が汚されてゆくことに苦しんでいた。いつもソーリューにいることに強くこだわり、休息する間もなく、彼の心に徐々に疲労感と疑問が広がっていく。こうして病が彼を蝕《むしば》んでいった。その成功が招き寄せた卑劣で不正な攻撃に、もはや耐えることはできなくなった。

彼は自ら人生の幕を引くことになる。2月24日月曜日、昼のサーヴィスを終え、ふだん通りタブリエを丸めてデシャップに置き、昼の休息をとりに上にあがり、そして命を絶った。彼の死は、世界に衝撃を与えた。すべてのメディアは死の一報を伝え、世間は呆然《ぼうぜん》とさせられた。何千という悔やみのメッセージが流れた。葬儀は、ソーリューの聖アンドーシュ教会堂で行なわれたが、数知れぬ参列者が訪れ、到底入り切ることはできなかった。友人、料理人、政治家、芸術家そして名もない人々、皆ベルナールに敬意を表そうとひしめき合い、この料理の巨人に哀悼の念を伝えた。

その熱意に促され、彼の遺志を継いで、長くロワゾーと料理の冒険行をともに歩んできた妻とスタッフは、しっかりとその料理を永続させるべく励んでいる。　E.N.

Alain Chapel　アラン・シャペル　（1937―1990）

フランス料理の大きな流れの中に位置づければ、アラン・シャペルは現代リヨンのグランド・キュイジーヌの輝かしい体現者、ということになろう。彼の絶大な名声は、技術の正確さ、地方色の表現、そして食材の上に築かれた。まさに伝統の守護神。

アラン・シャペルは1937年12月30日、リヨンに生まれ、1990年7月17日にサン＝レミ＝ド＝プロヴァンスで亡くなった。

リヨンとブール＝カン＝ブレスの間にあるアン県のミヨネ、両親のエヴァとロジェが営むこざっぱりとしたオーベルジュ、「メール・シャルル」、その周りを料理に囲まれた温かい環境の中で彼は幼年時代を過ごした。この古い建物は、練土壁のずんぐりとした典型的なブレス地方のスタイルで、すぐそばのシャトー・サン・ベルナールに住んでいた画家モーリス・ユトリロがその姿をカンバスにとどめている。

こうした美食の環境の中にあって、アラン・シャペルは天職を見定め、15歳でリヨンのラザリスト修道会の中学校を出て、料理の見習いに入ることを望んだ。家族は、友人で多くの人々が相談を持ちかけるリヨン料理界の重鎮、ヴィニャール翁に彼を託した。アラン・シャペルと同時期に、そこでもうひとりの若者が、初めてのクネルの成形に励んでいた。後にマダム・ポワンのもと、ヴィエンヌの「ラ・ピラミッド」のシェフを務めたギー・ティヴァルである。

4年間（1952―1956）みっちりと技術教育を受けた後、19歳でアラン・シャペルは師のもとを離れ、2年間ポワンの厨房《ちゅうぼう》に入った。兵役を済ませ、別の大レストラン、ジャン＝ポール・ラコンブの「レオン・ドゥ・リヨン」で働く。そして1968年、ミヨネに戻って父のあとを継いだ。

彼の歩んだ道筋のすべては、有能な師ヴィニャールによって教え込まれた価値観に導かれたものだ。師に敬意を表し、彼は昔風に、踝《くるぶし》にまで届くほどの長いエプロンを身につけ、誇らしげに艶《つや》のある綿のコック帽をかぶり、使い捨ての量産品の帽子には見向きもしなかった。こうした服装へのこだわりは、もちろん料理に対する考え方にも表れている。常に心がけることは、素材を重んじかつ敬意を払うこと、適正な加熱、そして清潔さ。土地に根ざした料理人として、彼は野菜、そしてキノコに特別な思い入れを込めている。

「野菜に対して敬意を払わなくてはならない。身をかがめて野菜を作ったことはないが、私は厨房に立っている園芸家に過ぎない」。

キノコの使用量は2000キロ近くに及ぶ。シャルボニエ、アンズ茸《たけ》、ブトン・ドゥ・ゲートル、テット・ド・ネーグル、ボレ（セップ類）、ムスロン・ロゼなどのキノコが用意された。しかし、人工栽培のキノコはまったく使わない！

リヨン料理の二つの紋章ともいえる、上質のバターと繊細な風味の生クリームがたえず使われ、魚、鶏、リ・ドゥ・ヴォやジビエの味を引き立たせた。一人あたり平均200グラムのバターと200ミリリットルのクリームが、色づけのために塗ったり、料理にかけたり、またつなぎとして用いたり、料理の味を引き立てるために使われている。

こうして、類稀《たぐいまれ》なブレスの肥育鶏の膀胱《ぼうこう》包み、鶏のブロンド色の肝臓のガトー仕立て・エクルヴィスのクーリ添え、グラタン、魚のムース、そして…、小野菜料理などが作られていたのだ。

ドンブこそが彼のインスピレーションを生みだす源、宝物庫であった。しかし、その才能をフランス料理の名声を高めるためにも発揮し、輝かしい料理大使として定期的に日本、バイエルン、ストックホルム、ニューヨーク、ダラスを訪れ、その責務を果たした。

その優れた著書『料理　ルセットを超えるもの』は、アラン・シャペルの料理哲学と仕事への愛情を伝えている。

E.N.

現代の食

1993年、ヨーロッパで起こった生乳のカマンベールの是非をめぐる論争で、カマンベールをフランス国家のシンボルに祭り上げたり、またヨーロッパとアメリカとの間の貿易摩擦問題として、GATTあるいはWTO（OMT）の農業交渉で決まりきって繰り返される非難の応酬が波及し、マクドナルドが槍玉《やりだま》に挙げられて、西欧文化圏からは消滅したと思われた社会行動（ファスト・フードへの攻撃、アメリカ国旗への冒瀆《ぼうとく》）を引き起こしたりしている。こうした経済的・社会的現象の背後に見いだされるのは、アイデンティティ崩壊の危機の印であり、予兆である。そして、それは工業化によって手ひどいダメージを被った食の領域で最も先鋭化している。

　西欧の食状況に表れている様々な変化のうち、次の三つの要因によって、テロワールの、さらに外国の（エグゾティック）料理へと関心が向いた理由を明らかにできよう。食の世界化、食関連産業の工業化、そして日常食の進展である。

食の国際化

食関連の大規模国際企業は、コカ・コーラ、ケチャップ、ハンバーガー、ピザなどの販売を地球レベルで行なっている。法的な工業的基準に基づく品質規定では、生産から消費期限にいたるまでの全ライフ・サイクルにわたって、商品の官能的、微生物的な特性を恒常的に維持するように努めるが、これによって商品の個性は標準化、同質化される方向に傾く。もはや市場は国単位で論じることはできない。食品は国から国へと移動し、野菜ならば播種《はしゅ》、家畜ならば誕生時から、料理されて食卓に上るまでの間で、かなりの移動を経てきた可能性がある。

保存、包装、運搬の各技術水準の向上による農業関連ビジネスの急速な発展の結果として、まず農産物の生態的地位[*1]による制限が——ことに投資家にとって——かなり緩和された。セネガル産のインゲン、チリのサクランボが12月中もスーパーの陳列ケースに並んでいる。カリフォルニアのオレンジ・ジュースはテトラパック包装で生鮮食品としてヨーロッパに到着する。現在の食品は地域性がはぎ取られている。つまり、地理的なルーツとの繋《つな》がりが絶たれ、それに伴う気候的な拘束も消失しているのだ。

第二の影響は、食料品の取り扱い品目の拡大に見られる。フランスでは、ここ数年でも、いくつかの新たな産物が市場に登場している。15年単位で見ると、とくにアボカド、パイナップル、キウイはポピュラーな食品になってしまった。

外国からの輸入食材の売り場は大規模な流通施設の中でも拡張しているし、アイテムも増え続ける一方である。プロの料理の世界も、こうした食材をエスニック・フードと名づけてとり入れている。醤油《しょうゆ》、ニョク・マム、グアカモレ、タコスがスーパーに並び、ネム、かにの詰め物、アジア風の蒸し物、ムサカなどの調理済食品が、日々の食卓に供されている。歴史上、今日の西欧社会ほどに、ひとりの食べ手が多種多様な食材を手にする機会を与えられたことはない。スーパーの陳列棚やワゴンケースには、何千という商品アイテムが展示されているのだ。

こうした状況を不安視する向きもあるだろうが、国ごとの特殊性はまだ非常に強固に残っているといえよう。イタリア人、スペイン人、ドイツ人、フランス人のいずれもが、マクドナルドのハンバーガーを食べることもあるだろうが、だからといって食習慣が均質化したとはいえない。スペイン人は、フランス人やイギリス人からすれば遅過ぎると思えるほど食事に時間をかける。また生ハム「パタ・ネグラ」を楽しんでいるが、その秘密、ひょっとすると味までもわかっているのはスペイン人だけなのだ。食事に対する考え方自体、ヨーロッパ・レベルで共有しているわけではない。

工業化

食材から地域性を喪失させた食の世界化と並行して、食の工業化が食材と自然との繫がりを断ち切ってしまった。料理の果たしている社会的機能を侵食しながら、食の工業化によって、食べ手と生命の営みとの間の距離はますます広がっている。この現象には二つの側面、生産プロセスの工業化と加工プロセスの工業化があり、これらを分けて論じよう。

生産プロセスの工業化

とりわけ畜産において、食の現代化を象徴する状況が露《あら》わになっている。人間の生産活動の組織化の領域では、テーラーリズムの生産モデルが否定されたにもかかわらず、畜産業はテーラーリズムを受け容《い》れ、それによって食用に供される動物の物象化が進んだ。製造工程の原材料として見れば、肉は「非動物化」され、生命のない物となる。それに関連して、その逆説的な代償行為として、「自然状態」で生きている動物は人格を与えられる。たとえば、ジャン＝ジャック・アノーの『小熊物語』に見られるように、映画スターから主役の座を奪って、自然からの倫理的教訓を伝える。動物が人の姿をとるラ・フォンテーヌの「寓話詩」とは明らかな違いがある。ペットもまた、この擬人化の恩恵にあずかり、法外なまでの気配りを与えられている。ペット食品の市場は、文字通り爆発的に成長し、マーケティングのスペシャリストが、犬や猫の「ライフスタイル」を、この上なく大真面目に研究している。一見したところ、これは、ノルベール・エリアス[1]が「文明化のプロセス」の推進力としている、身体性と肉体の死の光景を拒絶するという現象の延長線上にあるようにもとれるが、たぶんより根本的には、食料の聖性の喪失と食料にするための管理された食肉解体への抵抗の兆しであろう。

加工プロセスの工業化

家事に対する社会的評価が変わったことにより、農産食品加工産業は、家庭料理に取って代わった半調理品の市場に進出している。食品工業は、ますますそのままで食べられる形態に近い製品を送り出して、料理の社会的機能を侵食してはいるが、だからといって料理の果たしている役割を肩代わりするまでにいたってはいない。この結果、「アイデンティティのない」「あいまいな品質の」「顔が見えない」「魂のない」「工業製品ゆえに免責された」、そんな食品だと消費者は理解している。ひと言で言えば、加工食品は身元不詳なのだ。

食物を体内に取り込むことは、生命の維持に不可欠であると同時に象徴的でもある一種の賭《か》けのようなものだから、すでにある種、重い行為である。そして食べる物が「アイデンティティのない」工業製品である場合には、大きな不安をともなう。

では、社会学者と宣伝マンがこうした現象を阻むために呼び集められたとしよう。たいていの場合、情緒的、田舎風、あるいは文化的、いずれかの根を製品に与えよう、との回答を出す。つまり、消費者がポジティブに感じるのは、たがいに対照的な料理ではあるが、キュイジーヌ・ドゥ・テロワール（郷土料理）と伝統的料理のイメージである。情緒的なイメージの製品名を挙げてみよう。「タルティエール」、ジャムの「ボンヌ・ママン」。伝統の木のマーク「ウィリアム・ソラン」の名は地方性とフランスの美食文化の両方に根ざしていることを表し、さらに「素朴な味」エルタはヴァカンスの思い出を運んでくる、たとえそれが自分自身の田舎での幼年時代の体験でなかったにしても…。これらすべての製品名の背後に、世代から世代へ価値観あるいは技を伝えるという演出がひそんでいる。

ガストロ＝アノミーについて

ごく多様な社会・経済学的な現象、たとえば女性の社会進出、パートタイム労働の実施、大都会の都市化現象、あるいは余暇活動の増加にともなう家計の中での食費の占める比率の減少、これらは結果的に、西欧の食環境に激しい質的変動をもたらした。(2)その中でも、主要な特徴的事象として挙げられるのは次のようなものである。
◎食事習慣の簡素化：旧来の食事では、アントレ—付け合わせ—チーズ—デザート—コーヒーの構成であったが、しだいにより単純な組み合わせ（アントレ—付け合わせ、付け合わせ—デザートあるいはアントレ—デザート）になる場合が多くなった。都市労働人口中、旧来の食事を完全に摂《と》るものは、昼食でかろうじて50％、夕食では40％以下である。
◎日常の摂食回数の増加：決まって一定の時間に食べる、明確な名のついた食事（朝食、昼食、夕食）の間に、食べ物をつまむようになり、それがある程度習慣化している。初め主に食べるようになったのは、スナック類、「クラッカー」、チョコレート・バーなどのビスケット会社の製品である。
◎集団の抑圧の低減、個人主義の台頭、そして家庭の桎梏《しっこく》の減少は、食事儀礼の解消、あるいは少なくとも日常の食慣習の変容をもたらした。
◎農学が目覚ましい成果を上げ、西欧に過剰供給という前例のない食糧状況をもたらした。スリムな肉体の美に対する評価は、価値の識別形態が逆転したためである。
食べる権利は、徐々に健康や余暇と同じく、基本的な価値観であるかのようになったが、1980年代の初め、新たな貧困が表面化した時、レストラン・デュ・クール[*2]のために参集した歌手、芸術家たちはこう歌った。「現代は、腹を減らさない権利も、寒さに凍えない権利もない」。慈善の背後には、社会的価値観の変化がはっきり表れている。食べることは、社会の主目標ではなく、権利となったのだ。

こうした変化は、日常の食環境への不安感を醸成する。クロード・フィシュレは、これを「食の無秩序（ガストロ＝アノミー）」[*3]と名づけている。アノミー（anomie）とは、社会学的概念で、社会的秩序全体が合法性を喪失することをいう。現代の食環境の特徴は、美食の規範を築き上げた組織の弱体化である。「この無秩序（アノミー）の中で、抑圧は多様化し矛盾をはらみながら増殖し、現代の食べ手に働きかける。抑圧とは、様々な宣伝、提案、対処法、そしてことに増え続ける医学的警鐘のことである。無秩序な自由はまた、不安による迷走を引き起こし、この幾重にもわたる不安感が、さらには常軌を逸した食状況を作り上げてしまう」(3)。すべては、現代の社会変化と食関連産業の工業化が、片利共生タイプの「伝統的調整機能」を混乱に陥れてしまったかのようだ。そしてまた、現代の食べ手は、過剰供給の世界と、個人の価値観がますます重要視される社会形態に直面して、無秩序の中に投げこまれていることを意識し、新たな食文化、すなわち新しい「食の秩序（ガストロ＝ノミー）」[*4]を再構築して、食を摂ることへの不安を解消しなければならないかのようだ。

食品は、生命を維持すると同時に体を害する可能性もあり、基本的には不安を内含しているものである。しかし、消費行動の変化、食品への新しい科学技術の適用、経済の国際化、これらがさらにいっそう不安感を増大させる。食べ手と実際にその食事を用意する役割を受け持つもの（母、料理人、製造業者、より広くは食関連産業の従事者）とを結ぶ関係は、論理的に非常に強い信頼感の上に成り立つものだ。他人の料理を食べるということ、それは信じるということなのだ。

毒を盛られるという強迫観念は、白雪姫に登場する魔女のリンゴに始まり、近年の食糧危機が引き起こした筋の通った不安感まで、我々が思い描く食空間のいたる所に存在する。品質管理に関する方策は進歩しているが、HACCPに基づく製造工程の品質管理方法やISOの品質保証手続き――必要不可欠なものであるとはいえ――では、品質の概念を象徴的・文化的次元にまで昇華できず、そのため十分な信頼感を築ききれない。料理人は、いくぶん不安感の漂う食材を、完璧《かんぺき》に安全な食べられる食品へと変え、さらにそれに文化性を付与して料理へと仕上げるのだ。

人は栄養素（タンパク質、炭水化物、脂肪、ミネラル、ヴィタミン…）を食べるわけではない。食べるのは、社会的に認知された手法に従って巧みに調理された料理で、そこには感覚、象徴、記号そして神話も盛り込まれている。料理という行為は、技術の次元のみに還元できるわけではない。料理人とは、表象的、文化的かつ審美的なレベルで——その言葉のもつ最も強い意味で——構築し、建築する者のことである。かつてないほど、未来は料理人の手の内にある。

＊1　生態的地位（niche écologique）　生態学用語。ニッチ。個体群に作用する環境的要因の総体。

(1)　ノルベール・エリアス（N. Elias）は、17世紀に始まり、ナイフの使用さえ必要としない鴨のエギュイエットにまで行なっていた、貴族による食卓でのデクパージュが消滅したことについて、徐々に進行しつつあった「文明化のプロセス」と解釈している。つまり感性の識閾《しきいき》が移り、人が自分の中に動物と同じ本性をもつと意識するようになっていったとする。『風俗の文明化（La Civilisation des moeurs）』P．194〜199　Calmann-Levy 刊　1973年

(2)　J.-P．プーラン著『食物の社会学（Sociologie de l'alimentation）』PUF 刊　2002年

＊2　レストラン・デュ・クール（restaurants du cœur）　心のレストラン。1985年にコメディアン、コリュシュの呼びかけで始まった窮乏者に食事を提供する慈善活動。

＊3　ガストロ＝アノミー（gastro-anomie）

(3)　クロード・フィシュレ（C. Fischler）著「ガストロ＝ノミー、ガストロ＝アノミー：肉体の叡智と現代の食物へのバイオ文化のもたらした危機」／『コミュニカション』誌　第31号　P．206　Seuil 刊　1979年。また、F．ニコレとE．ヴァルチェスキーニ編『農産物加工：質の経済（Agroalimentaire: une économie de la qualité）』INRA-Économica 刊　1995年に所収のジャン＝ピエール・コルボー（J.-P. Corbeau）著「様々な形態の脂肪の消費に結びついた脂肪のイメージとその質の認識」、そしてクロード・リヴィエール（C. Rivière）著『世俗的典礼（Les rites profanes）』PUF 刊　1995年を参照のこと。

＊4　ガストロ＝ノミー（gastro-nomie）

テロワールとエグゾティックの争いは？

1990年代、フランスの美食家のあいだで、作為的に対立軸を設けられた次の二つの潮流をめぐる論争が起こった。

◎伝統的フランス料理（美食と地方の伝統を含む）。

◎開かれた国際性を持つ、混血の料理。あるジャーナリストはそれを「ワールド・キュイジーヌ」[*1]と名づけた。その輝かしい最大の擁護者はアラン・デュカスである。

前者は、アメリカに端を発する大規模国際企業の管理下にある農産物加工業の攻撃が標的にしたフランスの料理芸術の守護に努めた。そして、ワールド・キュイジーヌは古典ばかりか地方料理の資産も売り渡した、と批判している。

一方でワールド・キュイジーヌ側は、フランス料理は様々な影響を受けながら築き上げられ、その歴史を通じて、絶えず他の料理から借用し、しかもそのアイデンティティを失ったことはない、と繰り返し主張する。

この論争は、食の現代化の文脈の中で捉《とら》え直すべきだ。

今日のキュイジーヌ・ドゥ・テロワール[*2]とキュイジーヌ・エスニック[*3]への関心の高まりは、料理と食べ手の間でアイデンティティを相互に与え合っていた料理文化のもとで、食べ手が不安を覚えずに生きていた、そうした仮想の「社会空間」へのノスタルジーと理解できる。

伝統、テロワール、「本物」の食材を声高に宣伝するのは、食の工業化の進展がもたらす不安や、世界化あるいはヨーロッパのようなより大きな空間の内部に組み込まれることによる、地域や国としてのアイデンティティの希薄化、こうしたものへの抵抗である。

このような現象も国際化し、今日では西欧のどこでも、地域の美食文化への関心を見いだすことができる。その性急さは、文化喪失の危機に直面して必死に民俗学的な調査を行なった1960年代の有様に似ていて、農業省と文化省は、1990年に大がかりなフランスの美食資産調査(1)を実施し、この計画はヨーロッパ諸国へと拡大していくことになる。

しかしながら、「テロワール」あるいは地方料理は、消費者はもちろん、レストラン・旅行業の関係者でも、通常の会話の中では、ごく自然に言葉の素朴な意味で「伝統的な世界」に含めている。(2)つまり、安定した、変わらない伝統に基づく、という意味で、社会変化や市場経済のもとでの流行のサイクルに対峙《たいじ》し、由緒正しい本物という意味で、「人造物」が自然の優位に立つ都市環境の中の、人工的なという言葉と相反する。

この「本物の空間」の中では、生産物や生産の実践の価値は、識別の論理ではなく、慣習の上に築かれている。

消費者の要求から浮かび上がってくるのは、文化人類学の描く、人間と自然とが調和した世界にまで高められた、他者と共生し田園的雰囲気にあふれていた、そんな失われた楽園のヴィジョンである。

地方の伝統をフランスの美食の中に再び位置づける

アンシャン・レジームの貴族社会での美食の特徴は、食の必要性とは遠くへだたっていることだ。

貴族の社会的ステータスは、高価ではるか遠方から運ばれたもの（たとえば香辛料）を消費することによって確かなものとなる。一方で民衆の食事は、生活状況の重圧に支配されていた。

中央集権化が進み、ヴェルサイユへの宮廷の移転が完了すると、地方貴族の多くが首都をめがけて集まった。このように、フランスの美食が確立していく過程で、地方性、民衆性が排除されていった。

料理の名称に地方名が付されるのは、素材の生産地である場合に限られていた。地方への関心は産物の供給先としてでしかなかった。料理はパリにしか存在しなかったかのように。

ブルジョワ料理には地方的特徴も見受けられるが、ブルジョワジーが絶えず模倣を繰り返していた貴族の料理の影響が色濃い。こうしたことは、早くも18世紀末の料理本の中に見てとれる。地方のブルジョワジーの嗜好《しこう》は、パリの貴族の料理と固く結びついていた。

農民の料理だけが、より強く生活の必要性に基づいていたがゆえに、明らかな地方的特徴を保っていた。

1790年の革命の勃発により、アンシャン・レジーム下の地方体制は崩壊した。この後、最初の食の地方化現象が現われる。食の伝統は、象徴的な意味で文化的抵抗の拠《よ》り所となった。

文学におけるオック語復興運動、そして後の様々な民俗学的な潮流の中で、言語、民族衣装と並んで、料理は地方のアイデンティティを表明するための重要な役割を演じている。言うまでもなく、だからこそオック語復興運動の先駆者たち（ミストラル[*4]、ルマニーユ[*5]、オバネル[*6]など）が戦闘的な雑誌を創刊した際に、そのタイトルにアイヨリ[*7]（Laïoli）を選んだのだ。

１９２３年、オスタン・ドゥ・クローズは、フランスの地方食の調査を試みている。彼は、地方の食事の独自性をきめ細かく分析し、微細なニュアンスの違いを浮き彫りにした。専門家はそれを郷土料理と名づけ、地域圏と県の地理的・文化的下位区分と位置づけている。

しかし、地方料理への社会学的、歴史学的、さらに文化人類学的なアプローチによって、民俗学者の素朴な料理観は粉々に打ち砕かれてしまった。たとえば、「キュイジーヌ・ドゥ・テロワール」と呼ばれているジャンルを象徴する偉大な料理は、その大部分は新世界原産の食材を使用している。

こうした新世界から持ち込んだ食材は、下ごしらえの技術や、土地の材料で構成された食システムのように、その導入以前にすでに存在していた料理の仕組みの中に、「生態的地位」をしっかりと確保してしまった。こうした例として、「トゥールーズのカスレ[*8(3)]」、「ラングドックのミヤス[*9]」、「プロヴァンスのラタトゥイユ[*10(4)]」、「フランシュ＝コンテのゴード[*11]」、「グラタン・ドフィノワ[*12]（ドフィネのグラタン）」、「リムーザンのファルシデュール[*13(5)]」が挙げられる。

ある料理の活力は、新しい食材や他の料理の影響を、いわば「ソース」役として扱って、それらを吸収する能力があるかどうかで計りうる。環境（ビオトープ[*14]の圧迫、新たな農作物の導入）、社会経済学（農業生産、加工、保存などの技術の向上）、文化（社会幻想、価値システム、社会の役割などの変化）など、こうした様々な変動要因に適応しながら、料理文化の独自性が発揮される。

エグゾティックは、その国の日常

フランスの美食の歴史をふり返ると、外国料理への関心の高まりは、今に始まったことではない。19世紀、デュボワやベルナールは『万国の料理』と題する優れた著作を著している。

しかしながら、その観点はかなり自国中心的で、フランス料理の発想で他国の料理を翻案することに、何のためらいもなかった。これら先駆者と現代の料理人の異なる点は、他国の料理を洗練させるべき「サブ・カルチャー」と考えるのではなく、インスピレーションの新たな源泉と捉えていることだ。

エキゾティックな食への嗜好は、食の世界化の中で最も肯定できる効用のひとつだが、さらに国際的な旅行業の進展の中に置き直して考えてみる必要がある。旅行はますます盛んになり、旅行料金の低下がさらなる新しい旅行先を生み出している。伝統的な主要旅行先のスペインとイタリアに、チュニジアとモロッコ、そしてタイ、マレーシア、ヴェトナムとともに極東が加わった。

食事は、旅行者を観客から演技者へと変え、いっそう具体的かつ味わい深い異文化との親密な出会いを体験することを可能にする。「食物を消費する行為は、本質的な独自性の表現である。それは文字通り肉体への同化である。おそらく同化するという行為の究極の親密さとは、口で物を消費することに、まったく独自で象徴的なプレグナンツ[*15]を与えること、そして、食材を社会空間と想像空間を旅するための、一種のマシンにしてしまうことにある」(6)。

一方、今では、肘《ひじ》掛け椅子に腰かけて…、テレビを見ながら、旅をすることができつつある。テレビの特別番組では、フォ・パ・レヴェ、ユシュアイア、タラッサなど、文化的、民俗的なルポルタージュが増加している。さらにこうした要素は、パリ＝ダカール・ラリー、世界陸上、サッカーのワールド・カップなどのスポーツ中継にまで入り込んでいる。

このようにして、テレビの視聴者は、オーストラリアの陸上選手を通してアボリジニーの文化を発見する機会を得るし、また他の出身地、例えばニュー・カレドニアの選手を通じてポリネシア文化を知ることもできるのだ。

料理、それはルセットを超えるもの

料理に不変の正当性を与えようと「唯一本物のルセット」を追求していくこと、この罠《わな》にはまらないようにしなければならない。この虚《むな》しい試みは、地域のセクショナリズムを育て、ルセットを固定してその料理を形骸《けいがい》化し、地域の美食の精神的風土を不毛なものにしてしまう。

一方、逆に茫《ぼう》とした口伝えの伝統は、個人の作り方のヴァリエーションを受け容《い》れ、女料理人あるいは料理人が料理に自分の名を冠したり、時や場所の刻印を記すことを許容する、本来こうした機能を備えている。

クロード・レヴィ゠ストロースの言葉をまねれば、「ルセットとは、そのいくつもの変異体の総体である」ということだ。そこでは、これら変異体は「逸脱」とは解釈されずに、地理、社会あるいは家族などによる微妙な違いを記した「異稿」となる。

料理と食事のしきたりは、時代や社会の基本的価値観を具体的に反映している。だからこそ、食事とは、「味（サヴール）」と「知（サヴォワール）」の言葉の混同に象徴されるように、いっそう具体的かつ味わい深い異文化交流である。地方料理と外国料理の対立という愚かしい認識を改め、幼稚で後ろ向きの姿勢で、異文化と未来とに通じる道を同時に閉ざしてしまわないかぎり、現代の美食は、フランスの食の歴史とそれを構成する社会的、文化的な要素を再評価するとともに、異文化への門戸開放も同時に行なうことができる。

＊1　ワールド・キュイジーヌ（World Cuisine）
＊2　キュイジーヌ・ドゥ・テロワール（cuisine de terroir）
＊3　キュイジーヌ・エスニック（cuisine ethnique）
(1)　この調査の実施はＣＮＡＣ（料理技術会議　Conseil des arts culinaires）に委嘱され、その結果は、アルバン・ミシェル社から『フランス料理資産調査（Inventaire de patrimoine culinaire de la France）』と題したシリーズとして出版された。
(2)　ジャン・キュイズニエ（J. Cuisenier）著『大衆の伝統（La Tradition populaire）』PUF刊　１９９５年
＊4　フレデリック・ミストラル（Frédéric Mistral）１８３０〜１９１４。オック語復興運動の中心人物。『ミレイロ（ミレイユ）』で、ノーベル文学賞受賞。
＊5　ジョゼフ・ルマニーユ（Joseph Roumanille）１８１８〜１８９１。小説家。ミストラルと共にオック語復興運動に尽力。
＊6　テオドール・オバネル（Théodre Aubanel）１８２９〜１８８６。詩人、印刷業者。同じくオック語復興運動に尽力。
＊7　アイヨリ（aïoli）にんにく入りマヨネーズ。
＊8　カスレ（cassoulet）白いんげん豆の煮込み。
(3)　J.-P.プーラン著「カスレ、ある料理の歴史」／ＣＮＡＣ編『ミディ＝ピレネーの料理資産（Inventaire culinaire

de Midi=Pyrénées)』Albin Michel 刊　１９９６年に所収

＊９ ミヤス（millas）　とうもろこし粉の粥。

＊10 ラタトゥイユ（ratatouille）　ズッキーニ、たまねぎ、ピーマン、トマトなどを使った野菜の煮込み。

（4） J.-P.プーラン&J.-L.ルイエ共著『プロヴァンスとニース伯爵領の歴史と料理（Histoire et recettes de la Provence et du Comté de Nice）』Privat 刊　１９８７年

＊11 ゴード（gaude）　とうもろこし粉の粥。ミヤスと似ている。フランス、イタリア各地に同種の料理がある。

＊12 グラタン・ドフィノワ（gratin dauphinois）　じゃがいものグラタン。

＊13 ファルシデュール（farcidure）　野菜の入ったそば粉の団子。

（5） J.-P.プーラン著『美食の地リムーザン（Le Limousin gourmand）』Privat 刊　１９８４年

＊14 ビオトープ（biotope）　生物の生活圏。

＊15 プレグナンツ（prégnance）　心理学用語。目にする像や図形などを最も単純で安定したまとまった形として知覚しようとする傾向。

（6） C.フィシュレ著『雑食人（L'Homnivore）』Odile Jacob 刊　１９９０年

Alain Ducasse　アラン・デュカス　（１９５６―）

料理人、周到な企業家、さらに巧みなマネジャーという三つの要素を兼ね備えていることで、アラン・デュカスが新しい世代のシェフのモデルであり、リーダーであることに異論はないだろう。

１９５６年９月13日生まれ。両親はタルヌ＝エ＝ガロンヌ県のカステルサラザンで牧畜と農業を営んでおり、彼は地方の産物に囲まれた環境の中で育った。早くから料理を天職と決め、16歳でランド県のスストンにあるパヴィヨン・ランデに見習いで入り、その後ボルドーの調理師学校で勉学を続けた。

１９７５年、コミとしてランド県のウジェニー＝レ＝バンにある、ミシェル・ゲラールのプレ・ウジェニーに加わった。若き料理人は、この店の洗練された優美な料理に浸って２年間を過ごした。冬になるとパリに出て、「ガストン・ルノートル」でパティシエとしての技術も学んでいる。

１９７７年の夏のシーズンには、ロジェ・ヴェルジェの「ムーラン・ドゥ・ムージャン」（コート・ダジュール）の部門シェフに就任。陽の恵みを体現した南仏の料理とともに、さらにプロ意識や古典的料理の基本をも吸収した。

２年間シャペルのもとで働いたが、シャペルは彼の精神的な師となり、また料理の根本理念を彼に授けた。「食材の選択と下ごしらえに対する厳しい目、そしてまず直感に信頼を置くこと」。

１９８０年の夏、ロジェ・ヴェルジェは、デュカスに「ラマンディエ・ドゥ・ムージャン」の料理長への就任を要請した。さらにその後、ジュアン＝レ＝パンにあるオテル・ジュアナの「ラ・テラス」の指揮もとることになった。

彼はここで新しい料理を案出し、開発していく。その才能は花開き、1986年にはミシュランの二つ星が贈られた。

1987年5月、アラン・デュカスは新たな挑戦を決意した。モンテ＝カルロのオテル・ドゥ・パリのレストラン「ルイXV」の立て直しである。70名からなるチームを解体して新たに組織し直し、その指揮をとった。ここでデュカスの料理スタイルが確立され、その個性が明確に表れた。3年後、ミシュランは彼が創り上げたレストランに三つ星を冠している。

アラン・デュカスは、とどまることを知らない活動力で、続く1995年、アルプ＝ド＝オート＝プロヴァンス県に「オーベルジュ・ド・ムスティエ」を開業。さらに1996年にはパリに「レストラン・アラン・デュカス」を創り、早くも1997年には新たな三つ星を進呈された。

卓越した技術と強烈なカリスマ性が、料理人としてのいち早い成功をもたらした。料理の基盤となっているのは、なによりも精妙にして鋭敏な味覚を駆使して選び抜いた食材である。

その料理はといえば、まず明るいラテン風、地中海風だが、そこにほのかにリヨン（骨髄）と、そしてランド（フォワ・グラ）の要素が溶け込んでいる。

だが、パリでの彼の料理は、そのパレットの上に、より多くの地方の料理の要素をのせているといえよう。オリーヴ・オイルは少し控えめにして、バターとクリームを好んで用いている。

アラン・デュカスは料理という仕事を次のように表現している。「料理とは…、束の間の芸術で、日々繰り返しの作業だが、ここに利点（技術の熟達）もあり、危険（惰性的な仕事）も潜んでいる」。

熱意と野心にあふれた若い料理長たちが周囲に集まり、アラン・デュカスは、規律、改良、変革を旨とした一つの流派を創り上げた。そのスローガンは、「知って行ない、行なって行ない、そして行なって知る」。

料理の指導者として、アラン・デュカスは新たなレストランの概念の創造へと踏み込み、パリで「スプーン・フード・アンド・ワイン」、モンテ＝カルロで「ル・バール・エ・ブッフ」を立ち上げた。

その著書を挙げておこう。『アラン・デュカスのラ・リヴィエラ』（１９９２年刊）、『地中海、料理の本源』（１９９６年刊）、『アラン・デュカスのアトリエ』（１９９８年刊）。

フランス料理に忠実に奉仕する一方、企業の熱き指導者として、世界にフランス料理の威光を示し、その復興に大きく寄与している。

E.N.

二つのガストロノミーの対立

「フランスでは、1980年代以降、実際には何の変化もない。1970年代、ヌーヴェル・キュイジーヌは、世界の料理に革命をもたらした。続く世代のシェフたちは、その成果を揺るぎないものにし、フランスの優位を確保した。だが、10年来、自己満足にひたりきった中で、フランスでの料理革新は滞っている」。これは2003年8月のニューヨーク・タイムズに掲載された記事で、ある老練な批評家の筆になるものである。さらに、パリはもはや美食の最前線にある首都とはいえず、フェラン・アドリアを筆頭とする「実験的料理」によって、バルセロナにその地位から引きずり降ろされた、と結論を下された。

これを真剣に受けとめなければならないのだろうか？　フランスの美食は、坂を転げ落ちつつあるのだろうか。

世界のあらゆる所から次世代のシェフの一群が登場するということ、それは1980年代のヌーヴェル・キュイジーヌの設定の中にプログラムされていた。地域の食文化を基盤として料理の中央集権化を行なったことにより、かえって地域ごとに美食が独立できる状況が整えられたのだ。それは結構なことではないか。高級な美食ジャンルで、フランスの自国中心主義がいささか影をひそめたにしろ、それが本物の偉大な料理人たちを害することはないし、並みの料理人にとってはかえって利益をもたらすことになるだろう。ある才能の出現が、他の才能を損なうことはないのだ。だから、フェラン・アドリア[*1]、フアン・マリ・アルサック[*2]、トマス・ケラー[*3]、ヘストン・ブルメンタール[*4]…みな大歓迎だ。

しかし、第二次イラク戦争を背景として、アメリカによって喧伝《けんでん》されたフランス嫌いの運動が起こした状況をいったん整理してみると、美食の主導権争いの背後から、より根本的な問いかけが聞こえてくる。料理の創造力の危機は存在するのだろうか？

戦争…、そしてシェフたちは

思い出してみよう。2003年春、イラク戦争が始まろうとしている。「古いヨーロッパ」の娘フランスが掲げたのは、よそよそしい熱狂。チーズの数ほどの意見があり、「統一不可能」といわれている国民が、今回に限っては驚くべきコンセンサスを示した。湧き上がるただひとつの声、それは、距離を置く、ということ。古くからの友人たちにはどう聞こえたろうか？　大西洋の向こう側では、この意見の食い違いがもとで、反フランス感情が広まり、食品と美食はそれを晴らす格好の標的となった。まず前哨戦《ぜんしょう》として、料理名のつけ替え、例えばフレンチ・フライからフリーダム・フライへの変更が行なわれた。たいした量ではなかったが、カメラを前に数本分のフランス・ワインが排水溝に流された。税関では、フォワ・グラやチーズを検査機器に通すという、さらにつまらない嫌がらせが行なわれた。

続いて、いっそう大がかりな作戦が展開される。フランスがリーダーシップを握る美食とワインに対する攻撃が始まった。まず試射ともいえる記事が出る。一例を挙げれば、『ワイン・スペクテイター』は「スペインは、ワインと料理でヨーロッパの中で最も興味を引く国となった」と取り上げた。その後、アーサー・ラボウのニューヨーク・タイムズの記事で、最初の長距離ミサイルの一斉攻撃が開始された。2003年8月8日、決定的な審判が下される。「フランス料理は惰眠をむさぼり、その間にスペイン料理が飛翔《ひしょう》した」。論旨は単純である。ヌーヴェル・キュイジーヌ以降、フランスの天の下、新しきものは何もない、ということだ。創造の牽引《けんいん》車はピレネーを越え、ラ・コスタ・ブラバに、さらに正確にいえば、カダケスに近い小さな漁師町に移った。ヨーロッパの新しい美食の先駆者を自ら任ずる、ある人物の姿が浮かんでくる。レストラン、「エル・ブリ」の才能豊かなシェフ、フェラン・アドリア。その記事内容は、絵画と料理の間の創造力の相似点を挙げている。アドリアは料理のピカソである。フランスの古典を巧みに翻案し、カタロニア料理を組み替え、いまや料理芸術の頂点に達している。この批評家が卓越した料理として焦点をあて、紹介しているのは「レール・ドゥ・セルリ」[*5]で、フランスなら「エキュム・ドゥ・セルリ」[*5]とでも表現されよう。多少一般うけをねらった食べられる手品で、美食の思想の墓場ともいえる地に繋《つな》がっている料理だ。

第二波の攻撃は2004年4月22日、イギリスから放たれる。イギリスの専門雑誌『レストラン・マガジン』は、「世界最優秀レストラン」として、少なからぬ店の格付けを行なう。判定が下った。「勝者は…、フレンチ・ランドリー」。トマス・ケラーの率いるカリフォルニアのレストランである。主催者によれば、その勝因は、「狂的なまでに細部にこだわりながら、驚嘆すべき素材の取り合わせと卓越した盛り付け」を巧みに成し遂げる能力、にある。分析は正しいと評価できるかもしれないが…。全体での第2位、ヨーロッパでは最高位のレストランは、イギリスの店、ブレイ・オン・テムズにある「ザ・ファット・ダック」。そのシェフは、ヘストン・ブルメンタール。いわゆる「分子美食学」のスペシャリストのひとりとして知られている。第3位にフェラン・アドリアが来る。4番目は、初めてフランス人、審査員は無難なところを選んで、ジョエル・ロビュションの新しいレストラン「ラトリエ」。続いて、ピエール・ガニェール、ギー・サヴォワ、*6 ミシェル・ブラス、そしてモナコの「ルイXV」のアラン・デュカス。なぜ、ニューヨークの店ではないのだろうか？

勘ぐれば、このイベントで、「新しいヨーロッパ」が、現代性という意味ではたいしたものは何も持っていない「古いヨーロッパ」を足蹴《あしげ》にした、とも取れる。それはせいぜい商業学校の2年生の書くレポートレベルの「マーケティング」でしかないのだが。

より皮肉な見方をすれば、この専門誌が、正当な判定を下すだけの申し分のない能力を備えていたのか、との批判もあろう。ふだんこの雑誌は、「コンヴィニエンス・フード」に関する新聞記事を借用して報告をリライトしたり、ロンドンの新しい建物における製造区画の新規移転計画を熱心に記事にしたり、シカゴの著名な料理用食材の製造業の工場から排出される熱風を利用したオーヴンの詳報を掲載している。

この陰鬱《いんうつ》な人々（「ふさぎ虫」と母がいっていた）は、審査員の構成、その選考の手続き、国籍は明らかにしているが…、彼らに選ばれた幸福者のリストの内、イギリスのレストランが13軒を数えるとの確信をもっているのだろうか。いつもイギリスの大レストランで食事をしていて、その結果、世界の最優秀のレストランの30％をイギリスが占めると公言できるなら…。イギリスのジャーナリストは、かなり頭がぼけているのではないだろうか？

リストを注意して調べてみると、オーストラリアからは、ふさわしいレストランとして数軒が選ばれているが、驚くことにイタリアは2軒しかない。戦争に参加したことで、かえって失望を買ったのか、あるいはもっと悪く取れば、食の世界化に対する最も味わい深い抵抗運動、「スロー・フード」[*7]が盛んだからか。ドイツはひとり（たぶん、ここも古いヨーロッパだから）。スイスは、ゼロ。フレディ・ジラルデは、後継者の一群を残さなかったのだろうか？　ケベックもなし。

『レストラン・マガジン』よ、アングロ＝サクソンの世界ばかり回りすぎていないか？　代わりに、国際的な豪華ホテルの美食レストランでその穴を埋めるというのは、何とも素晴らしいアイディアだった。香港《ホンコン》に1軒、この他にインド1、残りはドバイに1軒。しかし、これらの店はほとんどがあまりにランクが低すぎるのではないか。そしてシンガポール、マレーシア、さらにタイなどの最高水準の豪華ホテルを擁する国々もゼロなのはなぜか？

この、ドリーム・リストを見て、最も「イギリス的」で興味深いのは、日本のレストランが1軒もないということだ。「日本の」とはいっても、私もその古典的な料理「会席料理」レストランに関しては、確かなことは語れない。だが、中国料理、日本料理そしてフランス料理の各調理場での見習い期間からよく訓練された、フュージョン・フードの有能な代表者に数えられているシェフたちが、厳格な仕事をしているレストランがあるということを指摘しておこう。審査員の皆さん、すぐにヒースロウ空港に走ろう。アジアへのちょっとした旅行が必要だ。

まあ、こんな仕打ちはどうということはない。しかし、火のないところに「フュメ」はできない。問題なのは、こうした攻撃が行なわれたことではなく、フランスの批評家の側からは、批評の名にふさわしい、いかなるリアクションも起きなかったということだ。これは我々の美食の、ある種の危機の兆しと解釈できる。世界の美食の主導権争いのもととなっている、フランスとアメリカとの間の経済紛争の背後に、フランスの美食の二重の危機が浮かび上がってくる。それは、批評の危機、そして創造性の危機である。

それにしても、フランスの批評はどこへ行ってしまったのか?

ベルナール・ロワゾーの自殺以来、フランスの批評は、スタンディング・ダウン状態だ。後ろ指を指されても、自己弁護もできなかった。批評が美食のシステムにとって不可欠な役割を担い、基本的な歯車のひとつなのだという事実を思い起こさせることもできなかった。偉大な料理人たちが、そこからどれほど多くの事を学んだかも告げられず、それによって達成された業績を誇ることもまた、できなかった。

　クリスティアン・ミヨーと、「ラ・レニエール」のペンネームで活動していたロベール＝ジャン・クルティーヌ[8]との間のヌーヴェル・キュイジーヌを巡る論争、それは遠い過去のことだ。『ル・モンド』は、土曜日には美食のために幾ページかの増補を行なっていた。ジャン＝ポール・アロンは、『レクスプレス』や『ル・ポワン』に研ぎ澄まされた批評文を送っていた。アラン・サンドランス[9]はインタヴューに応じ、クロード・レヴィ＝ストロースについての意見を述べていた。これらはすべて遠い過去のことだ。

　以後、記述者（批評家と呼ぶことはできないので）は、フランス美食遺産の管理者となり果ててしまった。彼らに新たな領域の開拓を期待するのは、やめておこう。彼らの野心はそこにはないのだから。ある者は、美食と社会とを結ぶパイプ役として、食の演出術の大家となり、大物然として、食品のことだろうが、飲食業のプロのことだろうがおかまいなしに、食の名声維持に努めている。また、ある者は、料理人の善し悪しを、訳知り顔に語ることで満足している。

　ガイドブックの編集者も、衰退の片棒を担いでいる。今では前年の売上だけが、次の年の活動への前向きな目標と化している。経営者も、興味を抱くのは費用の数値だけで、フランスのレストランで何が食べられているのかなどには、関心がない。

批評の役割は、過去の遺産を保存することに留《とど》まるものではない、その機能は必要であり、不可欠でさえあるかもしれないが。批評は、時にまた、美食に繰り返し疑問を投げかけなければならない。つまり、料理人のエッセイや日頃の発言の中に表れた時代の精神に耳を澄まし、料理人の頭をよぎった社会的、文化的な閃《ひらめ》きに形を与えるのである。そして、批評家は美食に新しい秩序をうち立てることに貢献し、それに注釈を加える。美食と消費者との間に置かれたプロのインターフェイス役として、批評は料理人の仕事に方向性を与える、そうした重い責務を担っているのだ。

大革命が幕を閉じた後、グリモ・ドゥ・ラ・レニエールとブリヤ＝サヴァランが成し遂げたこと、それは、ブルジョワの美食家たちに、貴族社会のコードを利用して、フランス革命が生み出した価値観から独自のシステムを組み立てる、その可能性を提示するということだ。すべての美食が一新し、テーブルを祭壇のように飾り立てていた料理は、ルセットだけが残った。料理人とメートル・ドテルをこの革命劇の俳優とすれば、批評家は翻案家であり、演出家であった。

クリスティアン・ミヨーとアンリ・ゴーがもたらしたもの、それはヌーヴェル・キュイジーヌの発明である。彼らはミシェル・ゲラールの仕事に光をあて、料理に「発明」を復権した。続く第二ステージでは、マルク・ドゥ・シャンプラール[*10]、ジル・ピュドロウスキー、[11]クロード・ルベ[12]が先導する。彼らはヌーヴェル・キュイジーヌ・ドゥ・テロワールを提唱し、料理創造の方向を示した。そして地方料理と民衆料理という力ードを見直し、これらの長い間良き趣味の対極とされていた料理に、芸術的な料理のインスピレーションの源という役割を振りあてた。この新しい体制によって、世界中で美食が開花し、進展していくことが可能となる。そして今日、そうした料理がフランスの料理と同格の評価を要求するという、悦《よろこ》ばしい状況がもたらされた。結果的に、地域の美食の混血によって生み出されたものは「フュージョン料理」で、それを巡って、食の世界主義に対して、あらゆるセクショナリズム、そして共同体意識が対立している。

美食の創造性は、三つの要素が形づくる三角形の上に築かれている。まず一点はシェフ。技術者で、時に芸術家である。行動し、製作し、発明するが、発言することは稀《まれ》である。対する側に客の存在がある。客は導かれ、教えられる必要がある。この二者の求めに応じ、批評家は仲介者の役割を演じる。批評家は、創造に方向性を与え、認知し、そしてシェフたちのとる姿勢に仕上げを施すことに貢献する。なぜなら、シェフたちは、批評家から刺激を受けて、創造性に磨きをかけ、それを表に顕《あら》わしてゆくのだから。

スペイン料理（カタロニア、あるいはバスクかもしれないが）に、現在の成功をもたらした主な要因として、創造者と批評家との親密な関係が見いだせる。もちろん、批評家として、まず、亡きガブリエル・モンタルバ*13を挙げなければならない。彼はヨーロッパ（彼はカタロニア人と付け加えていたようだから）で最も美しい文章家で、何年もの間、美食にその身を捧《ささ》げてきた。だが、モンタルバは円熟期を前にして亡くなったが、彼が無二の存在ではなく、その後を継ぐべき新しい世代が育っていたことが明らかになっている。例えば、ガルシア・サントス*14、彼は新聞グループ『コレロ』で美食欄を受け持っている。

こうした事実からも、美食の主導権争いの問題を真摯《しんし》に受けとめなければならない。そこに含まれている政治の流れの彼方《かなた》に、世界の美食システムの変化が告げられているからだ。21世紀の初めの、料理と美食の創造力に関わる注目すべき動きとして、次のことが浮かび上がってきている。

・「分子美食学」の進展
・美食の「タパス化」
・食からの味覚の自立の試み

分子美食学

フェラン・アドリア、おなじくヘストン・ブルメンタール、ピエール・ガニェール、エミール・ユング、マルク・ヴェラ…は、「分子美食学」[*15]に対する関心を明らかにし、中には研究所の研究員を自認している者までいる。この粗雑な呼称は、フランスの著名な知識人、エルヴェ・ティス[*16]からの借用で、その呼称の背後に隠れているのは、簡単にいえば、化学と物理学の知識の料理への適用である。こうした見方からすると、この運動には長い歴史が刻み込まれていて、料理人は足しげく科学者のもとを訪問したし、それ以上に、ある種の科学者、つまり医者のもとを、仕事ができるようにしてもらうために訪れたものだ。

19世紀、科学アカデミー会長ジャン・バティスト・テナールとアントナン・カレームの間である議論が行なわれている。彼らが熱中していたのは、風味の根源とはいかなるものか、という問題であった。今日の目からみれば、その議論はかなり素朴に思えるかもしれないが、グランド・キュイジーヌは、そこからひとつのソースを手に入れた。それがオスマゾームであり、加えて厳密な思考の必要性も学んだことだろう。

1930年代には、ポミアーヌ博士[*17]が「ガストロテクニ（美食技術工学）」なる述語を発明し、調理の過程で起こる物理＝化学的現象を、科学的アプローチによって読み解こうとした。そして1980年代の初め、ガストロテクニはエドモン・ネランクによって、調理師学校の授業に組み入れられることになる。[(1)]

エルヴェ・ティスが新しく投じた問題は、料理の創造性に科学を利用することである。問題の核心は、伝統的な技術を説明するとか、食品を上手に保存するとか、栄養素を壊さないようにするにはどうしたらよいか、などということではない。どうしたら新しいテクスチャー、新しい風味を獲得できるか、を理解することなのだ。見過ごしにはできない革新的な料理を生み出したこと、それはこの運動の功績として認められる。一例として、ムースの技術に革新をもたらした「サイフォン革命」[*18]が挙げられよう。だが、エキュム（泡《あわ》）は、真の技術革命とはいえず、せいぜい食品に新しい形態を与えたというところだ。

現在、料理への科学的アプローチが反響を巻き起こし、第一線で活躍する科学者は料理に興味を覚えているにしても、その成果は料理の創造の糧にはなるだろうが、創造力そのものをつくり出すことはできない。この運動は、料理の改革の健全な源泉とはなろう。だが、料理人たちよ、どうか客にくだらない「科学者もどき」の真似をさせるのはやめにして欲しい。試験管に入った「うたかたの（泡）ソース・オ・カラメル」や「注射器から出すカタバミのジュ」など、たちの悪い指人形芝居としか思えない。少し前に、この実演の舞台となった、信奉者たちの集う巨大な建物の中で、友人の医学部の教授と食事をとりながら、彼の沈黙の叫び（彼は育ちが良いものだから）を聞いた。「やめてくれ！　これでは、ふだんパリでやってる仕事の繰り返しじゃないか」。

美食の「タパス化[19]」現象

ラボウの説明によれば、アドリアのこれまでの歩みは、三つの段階を経ているとのことだ。優れたフランス料理を注意深く翻案していた時期、あるいは植民地の料理。カタロニア料理を組み替えていた時期、あるいは原点回帰の時代。そして、自由に芸術性を発揮し、味覚の創造を行なっている時代。この見取り図で、初めの二つのステップは、ヌーヴェル・キュイジーヌ以来、偉大な料理人たちが歩んできた古典的ともいえる道筋である。最も興味深いのは、最後のステップである。これこそ我々を料理の創造性の問題へと導くのだ。

フェラン・アドリアの成功は、何に基づいているのか？　テクスチャーの革新をもたらし、いくつかのルセットの領域の拡大に貢献した技術的＝科学的アプローチによるものか？　いや、それは手段に過ぎない。彼は、常にある程度スペイン料理の源泉を活用してきた。そして、いまやスペインの料理文化は、時代の精神と同じ位相にある。社会性のない嫌らしい「グリニョタージュ[20]」ではなく、スペインでは少量ずつ食べる習慣があった。タパス[21]である。タパスは社会性をもって料理された「グリニョタージュ」だ。アドリアの料理の根はタパス文化にあり、そしてそれが、少量ずつ食べるという現代の食嗜好《しこう》と出会ったのだ。アドリアから借用した小グラス、中国スプーンへの盛り付けは、我々のカクテルや豪華な食卓の開始部分に取り入れられている。こう考えると、アメリカ人が、なぜグリニョタージュ的な料理に強い感銘を受けたのかも、よく理解することができる。

ヌーヴェル・キュイジーヌは、地域文化をインスピレーションの源としていて、このスタンスをとれば、必然的にこの種の成功例が生まれ、美食の自民族中心主義が各地で頭をもたげるはずだったわけで、それは悪いことではない。

フランスの日常の食生活においても、摂食回数の増加と食事の簡素化が進行している。我々はこれを食の浮遊化[2]と名づけている。長い間、美食は安定的な食事構造を背景にして、変化を免れてきた。日常の食生活が変化したといっても、週末の食事、祝い事やことに美食のための食事、こういった時は昔ながらの食事のスタイルが幅を利かせていた。しかし、１９８０年代の初めに、ムニュ・「デギュスタシヨン」が登場してからは、皿数の増加と少しずつ多くの料理を食べるフランス式サーヴィスへの回帰、という流れを確認できる。料理のポーションは小さく、皿数は多く、ではあるが、まだ料理は一皿ごとにサーヴィスされている。ここまでは、従来通りの通時的なメニュー構成のままであった[3]。

共時的サーヴィスの流れは、まずデザートから始まる。トロワグロ兄弟の「レーヴ・ダンファン（子供の夢）」あるいは「グランド・ザシエット（大皿盛り）」で、さらにメニュー自体も、ムニュ・デギュスタシオンへと移行させていった。ポーションはより小さくなり（ホメオパシー的と中傷されていた）、料理のリストは拡大していった。偉大なシェフが取り仕切る建物の中での、創造的な料理との出会いにふさわしい設《しつら》えではある。

たとえば、マルク・ヴェラのように、料理の数を増し、四、五回に分けて一連の料理をサーヴィスするのが現在の趨勢《すうせい》だとすれば、今日の食事はロシア式サーヴィスと昔のフランス式サーヴィスとの中間の形態をとっていることになる。

スペインと北米の批評家が企《たくら》んでいる「スペイン・シェフ」作戦では、ことさらにスペイン料理に「現代芸術」という注釈がつけられる。この分析はいささか「陳腐」な感じがするだけでなく、見過ごしにできない危険性をはらんでいる。つまり、美食の領域で味覚と食の断絶が生じている状況がうかがえるのだ。この断絶については、すでに１９８０年に、ジャン＝ポール・アロンが「一般事例としての文化と特殊事例としての料理における氷化現象について」[4]と題する遺作の中で、警戒を促していた。そして、ピレネーの彼方と大西洋の向こう側の批評家諸氏、また、とりわけ創造的たらんとしている世界中の若いシェフたちに、ぜひともこの本をお読みになることをお勧めする。この作戦は、彼らが称《たた》えているシェフたちの成功の原因そのものに、危険かつ誤った騒乱を引き起こすように思える。

美食の迷走

危険な騒乱という意味は、これによって美食に、味覚上の退行現象が起こりかねないということだ。ニコラ・ドゥ・ボンヌフォンが提唱した料理の原則、「キャベツのスープはキャベツの、ポワローのスープはポワローの味がする、食する物はすべてかくあるべし」、ここから我々は遠ざかってしまっている。かつては、美食の発展にこの原則がどれほどの重要性を持っているのかは理解されていた。味を創造性の発展の基軸に据えることによって、美食が誕生した。しかし、この時点では味は食という行為に従属し、奉仕する立場であった。

美食の迷走は、美食体験の中で味覚が食べるという行為に優越するようになる、この瞬間に始まった。食べるということが、食事をする理由であることをやめてしまったのだ。試食の際にも、最も重要な段階は、口に入れるその瞬間になった。そして、飲み込んだ後にくる、感覚の融合や統合という価値観は、美食の地平からは消え去ってしまった。

こうした傾向は、ワインが先行している。19世紀まで優勢だった、ワインが飲み手に及ぼす効果を含み込んだ、ワインと酩酊《めいてい》の文化から、ワインへの関心が味覚の次元に集中する感のある、ワインの味の文化へと移行してしまった。だから、今日のワイン分野での危機の大部分は、味覚の迷走に関わるものだ。

料理の分野では、こうした流れは、小ポーションの料理の増加現象に表れている。これは小さな味覚体験といったところだ。メニューは拡大し、30あるいは50品もの一口大の料理を並べている。それぞれは、「食べる」というには充分でないが、独創的な味、香り、テクスチャーの組み合わせをあらまし感じとるには、ちょうどふさわしい分量である。ここでは、味覚が食べるという行為に優越している。料理人たちは決まりきった食べ物の領域を広げようと、さかんに香草、香料、野生の野菜を料理資源として利用したり、新たにテクノロジーによって作り出された資源の助けを借りたりしている。こうした方法が、革新のテコになるにしても、すぐに不快感を催させるような使い方は、やり過ぎというものだ。食物は、味覚の領域のみに還元できるものではなく、物理的にも象徴的にも同化作用を伴うものなのだ。食物を感覚の運搬役とすれば、料理人は建築家である。彼らは、食物を成型し、社会的経験を背景にして、料理を造り上げるのだ。

オースタン・ドゥ・クローズに始まった、料理の源泉を地域に求めるという運動、これはもはや限界にまで来てしまったのか？　鉱山にたとえをとれば、その文化的鉱脈は掘り尽くされてしまい、現代の料理人はテクノロジーに目を向けるしかないのだろうか？　いや、今日の事態は、むしろ鉱物の、つまり文化そのものの危機なのだ。ここ20年の間、いくぶんかの幸運も手伝って、料理人は、気ままにとりとめもなく知識を掘り出していた。しかし、いまや料理人は食物にふさわしい社会科学分野、歴史はもちろん、社会学、地理学、文化人類学、心理学などの成果を、美食に利用すべきである。農業にたとえるなら、収穫の経済から、耕作（文化）の経済へと移行するときが来たのだ。

たまたま仕事の都合で、3日の間を置いて、マルク・ヴェラのレストランと、ポール・ボキューズとその側近の「M.O.F.」が食事を用意する、メリリュー・エ・ロトシルト生命科学基金の催しに訪れたことがある。何たる才能だろう、この二度の食事で出会ったものは…、才能の濫用とさえ言いたくなるような料理。

ヴェラは、数え切れないほどの体験を提供してくれた。老練な目と口には、「うたかた」とはいえないほどの名声を獲得した料理名の背後に、真に「偉大な」料理人のみが可能な、練達した技術を見いだすことができる。しかし、大きな感動とともに、いまも蘇《よみがえ》ってくるのは、後者の食事である。そこには、単に味覚の体験だけではなく、人を育《はぐく》む、そんな食事があった。

批評家の中から、幾人かの先導者が現われ、料理人を秩序へと立ち戻らせ、料理人は忘れず「料理」を、本物の、唯一の、食べられる料理を作る、そんなときはやって来るのだろうか。

＊1　フェラン・アドリア（Ferran Adria）　スペイン・カタルーニャ「エル・ブリ」（閉店）のオーナー・シェフ。その革命的料理は現在のガストロノミーに多大な影響を及ぼしている。

＊2　フアン・マリ・アルサック（Juan Mari Arzak）　スペイン・バスクの同名のレストランのオーナー・シェフ。

＊3　トマス・ケラー（Thomas Keller）　アメリカ・ナパ「フレンチ・ランドリー」等のオーナー・シェフ。

＊4　ヘストン・ブルメンタール（Heston Blumenthal）　イギリス・バークシャー「ザ・ファット・ダック」のオーナー・シェフ。

＊5　レール（エキュム）・ドゥ・セルリ（l'air (écume) de céleri）　セロリのジュにレシチンを加えて粘性をつけ、高速ミキサーで泡立てる。アドリアが開発して広まった従来のサイフォンで作る泡（エキュム）に比べて、より軽い泡になる。

＊6　ギー・サヴォワ（Guy Savoy）　パリの同名のレストランのオーナー・シェフ。

＊7　スロー・フード（slow food）　イタリアで始まった運動で、著述家、歴史家、社会学者、文化人類学者、食研究家、料理人、ワイン愛好家、食物愛好家…、などが土地に根ざした食事法の擁護のために集まった。この言葉はファスト・フードに対するものである。今日では、この運動は50ほどの国に及び、7万人以上の会員を擁して、その名を冠した美

麗な雑誌も刊行している。

＊8　ロベール＝ジャン・クルティーヌ（Robert-Jean Courtine）　料理研究家。『ラルース料理大事典』（1984年改訂版）の編纂者。

＊9　アラン・サンドランス（Alain Senderens）　パリ「ルカ・カルトン」の元オーナー・シェフ。

＊10　マルク・ドゥ・シャンプラール（Marc de Champerard）　料理批評家。『シャンプラール・ガイド』を刊行。

＊11　ジル・ピュドロウスキー（Gilles Pudlowsky）　料理批評家。フランス各地のビストロ・ガイド『ピュドロ』シリーズを刊行。

＊12　クロード・ルベ（Claude Lebey）　料理ジャーナリスト、料理関係書籍編集者。

＊13　ガブリエル・モンタルバ（Gabriel Montalba）　スペイン・カタルーニャの料理ジャーナリスト。

＊14　ガルシア・サントス（Garcia Santos）　スペイン・バスクの料理批評家。

＊15　分子美食学（gstronomie moléculaire）　エルヴェ・ティスが提唱した科学を創造力の源とする料理。

＊16　エルヴェ・ティス（Hervé This）　物理学者、調理科学者。分子美食学を提唱し、料理界に多大な影響を与える。

＊17　ポミアーヌ博士（Le docteur de Pomiane）　1875〜1964。医学者。パストゥール研究所所長で美食にも関心を寄せる。

（1）　E.ネランク著『料理の才能（Le génie culinaire）』Éd. Lanore 刊　1996年

＊18　サイフォン革命（révolution de la bouteille à siphon）　サイフォンはオーストリア製の調理器具で液体に亜酸化窒素などのガスを注入し、ムース状の泡（エキュム）を作る。フェラン・アドリアがこの器具を使った料理を開発し、多くの料理人が影響を受けた。「エル・ブリ」の料理の象徴ともなっている。

＊19　**タパス化（tapearisation）**　この語はスペイン語の動詞の「タパスを食べる tapear」、「タパスを食べに行こう va mos a tapear」からの造語。
＊20　**グリニョタージュ（grignotage）**　つまみ。少しずつかじること。
＊21　**タパス（tapas）**　スペインのバールなどで出す、酒の肴的な小皿料理の総称。
(2)　J.-P.プーラン著『食物の社会学』PUF 刊　2002年
(3)　ここで使用している語彙は、クロード・レヴィ＝ストロースによるもので、次々に料理を出すものを通時的（diachronique）食事構成、すべての料理を一緒にサーヴィスする方法を共時的（synchronique）食事構成として区別している。
(4)　J.-P.アロン著「一般事例としての文化と特殊事例としての料理における氷化現象について」／J.-P.コルボー博士編『栽培、食物：幻想世界のインターナショナル（Cultures, nourriture, L'internationale de l'imaginaire）』（『バベル』叢書　Actes Sud 刊　1997年）のP.33～41。さらに、このテキストに付された「あとがき」を参照のこと。

Pierre Gagnaire　ピエール・ガニェール（1950―）

輝かしい革新者であり、ジャズと現代絵画の熱烈な愛好家でもあるピエール・ガニエールは、料理製作にもその個性を反映させている。ガニェールは凝りすぎた創作料理に別れを告げ、絵画のアンフォルメル派ともいうべき方向を、料理に打ち出した。

ピエール・ガニェールは、1950年4月9日、ロワール県の緑豊かなオー＝フォレにある小村、アピナックに生まれた。14歳の時、夏のヴァカンスを使ってサン＝テチェンヌの製菓店「デュシャン」に赴いた。次の年の夏、コロンジュの大レストラン、「ポール・ボキューズ」の厨房《ちゅうぼう》に入った。彼は見習い期間を、リヨン料理の重鎮、ジャン・ヴィニャールのもとで過ごした。ヴィニャールのもとでは彼に先立つ数年前、アラン・シャペルも研修している。ガニェールはこの師匠のもとで優れた教育をほどこされ、ローヌ県の最優秀見習いのタイトルを獲得するにいたる。

1972年、パリのオルリで「マキシム」の調理場の一員となった。次の年には、ジャノン料理長率いるパリのインターコンチネンタル・ホテルに移り、さらに1974年には、パリで美食のメッカとなっていた、マドレーヌ広場にあるミシェル・コロンビの「リュカ・カルトン」に入った。ガニェールは、この大組織の伝統的な仕事場での、厳格で味気ない雰囲気にはなじめなかった。こうした厨房の形態が彼には合わなかったのだ。そもそも、それまでも若さと情熱の命ずるままに生きるより、家族の意向を従順に受け入れていた。

1976年、彼はサン・プリエ＝タン＝ジャレにある家業のレストラン「ル・クロ・フルリ」に戻った。そしてエスコフィエの『料理の手引き』の詳細な研究が、彼の技術的な基盤となった。彼の名声のおかげで、レストランはミシュランの一つ星を得る。

様々な問題を認識して、次第にガニェールの意識は変わっていく。アラン・シャペルのメニューから、料理表現の大事さを知らされた。ある日のシャヴァンの店での昼食で、それを確信することになる。そこではごく個性的な考え方に基づいた料理が成功を収めていたのだ。さらに、トロワグロ兄弟の和やかに微笑んだ写真は、この仕事が幸せをもたらすことができることを明らかにしていた。

1981年、サン＝テチェンヌに店を構え、ついに彼の若さと情熱のおもむくままに思索を巡らすことができるようになり、その料理は比類なく、個性的、独創的なものになっていった。彼の料理は評論家をも魅了し、驚嘆させ、啓発した。アメリカや日本に招かれ、その名声は国外でも確固たるものになる。フランスでは、1986年にその才能を称え二つ目の星を与えられた。

料理と内装のより高度な調和をもとめて、富豪の邸宅を購入し、そこで目覚ましいばかりの食空間を創出した。

彼の創造力は、審美的だが遊び心に満ち、そこから生まれる料理は完璧《かんぺき》な芸術となる。それに対しミシュランは1993年に三つ星で報いた。しかし、もともとビジネス環境は良いとはいえず、旅行コースからもはずれていた上に、地域経済の悪化が加わって経営は困難になっていき、ガニェールはついに1996年に店の継続を断念する。しかし忠実な顧客に支えられて、パリに店を構え、再びミシュランの三つ星を獲得した。

ガニェールの創造は、直感と想像力の融合である。料理は感性の表出で、その形・色は、無秩序な外見の中で煌《きらめ》いている。現代絵画に触発され、その皿全体がカンバスになり、その上で様々な色とフォルムが巧みに混ぜ合わされている。「視覚によって恍惚《こうこつ》となった後に、その絵の連なりの中から味とテクスチャーが立ち現われ、そのとき料理は完成される」。

一方、通常の作業の積み重ね、正確かつ適切な下ごしらえ、これが料理人としての彼の規範となっている。「料理を手品にする必要はない」。

料理と現代絵画を熱愛するピエール・ガニェールは、とりわけ偉大な芸術的料理人でありながら、常に食材に気を遣い、技術的要求が厳しく、かつケレン味に富んだ料理人であり続けている。

E.N.

Marc Veyrat マルク・ヴェラ (1950—)

サヴォワの山人の象徴である黒い帽子をかぶる、有能な伝統への反逆者マルク・ヴェラ、彼がフランス料理の21世紀への確かな歩みを先導している。

前衛的ではあるが、本物の素材と、そして料理を理解する上で不可欠なアイデンティティとに強いこだわりを持ち続けながら、彼は料理に新しい風を吹き込み、フランス料理の覇権を掌握した。

マルク・ヴェラは、1950年にオート＝サヴォワのナンシーに生まれたが、その幼年時代を送ったのは、クリュザとコル・デ・ザラヴィスに挟まれた標高1800mの高地、マニゴにある家族の農場だった。女性たち（母と祖母）の料理が彼の心を捉《とら》えていた。家にハンターたちのために数室の客室を設えるが、これが彼が天職に目覚めるきっかけとなった。広い大地で自由に過ごしてきたヴェラにとって、料理の見習いは辛《つら》いものとなった。繰り返し続く厳格な作業にうんざりしながら、アヌシーのレストランを回ったが、成果は上がらなかった。

失意のうちに19歳で実家の農場にもどり、土地の若者たちと同じように、羊飼いとスキーのインストラクターとして過ごすことになった。

しかし、そうした生活への激しいいらだちに絶えず襲われていた。彼の望みは料理人になることだった。

そして1978年、コル・ドゥ・ラ・クロワ・フリにある彼の家で、小さなレストランを始める。料理は、その地方でとれた材料を煮込んだものだった。美しいサヴォワの調べのようなその料理は、周囲の環境にうまく溶け込んだ。

彼は旺盛《おうせい》な好奇心の持ち主で、社会が変化し、食に新たな需要が生まれつつあることを察知していた。そして、ミシェル・ゲラールの『太らない高級料理』に触発され、創造的な料理を試みて成果を上げていった。

商業、旅行のルートから共に遠くはずれていたため、ヴェラは経営的な壁にぶつかる。かくして、その隠れ家を出て、アヌシー湖のほとりへ降りることを決意し、小さなヴィラを開業した。

それは1985年のこと、彼の才能は世に知られ、成功は目の前にあった。そして彼はミシュランに認められ、立て続けに一つ星、二つ星を獲得していく。

レストランの高級化には宿泊施設は重要な要素で、それゆえ、マルク・ヴェラにも数室が必要だった。彼はその湖から離れることをせず、1992年ヴィリエ・デュ・ラックに「オーベルジュ・ドゥ・レリダン」を開いた。エリダヌス（エリダン）の星座を選んだのは、来るべき星々の兆しだったのか、早くも1995年には三つ星に輝き、ヴェラは大料理人たちの間に確固たる地位を占めた。

マルク・ヴェラは、偉大な芸術家、アイディアに富んだ事業家であり、絶えずより以上の美と、そして本物を求める。そんな彼も財務面では苦しんだが、堅実に粘り強く、こうした不安も克服していった。

店は季節営業であったため、補完する事業が必要となる。そのカリスマ性と独創性は人々を魅了し、レストラン関連の大企業の要望で、キッチンのそばに、このグループのシェフたちの研修のための階段教室を作った。フランス内外でのコンサルティング活動や数多くの事業への関与によって経営の多角化を遂げた。

次に冬の活動の拠点を築こうと、1999年12月、新たな挑戦としてメヴェージュに「ア・フェルム・ドゥ・モン・ペール」を開いた。マニゴの一家の農園を鏡に映したような、このレストラン＝博物館は、サヴォワの魂を崇《あが》める人々が訪《おと》なう巡礼の地となる。

2001年3月、この挑戦の勝利が確定した。新たに三つ星を得て、マルク・ヴェラは、ラ・メール・ブラジエ、アラン・デュカスのみが入会したことのある、三つ星2店所有という極めて閉ざされたクラブの仲間入りを果たした。

マルク・ヴェラは、新たな目標に向かって歩き出す。それは多くの人々に、アルプスの草木と香草を知らしめ、彼の情熱と技術とを伝えることだ。開業後は仕事の数を抑えていたこともあって、レストランから外れることもなく、この目標を成し遂げた。1995年、最初の著作『味の道化師』を出版。さらに1997年には友人の植物学者クープランとの共著で、『食用植物図鑑』を刊行した。

そして2003年、ついに『21世紀料理百科事典』を上梓《じょうし》する。これは「伝記と伝統的ルセット」、「植物誌」、「創造的ルセット」の3巻からなる大著である。ラジオ、テレビは、地域のアイデンティティの熱心な擁護者にして味の魔術師である、この能弁な料理人をこぞって取り上げた。

マルク・ヴェラは独学で料理を学んだが、創意に富み、その仕事ぶりは情熱にあふれ、ごまかしがない。

彼の料理は偽りない本物の食材を基盤とし、それを野生の植物（「私は皿の上に自然を盛る」）や、ムース（エキュム：泡そのもの）のような新しい料理表現やサーヴィスの形態に結び合わせている。美食家が自ら注射器でソースをかけて、味を調整するのは、こうしたことの結果である。

夥《おびただ》しい数の料理例がある。カボチャのスープ、うたかたの背脂入り（背脂のエキュム）。アンチョビのロースト、ポレンタのフライ、パルメザン・チーズのゼリー添え。子鴨の切り身、モミの樹液、香辛料のきいたカラミント風味。アヌシー湖のペルシュ、モミのアンフュージョン、樹液のエキュム、シナモンの香り。

マルク・ヴェラの黒い帽子と白いコック帽は、彼の歩む二つの「道」の象徴で、対立ではなく、それぞれの補完関係の表現である。

伝統を重んじる料理人たちは、カレームとエスコフィエの古典的料理の延長線上で、料理技術をさらに高め、巧みにそれを発展させた。マルク・ヴェラは自由電子のような存在だ。彼は、料理に情熱を傾け、最新の調理器具に精通し、料理にいっそうの活力を与え、革新へと導くが、変わることなくフランスの良き美意識に敬意を払うことを忘れない。

E.N.

料理名にまつわる由来小事典

A

abricots Condé　アブリコ・コンデ（アプリコットのコンデ風）

アプリコットのコンデ風のルセットは、1845年、ロベールの著書『簡素化した料理』の中に初めて現われる。

高名な料理人である著者は、パリのオテル・ドワニーのレストランの創設者である。後に、エリゼのミュラ公の館で監督官も務めた。カレームと仕事をしたこともある。

果物のコンデ風の創作の由来については、フィレアス・ジルベールがデュラン料理長のもとで見習いをしていたころ聞いた話を書き残している。

ある正餐のメニューに、米のクロケットに続いてアプリコットのコンポートがのっていた。メートル・ドテルが誤ってこの二つを一緒に出してしまった。偶然の結びつきが成功を収め、ひとつの料理として残ったのである。この事件が起こったのがコンデ邸で、料理はもちろんコンデ公に献呈された。発明者となったのが料理長のフィエだったことがわかる。

américaine　アメリケーヌ（アメリカ風）

甲殻類の大漁場であるブルターニュ地方を表す「アルモリケーヌ」という語が使われることもあるが、正しい名称は「アメリケーヌ」である。

一般的な見解としては、この調理法はセート出身の料理人ピエール・フレスの考案であるとされている。フレスは1854年頃アメリカから戻って、パリのパッサージュ・デ・プランスに店を開いた。当時の英語ブームに便乗して「ピーターズ」という看板を掲げ、もともと「ボルドー風」のオマール料理を、アメリカ風に仕上げたのである。

レストラン「ボンヌフォア」（1853—1870）のシェフ、コンスタン・ギヨのメニューには、すでに「オマールのアメリカ風」という料理名がのっている。また、ジョッキー・クラブでシェフを務めていたジュール・グフェは（1867年）、A.デュマの『料理大事典』にこの名称をとり上げた。

Anna　アンナ

19世紀に高級娼婦として名を知られていたアンナ・デリヨンに捧げて、パリの「カフェ・アングレ」の料理長アドルフ・デュグレレが、薄切りのじゃがいもでうっとりするようなギャレットを創作した。

アンナ・デリヨンは、名の通った「ココット（高級娼婦）」たち、コラ・パール、セレスト・モガドール、ブランシユ・ダルティニらとともに「リヨンヌ（牝ライオン）」などと呼ばれて、第二帝政時代のパリのレストランの特別室を騒がせていた。

B

baba　ババ

ポーランド王スタニスラス・レクザンスキーは、1720年頃ロレーヌ地方に隠遁していた。引退生活の楽しみといえば食卓のことばかりで、中でもクグロフを焼くことが大のお気に入りだった。

発酵生地は、ポーランドあるいはオーストリアに由来するものがほとんどである。新しいもの好きの王は、オーヴンから出したばかりの菓子に砂糖をまぶしてラム酒をふりかけ、プラム・プディングの要領でフランベしてみた。そのでき上がりに感動した王は、この新作を「千一夜物語」にちなんで「アリ・ババ」と命名した。

数年後、リュネヴィルの菓子職人ストレがパリに上りモントルグイユ通りに店を構え、この菓子を香りづけしたシロップに浸して一段と洗練された味に調えた。このスペシャリテのおかげで彼は一躍成功を収める。その後、パリっ子の耳にはやや馴染みにくかった呼び名が、「ババ」と変わっていった。

Du Barry　デュ・バリー

1743年、ヴォクルールに生まれたデュ・バリー伯爵夫人はルイ15世の最後の愛妾である。輝くばかりの美貌を持ち、官能的で、ぬけるような白い肌をしていた。ここから、白く仕上げる料理のほとんど、特にカリフラワー料理には彼女の名がつけられる。

デュ・バリー伯爵夫人が王を迎えるルーヴシェンヌの館は、秘かに食事をするために、建築家ルドゥーの設計で、テーブルが動き、階下の調理場に夫人自ら直接行き来ができるような仕掛けがほどこされていた。

béarnaise　ベアルネーズ

ソース・ベアルネーズは、コンフィとガルビュール（鵞鳥とキャベツのスープ）の国、南西フランスのベアルン地方の料理とは何の関係もない。

このソースの歴史は古い。16世紀の手引書にすでに登場しているが、生まれた場所は明記されていない。

語源としては三つの説がある。

1．ベアルン地方出身の料理人の考案。

2．サンジェルマン＝アン＝レにある「パヴィヨン・アンリⅣ（ベアルン出身）」というレストランのスペシャリテだった。

3．このレストランの旧名が「ル・ベアルネ」だった。

béchamel　ベシャメル

この有名なソースの誕生には、ベシャメル侯爵が関係しているとするのが一般的である。しかし、彼の息子に仕えていた料理人が発明したという説のほうが、真相に近いように思われる。

フロンドの乱（1648―1658）の間に莫大な富を蓄えたルイ・ドゥ・ベシャメル（Béchamelle, Béchameil とも綴る）は、ルイ14世の兄弟の一人から、「王のメートル・ドテル」の地位を買い取った。その奉公ぶりが認められてノワンテル侯爵の名を賜る。しかし彼の出世欲は多くの敵を作った。ある時など、グラモン公爵にパレ・ロワイヤルの裏手で蹴飛ばされるが、人違いだったと謝ってすまされてしまったこともある。

彼の息子はヴァランティーヌ・ドゥ・ヴァルモンと結婚し、二人は多大な時間をご馳走に費やす。ヴァランティーヌは、金婚式の宴会での食べ過ぎがもとで亡くなった。ベシャメル侯爵（息子）は90歳になってヴァランティーヌと天国で再会を果たし、ようやく二人きりで永遠の食卓についた。

belle meunière　ベル・ムニエール

「舌平目のベル・ムニエール」は、マリ・キャントンの創作である。彼女は、その瞳と笑顔の魅力で、「ベル・ムニエール（粉屋の器量良し）」と呼ばれていた。オリジナルのルセットでは、シャンピニョンの薄切りと生のデュクセルとともに舌平目をプレートにのせ、パン粉を振りかけバターを散らして、オーヴンでゆっくりと焼く。

彼女は生まれ故郷のロワイヤのレストラン「レ・マロニエ」の店主として、この店の名を上げた。客の一人に有名なブーランジェ将軍がいた。失脚の後クレルモン＝フェランの駐屯隊に配属されていたのである。彼が退役してこの地を発ってまもなく、1888年に「ベル・ムニエール」はパリに上り、アンタン堤にレストランを開いた。おそらく、メニューの一部を占めるオーヴェルニュ料理のおかげで、店はすぐに繁盛した。マリは素晴らしく腕のいい女料理人だったのである。

いつまでも元気者のマリは、1901年ニースにくだり、料理長にルッキを迎えて今度は「ベル・ムニエール」というレストランをはじめた。

この店を閉めた後は、活動的な人生に区切りをつけて故郷のロワイヤに帰った。

bijou　ビジュー

「ビジュー」は1860年代、調理場の下働きたちの大きな収入源となっていた。

パリのレ・アール中央市場の片隅には、調理済みの肉を売る「ビジュティエ」と呼ばれる連中がいた。レストランやブルジョワ屋敷の残飯を並べて売っていたのだ。毎朝夜明け前から、「ビジュティエ」はめぼしい調理場をめぐり歩いた。こうしてレ・アールに戻って来ては、雑多な料理をより分けて組み合わせた。ピエロの衣装のような、バラバラな寄せ集め方から「アルルカン」の名がついたのである。略して「アルロ」という表現は、調理場で残り物や売れ残りの意味で、今でも使われている。この商売には警官の目が厳しく光っていた。

一皿の値段は中身によって決められて、あまり見映えの良くない品は「ウイユール」と呼ばれ、非常に安い値段で売られた。

biscuits à la cuillère　ビスキュイ・ア・ラ・キュイエール

ビスキュイ・ア・ラ・キュイエールの名は、焼き上げるときの形からつけられた。この生地は、もともと1540年カテリーナ・デ・メディチ（1519—1589）の菓子職人がフランスに持って来たのである。1811年頃、タレーラン公の菓子類を受け持っていたカレームに、公のほうから注文が来た。この外交官だけが、当時大流行していたコーヒーを飲まずに、グラス一杯のマデラ酒を賞味する習慣をもっていた。そのときにビスキュイを添えることにしていたのである。しかし当時の大きなビスキュイは、ワインに浸して食べるには、扱いづらく、エレガントともいいがたい。

そこで、公はカレームに改善を求めたのである。ボルドーでは少し前からアントルメを飾るために絞り袋を使っていた。それを使ってカレームはビスキュイを細長く絞り出した。こうしてできた新型のビスキュイはタレーランの大好物となった。
その後、漏斗の発明でこのやり方を改善したのはラーヌである。さらに１８４６年以後、口金つきの絞り袋が登場し、一層能率的に作れるようになった。

bûche de Noël　ビュッシュ・ドゥ・ノエル

ビュッシュ・ドゥ・ノエルは、１８７９年、パリのビュシ通りの菓子店「サンソン」のシェフ・パティシエ、アントワーヌ・シャラドが創作した。創作当時、ビュッシュは特別な型で焼いて、バタークリームで飾ったビスキュイだった。ビスキュイをくるっと巻くのは後から登場したヴァリエーションで、栗のクリーム、シャンティイ、チョコレートのムースで仕上げに変化がついた。冷たいビュッシュは現代風バージョンである。

地方の昔ながらの薪（ビュッシュ）はケーキのビュッシュにとって代わられて、パリではめったにお目にかかれなくなってしまい、地方出身者は残念がっている。

クリスマスに、暖炉にくべる前の薪に穴をあけて、お菓子や思いがけない贈り物を隠しておく風習もあった。どの地方にも、それなりの習わしがあったのだ。一般的にいって薪に火をつけることは、それだけで一つの儀式だった。うまく火がつくように薪は慎重に選ばねばならない。火がつかないのは、縁起が悪いのである。

火をつける前におばあさんが薪に神の恵みを祈り、ワインや油や塩を振りかける。去年の燃えさしを使って薪にひとたび火がつくと、子供たちをおもちゃやボンボンのあるところへ連れて行く…。

火を落とした後は燃えさしをとっておいて、リネンの中に忍ばせておく。それは、雷や火事、夫婦喧嘩のおこらないためのお守りなのである。

C

carolines　カロリーヌ

19世紀初頭、名菓子職人コクランはパリのジャン＝ジャック・ルソー通りに店を構えていた。創造力というプロとしての優れた素質に恵まれて、次々と新製品を生み出しては名を高めた。

一方、この菓子職人は恋愛遍歴も華やかで、征服した女性は数知れない。そのうちの一人がマキシムで客たちの目を引いていたスペイン人の踊り子、通称「ベル・オテロ」である。色男の菓子職人は、ちょうど創作したばかりの小さなエクレアを彼女に捧げ、そのファーストネーム、カロリーヌと名づけたのだった。

Chambord　シャンボール

鯉料理につけられるこの名については料理コラムを大いに賑わした。「鯉に豚の背脂をピケする」とか「釘形に切ったトリュフを刺し込む」など、いくつかの解釈があることは周知のとおりである。また液体は白ワインか赤ワインか。論争は尽きない。

幸いなことに語源については一致している。1530年頃シャンボール城で、フランソワ1世の命で催された大宴会のために考え出された調理法である。壮麗な城には豪華で豊富な付け合わせ、リ・ドゥ・ヴォ、雄鶏のとさかや腎臓…こそふさわしい。またカレームは「当世風鯉のシャンボール」として、より現代的な取り合わせで仕上げている。

Champeaux　シャンポー

この名称を聞くと、1179年、パリの中心、今でも「プティ・シャン」と呼ばれているあたりにできたパリ市場を思い起こさせるが、語源はレストラン「シャンポー」である。このレストランは証券取引所の近くに建てられ、1843年には大衆に人気を博していた。出していたのはしっかりした家庭料理だった。しかし、「若鶏シャンポー風」を考案した料理人カトランによって、徐々に美食にも手を伸ばしていった。また大料理人マルグリや、数々の古典的著作を後世に残したペラプラも「シャンポー」の調理場に立ったことがある。

Chantilly　シャンティイ

この卓越したクリームの考案者は一般にヴァテルとされている。しかし、カテリーナ・デ・メディチの菓子職人がすでにエニシダの枝を使ってクリームを泡立てていた。

ヴァテルがこの素敵なホイップ・クリームを世に知らしめたのは、フーケが自分のヴォー＝プラスラン城にルイ14世を迎えての宴を催したときのことだった。このときはツゲや柳の小枝で泡立てたということだ。何年か英国やベルギーで亡命生活を送った後、ヴァテルはシャンティイ城のコンデ公のもとに落ち着き、10年後にこの地で亡くなった。

charlotte　シャルロット

シャルロットは、イギリスでとても人気のあった昔のアントルメである。作り方はフランスのりんごのシャルロットと変わりがない。食パンの薄切りを型に敷き詰め、りんごのコンポートをたっぷりと入れて、シナモンとレモンの皮でアクセントをつける。

国王ジョージ3世の妻シャルロット妃を讃えてこの名がつけられた。

アントナン・カレームはシャルロットの形をとても気に入っていた。食卓をシンメトリーに構成するという彼の考えに、完璧にあてはまったからである。ただし、素材が少々重すぎるように思われた。カレームは食パンをビスキュイ・ア・ラ・キュイエールに、コンポートをバヴァロワに取りかえた。これが、パリ風シャルロットで、後に流行の影響でロシア風と名を変えたお菓子である。あてにならない逸話が語るには、パリ風シャルロットが初めてお目見えしたときに、シャルロットはあまりに内気だったために消え入ってしまったそうである（ゼラチンが足りなかったのだろうか）。

Chateaubriand(t)　シャトーブリアン

牛の飼育で有名な、シャトーブリアンという町に語源を求めるのはあまりあてにならない。作家のシャトーブリアンの料理人モンミレイユが、この素晴らしい肉のグリエを考案し、自分の主人を讃えてその名をつけたというのが本当のところである。ナポレオンとの対立が原因で苦難を強いられた時代を経て、ルイ18世の復位とともに、シャトーブリアンは晴れてフランス貴族院議員に任ぜられ、召使いを従えた安楽な生活に戻っている。

冷遇時代の薄っぺらな肉のグリエも、これと共に、フィレ肉の中央を切り取った大きく厚い「シャトーブリアン風肉のグリエ」に姿を変えた。評判は広まり「シャトー」とも呼ばれるようになる。

その後、「シャトーブリアン」はコントレスカルプ＝ドフィーヌ通りのレストラン「マニー」のスペシャリテになった（1862年）。この料理にはふつうポンム・スフレが添えられる。

chaud-froid　ショー＝フロワ

1759年のある夜、元帥リュクサンブール公は自宅のモンモランシーの館で夕食の最中、ヴェルサイユ宮殿から急の呼び出しを受けた。深夜になって帰宅すると、あわてて置いていったままの「鶏のフリカッセ」がそのまま残っていた。クリームと一体となったゼリー質が表面に流れ固まり、輝くような姿となって、見るからに食欲をそそった。

公爵は、思いがけない成果が気に入って、料理人に命じてメニューのひとつとして仕上げさせた。ショー＝フロワの誕生である。

Choisy　ショワジー

クレシー、アルジャントゥイユなどの名称と同様、この名はレタスの生産地に由来する。ショワジーのレタスは18世紀になかなかの評判をとっていた。シャトー・ドゥ・ショワジー＝ル＝ロワ（ヴァル＝ドゥ＝マルヌ県）をお気に入りの住まいにしていた国王ルイ15世は、オリヴィエ・ドゥ・セールの研究に想を得て、その地方の野菜栽培を奨励したのである。

cordon bleu　コルドン・ブルー

家庭の主婦に対するほめ言葉だが、起源は聖霊騎士団の権威ある勲章、コルドン・ブルー（青綬）である。

1579年、アンリ3世がヴェネツィア聖霊騎士団に倣ってこの騎士団を創立した。栄誉に与《あずか》ったのはわずか100名ほどだったらしい。

人として高貴な精神を失わぬことを、その信条としていた。1831年7月、ルイ18世の時代に廃止されたが、1969年になってカール・ハインツ・シュテーゲルが復活させた。
聖霊騎士図はマルタ騎士団に近い思想を持ち、いくつかの国でこれに似たものが作られた。

crème au beurre　クレーム・オ・ブール（バタークリーム）

複雑なテクニックを要するときにはよくあるのだが、クレーム・オ・ブールの発明もことの起こりはひとつの間違いだった。ラカンによると、この調理法の考案者はジョワンヴィル公の料理長ルモンデということになっている（1840―1850頃）。

二つの仕込みが、仕上げを待っていた。ひとつはバヴァロワ用のクレーム・アングレーズとシャンティイ。もうひとつはベシャメルとつや出し用の上等なバターである。

ある見習いが、ベシャメルにバターを混ぜ込むように料理長に命じられた。ぼんやりしていた見習いは、クレーム・アングレーズにバターを放り込んでしまった。もちろん混ざるはずがない。そこで料理長は見習いを懲らしめるために、大きな泡立て器を与え、かき立てさせた。すると意外なことに、だんだんと溶け合ってきた。こうしてこの料理長は新しい調理法を生み出したのである。

croissants(les)　クロワッサン

1683年、オーストリアのウィーンがトルコ軍に包囲されていた時のことだ。あるパン屋が菓子パンを焼いている最中、地下の妙な物音を耳にした。すぐにウィーン当局に通報し、調べると敵が市街地に侵入すべくトンネルを掘っているところだった。

情報提供の褒美として、このパン屋は（後には同業者全員に）折り込みパイを製造する許可を与えられた。パン屋はこれを記念してトルコの旗印の三日月にパイを象《かたど》ったのである。それまでは、折り込みパイを作る特権を与えられていたのは菓子屋だけだった。

Cubat　キュバ

1840年オード県に生まれたピエール・キュバは、デュグレレ率いる「カフェ・アングレ」をはじめとする、パリの大レストランで料理見習いをした。

その後ロシアへ行き、アレクサンドル3世の宮廷に仕えたり、サンクト・ペテルブルクにレストラン「キュバ」を開いたりした。祖国へ戻った後も、ときの社交界の花形パイーヴァ夫人の後ろ盾でシャンゼリゼにレストランを開くことができた。従業員は、モンテ＝カルロの「グラン・トテル」の料理人を中心に構成されていた。しかし苦労が絶えず、ロシア宮廷に舞い戻った。

彼の兄弟ルイとピエールともすぐれた料理人として知られ、ロシア、イギリス、サイアム（タイ王国）などに行ってフランス料理の栄光を高めた。キュバという名前は、今でも魚料理の数々に冠せられている。

D

Duroc　デュロック

デュロック元帥（1772—1813）はナポレオンのお気に入りの将校の一人であり、また当時流行のレストランで働いていた料理人ヴェリの妻の友人でもあった。元帥の援助でヴェリはテュイルリーに店を構えることができた。ヴェリは、ここで腕を見せて、シャンピニョン、じゃがいものココット、刻んだトマトを組み合わせた付け合わせ「デュロック」を創作した。「ヴェリの店」には、文学者、俳優たちが「水曜日の会」の夕食に集まって、料理長ルガックの作った煮込み料理に舌鼓を打ちながら、芸術の刷新を語り合った。

E

épigramme　エピグラム

辞書を見ると、エピグラムとは風刺のきいた短い詩や言葉のこととある。

ある時、魅力的ながらやや教養に難のある社交界の女性が、政治家ショワズール（1719―1785）の部下たちを晩餐会に招いた。食事の後で、客たちは、数日前にヴォードルイユ公爵の屋敷で出た「エピグラム」がいかに素晴らしかったかを、女主人に向かって口々に語り誉め称えた。晩餐会のあと、女主人はその館の料理長ミシュレを呼びつけ、ヴォードルイユ公爵家よりもずっとおいしい我が家風「エピグラム」を作り出すように命じた。もう一度晩餐会を開いて同じ客を招くのだという。こうして当日食卓上に現われたのが「仔羊のコートレットのエピグラム仕立て」だったわけだ。この勘違いは一同の大笑いを誘った。

しかしこの料理自体の起源ははっきりしない。すでにラ・ヴァレンヌの『フランスの料理人』（1651）の中に「仔羊の腔肉のエピグラム」という料理名が載っている。

espagnole　エスパニョール

この母なるソースの起源はスペイン（エスパーニュ）である。1660年国王ルイ14世と結婚したスペイン王女は、祖国の料理人をフランス宮廷に連れてきた。

彼らの基本的な調理法のひとつに「焦がした」ソースがあった。褐色のルー（小麦粉を深く炒めたもの）をつなぎに使ったことからそう名づけられていたのである。このフォンには、さらにとうがらしもきいていた。マシアロの著作にもソース・エスパニョールの名が見えるが、これはL．S．R．が「あらゆる種類のラグーに使う万能のクーリ」としていたものに代わって登場している。ヴァンサン・ドゥ・ラ・シャペルも『現代の料理人』の中でソース・エスパニョールを引用している。そうこうするうちに、このフォンはフランス人の味覚に合ってきた。

前世紀末、雑誌『ラール・キュリネール』の中で、フィレアス・ジルベールは新しい名前「ソース・フランセーズ」を提案した。このソースはフランス料理の基礎であるからという理由だったが、定着はしなかった。

F

feuilletage　フイユタージュ（折り込みパイ生地）

数々の料理の土台となるパート・フイユテ（折り込みパイ生地）は、トゥル地方（ロレーヌ）の菓子職人見習いが偶然に作り出した。彼の名はクロード・ジュレ、通称ロラン、画家として名を成した人物である。彼は豊かとはいえない家庭に生まれ、町の菓子屋に見習いに入った。

ある日バター生地を作るつもりが、うっかりバターを混ぜ込むのを忘れてしまった。やむなく生地の上にバターをのせ、バターを包み込むように、端から折り畳んではバターがよく混ざるように、何度も何度も全体を平たく伸ばしていった。オーヴンで焼いてみると、でき上がったガレットは見事に膨らんでいた。こうしてフイユタージュが誕生したのである。

1635年には、クロード・ジュレはパリの菓子屋「フランソワ・ロバトゥ」にひと儲けさせた。その後パリを離れてフィレンツェへ赴き、菓子屋「モスカ・アンジェロ」に雇われる。しかしクロード・ジュレはこの生地の作り方を隠し通したので、フィレンツェ人の主人は我らが「とんま」をスパイし、隠れ場まで作って監視を重ね、とうとうその秘法を盗み出した。このころクロード・ジュレは、フィレンツェで偶然に知り合ったドイツ人画家の助けで、画家になる夢を実現した。菓子職人の道を捨てた彼は、一気に風景画家として名声を博したのである。

Foyot フォワイヨ

この名レストランの名前は、各種の料理に冠せられている。ソース・フォワイヨ、仔牛の背肉フォワイヨ風、鳩のフォワイヨ風…。どれも、フォワイヨの後継者である名料理人レオポルド・ムーリエが1890～1912年にこの店の指揮をとっていた時代に名づけられたことは確かだ。

フォワイヨはルイ・フィリップのお抱え料理人だったが、政治的意見の食い違いから、テュイルリー宮を追い出され、1848年「ワイン商兼トレトゥール（仕出し屋）」として店を構えた。客引きのために熊を入れた檻を店の前に置いたりしている。しかし、その才能は仕事の成功に十二分に価し、富を築いて1864年に引退する。

卓越した料理人が次々と店の運営を受けついだおかげで、パリで最も評判のいい、かつ最も値の張る店のひとつであり続けた。レストラン「フォワイヨ」は時代の進歩に、決して後れをとらなかったわけである。しかし1938年収用にあって1世紀弱にわたる栄光の歴史に幕が引かれた。

Francillon フランシヨン

サラダ・フランシヨンを発明したのはアレクサンドル・デュマ・フィスである。『フランシヨン』とは、1887年1月9日、コメディ・フランセーズで初演された彼の戯曲の題名である。劇中、召使いアネットが二枚目役のアンリに向かってこのサラダの作り方を事細かに説明する場面がある。

初演の翌日には、早速グラン・ブルヴァールにある評判のレストラン「ブルバン」のメニューにその名がのせられ、新しいもの好きの客たちにたちまち大受けした。その後じゃがいもの代わりに日本のちょろぎを使い「日本風サラダ」とも呼ばれるようになった。

frangipane　フランジパーヌ

フランス王妃カテリーナ・デ・メディチは、彼女の祖国のポレンタに、甘いものであれ塩味のものであれ、ずっと愛情を持ち続けていた。

パリでは、とうもろこしの粉は手に入らなかった。そこで、宮廷のシェフ・パティシエが似たような料理を考え出した。ただしそれは小麦粉で濃度のついた、濃いクレーム・パティシエールのようなもので、砕いたマカロンを加え新鮮なバターで仕上げてあった。このルセットは、王妃の友の一人チェーザレ・フランジパーニ伯爵に捧げられ、後に有名なブルダルー風タルトをはじめとする数多くのお菓子の素材として使われた。

カテリーナ・デ・メディチの結婚以前に、すでにイタリアのフランジパーニ伯爵の館で発明されていたという説もある。

H

haricot　アリコ

料理名のアリコとは羊の煮込みのことだが、語源的には古フランス語のアリゴテ（harigoter＝細かく引きさく）に由来する。ラ・ヴァレンヌの『フランスの料理人』を見ても、「羊の胸肉のアリコ」という料理が登場している。かぶを入れた羊の煮込みである。

アリコ(いんげん豆)は、メキシコからイタリアに移入され、ジュリオ・デ・メディチ(ローマ教皇クレメンス7世)が栽培を奨励した。フランスへ届いたのは、カテリーナ・デ・メディチが、1533年アンリ2世に嫁いだときに持ち込んだのが最初である。フランスではまだ知られていなかった数多くの産物の中に **phaseolus vulgaris** が入っていた。次々と変種が生まれ、この野菜は **faseole、fayol、fayot** と名前を変えた。すぐに広く栽培されるようになって貯蔵もきくことから、伝統的な煮込み(アリコ)に、かぶに代わって使われるにいたる。ここから語の同化作用が起こって、**phaseolus** がアリコと呼ばれるようになったわけである。

J

julienne ジュリエンヌ

細い棒状に野菜を切った最初の料理人は、ジャン・ジュリエンヌとされている。

実際、17世紀に発行された料理書では、彼を、小さな棒状の野菜と様々な香草を入れた澄んだポタージュの創作者とする。

しかし、今ひとり女料理人ジュリエンヌという説もある。彼女はマルス嬢(アンヌ・ブテ)に仕えていたという。この女主人はモリエールの喜劇を演じれば天下一品の女優で、アレクサンドル・デュマ・フィスを夕食に招くこともよくあった。また、流行のレストラン「マルグリ」「パイヤール」「ヴォワザン」…などに友人たちを集めるのが好きだった。こちらの説の方が面白みはあるのだが…。

K

kugelhopf(kouglof)　クグロフ

クグロフの呼び名は、ビールの酵母を使い発酵させ、丸く成形した生地に由来している。クグロフ kugelhopf の kugel は球、hopf はホップである。生地は、サヴァラン生地と同じように作る。マラガのレーズンやアーモンドの薄切りで飾りをつけて、釉薬《ゆうやく》のかかった陶器の型に入れる。もともとはオーストリア起源だが、アルザスの伝統菓子にもなっている。クグロフは、家の祝い事や宗教上の祝祭日には必ず出される。

形は様々で、クリスマスには星、復活祭には仔羊、公現祭には百合の花、結婚式にはエクルヴィス（ザリガニ）といった型を使う。花嫁は、嫁入り道具のひとつに、必ずクグロフの焼き型を持っていったものだった。

1838年、アルザスの菓子職人、通称「ふとっちょジョルジュ」がパリのコック・サン＝トノレ通りに店を開き、クグロフを売って繁盛した。

それより何年か前、パリのオーストリア大使館の料理長ウジェニーがアントナン・カレームの仕事場でクグロフを作った。カレームは後に、彼の仕えたブルジョワ家庭でクグロフを再現して出したことがある。

M

madeleine　マドレーヌ

確かに、この小さなおいしい菓子は、コメルシーの町の名物としてよく知られているが、その発明者は誰かということになると、話は微妙になってくる。

数々の説が対立しているが、とりあえずその四つを紹介しておこう。

1.ポーランドの元国王スタニスラス・レクザンスキーはコメルシーに城を持っていた。ある宴会のとき、菓子職人が仕事を放り出して姿を消してしまい、代わりにマドレーヌという名の召使いが、自分の家で作るやり方で、小さなお菓子を焼いた。これが好評だった。この出来事を記念して、このお菓子はにわか菓子職人のマドレーヌの名がついた。付け加えるなら、マドレーヌの包装紙にはある鐘の名の略号が描かれているが、これはレクザンスキーがコメルシーの教会の鐘の名づけ親だったからかも知れない。

2.外交官タレーランのお抱え菓子職人アヴィスが小型のアスピック型にビスキュイ生地を流し込んで焼いたのが原型。

3.マドレーヌはルイ15世の妃マリ・レクザンスカの女料理人だった。

4.1830年頃、パレ・ロワイヤルでビスキュイを売り歩いていた可愛い娘が、自称マドレーヌだった。

Marengo　マレンゴ

1800年6月14日のことである。ピエモンテのマレンゴでは戦闘が終日熾烈《しれつ》を極めた。ボナパルトとその将軍たち、ランヌ、ミュラの指揮のもと、ケレルマンの攻撃で、ついにオーストリア擲《てき》弾《だん》兵を敗走させたのである。

大勝利を収め、ふと空腹なのに気づいた第一執政ナポレオンだったが、料理人デュナンははたと困った。フランス軍のあまりに速い進軍のために、物資輸送隊からずいぶん離れてしまっていたのだ。解決方法はただひとつ。その場で調達できる材料を使うことだ。廃墟の中での略奪の結果、集まったのは、若鶏、トマト、にんにく、パセリである。デュナンは鶏をさばいてオリーヴ油で炒め、ありあわせの材料を次々と放り込んだ。飢えた荒くれ連中たちには、どんなものだってご馳走だった。

後に、揚げ卵、エクルヴィス、シャンピニョンのトゥルネ、トリュフの薄切り、クルトンなどを添えるようになると、古典料理の一品に格上げされた。

Marguery　マルグリ

有名な「舌平目のフィレのマルグリ風」の考案者ジャン・ニコラは、１８３４年ディジョンに生まれた。見習いで入った「ロシェ・ドゥ・カンカル」は、料理長のランジェが「ノルマンディ風」舌平目を創作した店である。後にニコラは、「トロワ・フレール・プロヴァンソー」から「シャンポー」へと移った。

１８６７年にレストラン「ルコント」を買い取って「マルグリ」と改称する。彼は店に少しずつ手を加え、趣向を凝らしたサロンをいくつも作った。大理石の間、ファイアンスの間や、ゴチックの間、メディチ風の間…。彼の店は美食の殿堂になっていった。ついにはレジョン・ドヌール・オフィシエ章を受勲し、１９１０年この世を去った。レストラン「マルグリ」のほうは浮沈もあったが、両大戦間に幕を閉じた。

marmite(grande et petite)　マルミット（グランド&プティット）

「マルミット・ペルペチュエル（万年鍋）」とはグラン＝ゾーギュスタン通りにあるレストランの

名前で、この店は第一帝政（1804年）下で栄光の時代を築いた。女主人ドゥアルム夫人のお得意は、何があっても火から下ろさない鍋の煮込みだった。肉や野菜を取り出したら、同じブイヨンの中にすぐに代わりを入れる（鉢の植え替えのように）。こうしてできたこくのあるブイヨンは最高の味として、パリの名士たちを集めた。

数年後、独身者の溜り場だったレストランの主人マニーは、集まってくる愉快な男たちが「ポ＝ト＝フ」なる会を設立しようとしていることを小耳にはさんだ。その会の趣旨はこうである…「怪しげな料理はもうたくさんだ。本物の家庭料理を食べよう（なんとこの時代からもう!）」と。マニーは早速先手を打って、「同盟」がかまどを占領するより早く「プティット・マルミット」を店に用意した。

Maxim's(Chez) マキシム（シェ）

今でも有名なこのレストランで生まれたのがアルベール風（メートル・ドテルの名前）ステーキで、ペッパー・ステーキといえばよくご存知であろう。

1890年7月14日、店のオーナーであるイタリア人のアイスクリーム職人イモダは、店にドイツ国旗を掲げた。パリっ子たちはこの挑発的な行為に腹を立て、押し入って店を荒らした。

1907年になって、やっと料理長アンリ・ショヴォやメートル・ドテルのコルニュシュの力で名を上げた。当時マキシムは道楽者や遊び人の社交場だった。彼らのお気に入りの遊びといえば、ルイ金貨をホールいっぱいにばらまいて、娼婦たちが我勝ちに拾おうとして争うのを見て楽しむことだった。

mayonnaise　マヨネーズ

この繊細で傷みやすく、とてもおいしいソースの語源をたどると、少なくとも5種類思い当たるものがある。

1.古フランス語では卵黄をモワイユー（moyeu）といった。このソースの中に卵黄を使うからという説。

2.南フランス出身の料理人マニョン（Magnon）の考案。

3.マヨネーズの発祥の地がバイヨンヌ（Bayonne）という町。

4.マオン（Mahon）港での勝利にちなんで、元帥リシュリュー公爵の料理人が考案したソース（マオネーズ Mahonnaise）。

5.マイエンヌ（Mayenne）公爵家がからんでいるという説（マイエネーズ Mayennaise）。

Melba　メルバ

「ピーチ・メルバ」（ペーシュ・メルバ）が誕生したのは1893年とも1896年ともいわれている。創り出したのは、料理界の巨匠オーギュスト・エスコフィエ。ロンドンのコヴェント・ガーデンで『ローエングリン』が上演された翌日のことだった。名シェフ、エスコフィエは当時カールトン・ホテルの調理場を指揮していた。エスコフィエはネリー・メルバの大ファンで、この才能ある歌姫に捧げて、洗練されてエレガントなアントルメを考え出したのである。生の桃をまるごとヴァニラ風味の薄いシロップで煮て、ヴァニラ・アイスクリームの上にのせ、その上からフランボワーズのクーリを流す。出来上がったものは、ワーグナー作品の神話、白鳥をかたどった氷細工の中に盛り込む。その上からシュクル・フィレのヴェールをそっと被せる。このイメージから察するにメルバ嬢は感受性豊かな女性だったようだ。

また、ロンドンのサヴォイ・ホテルのM.エベルレも同じ盛り付け方のデザートを「マンダリン・グラッセ・ローエングリン」として出している。

meringue　メレンゲ（ムラング）

このおいしくて儲かるお菓子は、ザクセン・コーブルク公領にあるマイリンゲンに住んでいたガスパリーニという名の菓子職人が創り出したらしい。ガスパリーニは、元ポーランド王スタニスラス・レクザンスキーにこの作り方を伝授するためにヴィッセンブルクに赴く。当時はスプーンで形作っていた。マリー・アントワネットもトリアノン宮で同じように作ったという。現在の表記になったのは1804年のことだ。

いわゆる「スイス風」メレンゲは、ルイ・トリュットが采配をふるっていたパリの菓子店「ピッシュ・エ・トマ＝マニャン」の調理場で誕生した。何年かはこの作り方は秘密にされていたが、やがて一般化した。

Mirabeau　ミラボー

付け合わせの「ミラボー」は、アンチョビのフィレをグリエしたものと種を抜いたオリーヴで作る。これは、この才気溢れる雄弁家の人生の二大要素、牢獄とプロヴァンス地方を象徴している。

リケッティ伯ガブリエル・ミラボーは、1749年プロヴァンス地方の高い身分の貴族の家に生まれた。しかし、あばた顔が嫌われ、家から追い出されたのである。軍隊に志願するが、その自由主義思想や常軌を逸した行動が災いして、レー島城塞、イフ城、ジュー要塞、ヴァンセンヌ城砦などに次々と拘囚の身となった。

料理の名づけ親は、おそらく彼の料理人ヴィルルーだろう。ヴィルルーは冒険家としても名を馳せ、実際インドのある部族の首長に二年間もおさまっていたこともある。

moutarde　マスタード（ムータルド）

単純に考えれば、この名称は、ムータルドを作る土台となるムー（mout＝ブドウ果汁）から派生したものと思われる。しかし、これでは精気をもたらすと評判をとった調味料の由来にしては、あまりにも単純すぎないだろうか。

ブルゴーニュ地方にこんな逸話がある。例によって、何人かのグルメたちが寄り集まって、美食を楽しみ、振興しようという会合を開いていた。黒カラシとムーとヴェルジュ（未熟ブドウの果汁）をもとに作った調味料を味わっていたく感動したが、これという名前を考えあぐねた。もちろん、麗しいブルゴーニュ地方を思いうかばせる名でなければならない。

このとき市会議員がブルゴーニュ公、偉大なるフィリップの名文句を拝借してはどうかと提案した。「moult me tarde!（一刻も早く！）」。見事なひらめきだった。これが現代風の発音に変わって「ムータルド」と呼ばれるようになった。

Murat　ミュラ

1834年に生まれたジョゼフ・ミュラ公は、フランス軍元帥にしてナポリ王ジョアシャン・ミュラの息子だった。

ジョゼフは、「ベル・エポック」のパリのレストランの何軒かで幅を利かせていた「大道楽者」

の一員に加わっていた。

ある晩、ずいぶん夜も更けてから、「マキシム」へ食事に繰り出した。その日は店が大賑わいだったせいで、食料貯蔵室はほとんど空っぽだった。

この賓客をいかにもてなそうかと頭を悩ましたシェフは、残っていた使える材料をかき集めた。舌平目、アルティショー、じゃがいも、などなど。ありったけの材料をおろし、切りそろえ、薄切りにし、フライパンをひと振り、ムニエルに仕立てて、手早くサーヴィスした。こうしてミュラ風舌平目のグジョネットが生まれたのである。

N

Navarin　ナヴァラン

1827年、イオニア海に面したギリシャの港ナヴァラン、またの名をピロス。この地での大海戦の末、仏・英・ロシアの連合艦隊がトルコ・エジプト艦隊を撃破したのである。この歴史的大勝利の翌日、艦隊の司令官リニー大将は、ふだんの食事を改良せよとの命令を出した。

旗艦トライデントに乗っていた賄い兵は、「粗食そのもの」の米を色とりどりの野菜に変えることを思いついた。さらに配給ワインもいつもの倍に増やされ、お祭気分はいっそう盛り上がった。これは大成功である。以後、徐々に洗練されて、ナヴァランは偉大な古典料理の列に加えられた。

O

omelette norvégienne　ノルウェー風オムレツ（オムレット・ノルヴェジエンヌ）

このスペクタクルなデザートは、例によって発明者の名前にこと欠かない。事実並みいる名づけ親が、それぞれ少しずつ貢献しているようにも思える。

鎖の最初の環になったのは、アメリカの物理学者ラムフォード（1753—1814）で、この人が基礎を作った。

彼のアイディアがフランスへ伝えられ、パリの「グラン・トテル」の料理長バルザックがそれを実現する。薄く伸ばした生地でアイスクリームが溶けないように包み、高温のオーヴンでさっと焼き、色をつける。彼は、1866年にパリを訪問中の中国人料理人の代表団にあっといわせたりしている。

何年か後、モンテ＝カルロの「オテル・ドゥ・パリ」の名シェフ、ジロワはビスキュイで作ったケースにアイスクリームを入れ、その上にオムレット・スフレの生地を被せた。残念なことに値段の問題があって、この繊細な被いの代わりに、イタリアン・メレンゲが使われるようになっている。

Orloff　オルロフ

仔牛の鞍下肉《くらした》オルロフ風は古典料理の記念碑的名作である。創作者は、レストラン「トルトーニ」の料理長レオノール・シュヴァルであった。トルトーニは、1798年、ヴェローニというイタリア人のアイスクリーム屋の親方の店を買い取って、看板を掛け替えた。

アイスクリームのおいしさは以前と同様だったし、一方でビュッフェやゼリー寄せなども出して評判をさらった。調理場では、才能溢れるユルバン・デュボワが大活躍していたのである。

有名人にも愛され、その中にはミュッセ、ヴィクトル・ユゴーやオルロフ公などの顔も見られた。オルロフ公はロシアの旧家の子孫でロシア皇帝ニコライ1世の下で大臣や大使を務めていた人物だ。ソース・スビーズをかけてグラッセしたこの仔牛料理は、鞍下肉のメッテルニヒ風と対を成すものだ。オーストリア大使も務めたメッテルニヒ公に捧げたこの料理は、ソースにパプリカをきかせている。

Otéro (la Belle) オテロ（麗しの）

「ベル・エポック」のこのスペイン人の踊り子に、「マキシム」のシェフは、スパイスのきいた多くの料理を捧げた。この有名レストランで、彼女は貴公子や王侯たちの目をくぎづけにしたものだ。ラ・ベル・オテロはギリシャ貴族とスペインのジプシー娘との間に生まれた。マルセイユで踊り子となるや評判をとり、パリへ出て高級娼婦として華々しい生活を送った。

P

Paillard パイヤール

仔牛や魚などの薄いエスカロップ。今日でも愛されているこの料理は、腕のいい料理人で名高いレストラン店主だった人物の名前がついている。彼はレオポルド・ムーリエらを育てたことでも知られている。

1895年、パイヤールはショセ・ダンタンにあるレストラン「ビニョン（元のカフェ・ドゥ・フォワ）」を手に入れた。たちまち、この店は有名になり、王冠を頂いた君主をも数多く迎えた。ヴィクトリア女王、エドワード7世、オーストリア皇子、ロシアの大公らがやって来て、今も名の残っている創作料理、仔牛のパイヤール、若鶏のオーストリア皇太子風、鴨の血入りソース添え…などを楽しんだのだった。しかし、この美食の一大名所は第一次世界大戦によって消え去った。

Paiva パイーヴァ

タンバル・パイーヴァはカフェ・アングレのシェフだったころのアドルフ・デュグレレの創作である。ダリオル型に、帯状のパヌケを敷き詰めて、深紅に色をつけた牛舌肉で彩りをつけた鶏のピュレを詰める。ソース・アルビュフェラ（ソース・デュグレレでも）を流して出した。

この創作料理は、カフェ・アングレの常連客パイーヴァ侯爵夫人に捧げられた。1802年に開店したこのパリのグラン・ブルヴァールのレストランは、ホールとは別にサロン（小部屋）があることでヨーロッパ中にその名が知れ渡っていた。サロンをより正確にいえば、身分の高い放蕩者と彼らの連れの高級娼婦たちが享楽的な晩餐を延々と繰り広げる「グラン・セーズの間」である。ラ・パイーヴァ、ラ・デリヨンはそこで、センセーションを巻き起こした。

パイーヴァ侯爵夫人は波乱に富んだ人生を送った。テレーゼ・ラシュマンとして生まれたラ・パイーヴァは、コンスタンタン公と平民の娘の間にできた子供だった。非常に若いうちにモスクワ出身のフランス人の仕立屋と結婚したが、ヘルツという彼女のピアノ教師が彼女を奪い取った。

この男は破産した挙げく彼女を捨ててしまった。ラ・パイーヴァはひとりで窮地を切り抜ける決心をして、短期間にパリでもとりわけ美麗な一戸建ての邸宅を手に入れることに挑む。

こうして、多彩な男たちと関係を持つ高級娼婦としての人生が始まるのである。大公、公爵、続いて侯爵と、金づるをつかんで、ついにシャンゼリゼ通りの25番地に望みどおりの館が建った。この快挙を見て、口の悪いジャーナリストがラ・パイーヴァに《qui paie y va キィペイヴァ（金を払う者がそこにいく）》というあだ名をつけた。パイーヴァの館は、後にピエール・キュバに買い取られて有名なレストランになった。主にモンテ＝カルロのグラン・トテルからやってきた料理人団は、30人にのぼり、うち8人はロシア人だった。

キュバがサンクト・ペテルブルクへ旅立つときには、弟のルイがあとを継いだ。

pâte à choux　パータ・シュー（シュー生地）

シュー生地が最初にフランスに登場するのは、1540年で、ずっと素朴な形のものであった。このころカテリーナ・デ・メディチが輿入れをして、彼女のイタリア人のシェフ・パティシエ、パステレッリがポプラン（ポペリーニ）を作ったのがはじめである。

1775年頃、オルレアン家のシェフ・パティシエ、ティロロワが配合を変えて作った生地を、パータ・ショー（熱い生地）と名づけた。彼は、主にふんわりふくらむ揚げ物に使ったのである。この生地をさらに進化させたのがアヴィスである（1798年のこと。この名菓子職人の門下にはカレームがいる）。生地を手で丸めてできた球状のものを焼いて、こんがり色のついたシューができる。丸いキャベツ（シュー）と形が似ているので、アヴィスはこれをシュー生地と名づけた。

絞り袋が発明されたのがシブーストの店であるのは確実で、これによってシュー生地が、より手早くまたさまざまな用途に使われるようになった。

plum-pudding　プラム＝プディング

プラム＝プディングのないイギリスのクリスマスなどありえない。しかしこのイギリスの伝統もブルターニュのファール（フラン）、伝統的なケルトのお菓子の変形なのである。同じようなものが、古代ギリシャにもあった。脂肪分、果物、蜂蜜、小麦粉をもとに作るストレプトや、いちじくの葉で包んだトゥリヨンである。

ずっと現代に近く1623年に、マドリッドのある正餐会でバッキンガム公が、マラガのレーズンと乾燥いちじく、とうもろこし粉で作ったお菓子を賞味した。

彼は自分のところの菓子職人に作り方を伝え、この菓子職人がイギリス風にアレンジした。プラムを混ぜ込むのが特徴である。プラム＝プディングはこうしてでき上がった。

ワーテルローの戦い（1815年）の後、ウェリントン公爵の菓子職人がパレ・ロワイヤルのメゾン・シュヴェの調理場で作って以来、このお菓子がパリでもすっかり有名になった。

pommes soufflées　ポンム・スフレ

ポンム・スフレの発明を、たった一人の料理人に帰することができるかどうかは微妙な問題である。このケースは、献呈や独創的な組み立てではなく、正確にいえば徐々に改良された複雑な技法にかかわっている。中温で揚げたフライド・ポテトがふくらむことがあるのに気づいた料理人がいた。話を聞いた別の料理人が、本当かと試してみる。以下この繰り返しである。

しかし、ポンム・スフレ登場にははっきり指摘できる目印がひとつある。1837年8月25日、パリからサンジェルマン・アン・レまでの鉄道の開通記念日である。有名なコリネの料理で、この式典にふさわしい大宴会が公式に催された。黄金色でカリカリして、クッションのような形にふくらんだポンム・スフレに魅了された招待客たちの好奇心と質問に、コリネは次のように答えねばならなくなった。

列車はサンジェルマンの丘をなかなか登りきれずに、とうとう遅れてしまった。正確さがしきたりの仕事に忠実に、コリネは時間通りに準備を整えた。もちろんフライド・ポテトもである。サーヴィスの段になると、コリネはそれをカリッとさせるためにとても熱い油で揚げなおした。これが大成功だったのである。

この誕生の逸話が本当だとしても、コリネはあらかじめたくらんでいたに違いない。

Pont-Neuf　ポン＝ヌフ

まず初めにポン＝ヌフ（新しい橋）とは、その名に反してパリで最も古い橋のひとつであることを確認しておこう。橋が架けられたのは、1578年から1607年の間である。

橋の両側には店が軒を連ね、やじ馬たちが集まり、大道芸人が通りを賑わしていた。中に何軒かフライド・ポテトで有名な「揚げ物屋」があった。

このフライド・ポテトは、味の良さもさることながら、切り揃えられた形が珍しがられたのである。当時の資料によると11㎝に決まっている。またポン・ヌフで売っているこのパリ風の揚げ物からの類推で、細長いフライド・ポテトをすべてこう呼ぶようになった。しかし、誰がいい始めたのか。パリの謎のひとつである。

R

Rachel　ラシェル

名づけ親はわからないが、にもかかわらずこの呼び名はひとりの人物と重なり合う。

ラシェル、本名エリザ・フェリックスが生まれたのはスイスである。あまり学はなかったが、女優としての才能に恵まれ、テアトル・フランセで大喝采を浴びた。その後1855年にはアメリカへはばたいたが、不運続きで、悲劇女優はフランスへ戻る。

ラシェルを美食に結びつけるものは、彼女がトゥリュデーヌ通りのアパルトマンで催した夕食会だった。

ワインに夢中で、特にシャンパンには目が無かった。彼女の食卓には、アレクサンドル・デュマ親子、医師でありパリ・オペラ座の演出家であり、食通だったヴェロン博士らが顔を見せていた。

Rossini　ロッシーニ

有名なトゥルヌドをはじめ、彼の名を冠した料理は数多い。共通しているのは、いずれも贅沢でフォワ・グラを主体にしている点だ。またロッシーニ自身の得意料理で友人たちによく作ってあげていた料理にも、この名がつけられている。マカロニのフォワ・グラ詰めである。

彼は大のくいしん坊であり、料理も上手だった。ただし、その名を知らしめたのはもちろん彼の音楽による。1792年にイタリアのペーザロに生まれ、「どろぼうかささぎ」「セビリアの理髪師」「ウィリアム・テル」などを残した天才的オペラ作曲家である。

肥満がひどく、友人テオフィル・ゴーティエにいつもからかわれていた。いわく、「あいつは、化け物みたいに太っている。お腹が邪魔して、6年前から自分の足にお目にかかっていないんだ」。

S

Saint-Honoré　サン＝トノレ

いかにもギルド（同業組合）主義的な逸話だが、隣の菓子屋がパンを焼こうとしたのに対抗して、あるパン屋がケーキを売ろうとして作ったのがサン＝トノレだという。しかし単なる対抗意識から生まれたにしては、あまりにお菓子のできがよすぎないだろうか。

考案者は、シブーストの店で働いていたシェフ・パティシエ、オーギュスト・ジュリアンあたりだろう。ボルドー滞在中に見た「スイス風フラン」に着想を得たらしい。当初サン＝トノレはビスキュイ生地で作った。型作り職人のトゥロティィエが口金付きの絞り袋を発明した1847年頃、シュー生地を王冠形に絞り出すようになった。

sorbet　ソルベ（シャーベット）

ソルベという言葉は、アラビア語ないしアッシリア語のchorbetかsharbetが語源である。歴史上ではアレクサンダー大王（紀元前350年頃）がすでに好んで賞味していたことになっている。

作り方は現代の伝統的なルセットに似ている。果物を絞ってジュースにして絹の布で漉し蜂蜜で風味をつける。そして最後に、結晶化をさまたげる、ある種の植物のエキスを加えた。混ぜ合わせたものはアンフォラに入れて、雪に埋められた。

探検家マルコ・ポーロは長い旅の果てに、シャーベットの作り方をヴェネツィアに持ち帰った。中国での観察記録つきである。イタリア人の菓子職人たちがソルベットという名でこれを作り、プロコープが評判の彼のカフェでパリの人々に紹介したのである。

Suzette　シュゼット

「クレープ・シュゼット」の誕生にまつわる話も多い。しかし、強硬に生みの親だと主張しているのはアンリ・シャルパンティエなるフランス人の料理人だった。彼はカリフォルニアで亡くなっている。

モンテ＝カルロでの話である。ウェールズ公（後のエドワード7世）のためにクレープを出したとき、アルコールをふりかけてフランベした。いつもと同じように、そのあと砂糖をクレープにふりかけてキャラメル状に仕上げた。

　このスペクタクルでおいしいお菓子は、ウェールズ公に気に入られ、シャルパンティエは、このお菓子に公の名を賜りたいと申し出た。洒落者で用心深い未来の国王は、そのとき同伴していた女性の名前「シュゼット」ではいかがかといったのだった。

T

toque　トック

　食に携わる仕事の象徴ともいえるトックは、過去何度か姿を変えた末に、円筒形でプリーツの入った現在の形に落ち着いたのである。

　もともと、縁のない円筒形のスペインの「トカ」が、すでに15世紀には使われていた。

　当時、トレトゥールなどはかぶりものを持っていたが、それは各々の占めている立場に結びついたものだった。

　店主は白い綿の縁なし帽、職人はウールのベレー帽、見習いはカンバス地のベレー帽という風である。

　ギルドが廃止になると、全員が綿の縁なし帽をかぶるようになった。この帽子は、ナイト・キャップによく似ていたので、料理人の地位を上げようと努力し続けたアントナン・カレームにとっては、まったく満足のいかぬしろものだった。彼がウィーンでスチュワード卿に仕えていたときのこと、何とか優雅に見せようと、環にしたボール紙を帽子の奥に入れた。後にはボール紙の代わりに鯨のヒゲを使った。

　19世紀の中ごろになると、円盤状の帽子が、糊をきかせることでより優雅な見ばえになった。

やがて、メゾン・ドレのシェフ、カジミール・ポワソンが有名にしたサン＝トノーレが現われる。この形のトックは長い間、菓子職人専用のものだった。シェフが頭のどのあたりでトックをかぶっているかで、そのときのシェフの機嫌がわかるのだった。まっすぐなトックはこの目印を隠すためにできたのかも知れない！

tournedos　トゥルヌドー

この語源もいくつかある。確かなことはひとつ。1860年まで、この料理名はメニューには登場していないことだけだ。当時まで、保存が利かないことから、「フィレ・ミニョン」や「牛のノワゼット」などは、まともな店には置いていなかったのである。

1．その肉質の柔らかさのため、この肉は火にかざして、「背を向けて（tourne le dos）」振り返るともう焼き上がっている。

2．パリの旧市場にある「バルタール館」では、広い道一杯によりどりみどりの食べ物が並べられていた。鶏も魚も肉も…。中央通りの裏にある（dos tourne）側道では、肉屋がぱっとしない肉を並べていた。フィレ・ミニョンもそのうちのひとつだったのである。

3．この肉の悪評はメートル・ドテルも分かっていたので、注文を受けた肉のノワゼットはできるだけこっそり運ぶことにしていた。場違いのものを他の客の目から隠すため、客に背を向けて（tourner le dos）持って行ったのである。

V

vol-au-vent　ヴォ＝ロ＝ヴァン

料理にはよくあることだが、ヴォ＝ロ＝ヴァンも偶然を生かしたものだ。巨匠アントナン・カレームの創作といわれている。

創造と近代化を追究し続けたパリの人カレームは、数多いトゥルトを復活させようと考えていた。トゥルトはコンデ公の好物であったが、少々重い料理と思われていた。カレームは折り込みパイ生地の名人で、焼き加減をコントロールする調理法に長けていた（強制対流つきのプログラム・オーヴンにはほど遠い時代である）。

満足のいかぬ試作を繰り返した末、2枚の生地を組み合わせて、折り込みパイ生地で補う方法を思いついた。しっかりと折り込み、きちんと切って休ませたパイ生地は、まっすぐに上がってふくらんだ。感激したカレームは、われ知らずこう叫んでいた。「アントナン、おまえのトゥルトが、風に舞い上がる（vol-au-vent）」。こうして素晴らしいトゥルトが発明され、ありとあらゆるガルニチュールを盛り込まれるようになる。

Z

Zingara　ザンガラ

イタリア語でボヘミアンの女性を意味する言葉である。料理で「女ボヘミアン」といっても、予想がつかない。じゃがいも、卵、若鶏のソテ、トゥルヌド…と、どんな料理にもこの名がついてしまった。材料のヴァリエーションもすごい。クネル、フォワ・グラ、玉ねぎ、トマト、ピーマン、なす、クルジェット…。

ザンガラの厳密な定義などできないが、「仔牛の背肉のザンガラ」に限れば、これはミラノ風とまったく同じである。材料は、牛舌肉、シャンピニョン、トリュフ、ハム。この材料の一致を見ると、イタリア料理との近接性を持ち出したくなるが、ラカンがより説得力がありそうな説明をしている。ヴィアールによる『皇帝の料理人』(1808)の中のたくさんのルセットのひとつに、聖なるガラ(サン・ガラ)に捧げられた、仔牛の背肉料理がある。事実、ガラ・ピエールへの賛歌が書かれている。ガラ・ピエールはバスク出身の歌手で(1764—1823)、その名はヨーロッパ中に知れわたり、マリー・アントワネットの庇護を受けていた。ところがルイ16世の死刑宣告のとき、王の判決文を読み上げるのが、司法大臣だった彼の叔父の仕事になってしまったのである。以来、ガラの名は貴族階級から締め出された。ヴィアールの新版では、以前の呼び方にかえて、Singara(サンガラ)というのを当てている。同音語による説明である。発音は同じで、綴りを変えている。同様に、ハムのサンカラ(Cincarat)風というのがあったことを記しておく。

フランス美食史の重要ポイント

中世　1000～1450年

●時代区分と歴史上の出来事

＊十字軍（1095―1270年の間に8回の遠征）
＊1214年　ブヴィーヌの勝利によって、フィリップ・オーギュストのもとカペー朝が国家としての性格をかためる
＊百年戦争（1337―1441年）
＊1328年　シャルル美男王没。カペー朝終わる
＊1328年　フィリップ4世によりヴァロワ朝始まる
＊1420年　トロワ条約。イギリスがフランスを支配
＊1429年　ジャンヌ・ダルクがパテでイギリスを破る

●食卓の様子

＊フランス式サーヴィスでは、3、4、5または6回にわたり、食卓に料理が満載される

＊各回のセルヴィスの合間に、芸人、歌手（トゥルバドゥールやトゥルヴェール）たちが、会食者たちの気晴らしに、余興を見せた。これが、「アントルメ」である

＊フォークも、個人用の皿も、ナプキンもなかった

＊食べ物は、トランショワールの上に移してから、指で食べた（トランショワールとは、各人が食べ物を置いて、そこから口に運ぶように用意された厚切りのパンである）

●調理技術

＊香辛料が大量に使われた。殺菌と社会的地位の誇示という2つの機能を持っていた

＊ソースは酸味が強く、脂肪分はほとんど含まれていない。ソースはロティを作る前に、準備された

＊調理は、暖炉の中の火床でなされた。肉の串焼き、自在鉤に掛けられた大鍋の中での煮込み、燠の中に埋めて使うトゥルティエール、燠の入った薪台の先にかける鍋など、すべて調理用の暖炉の中での調理法である

＊ルセットは素材に応じて書かれている。会食者の人数の変化に対応していない

●料理、美食に関する著作

＊タイユヴァン著『ヴィアンディエ（食物譜）』1370年頃

＊ピエール・ピドゥル著『あらゆる料理の大料理人』1350年

＊著者不詳『メナジエ・ドゥ・パリ（パリの家政の書）』1393年

＊プラーティナ著『高雅なる悦楽』1474年

ルネサンス　1450〜1643年

●時代区分と歴史上の出来事

＊1440年　印刷技術の発明
＊1450年　初めて聖書が印刷される
＊1492年　クリストファ・コロンブスによる新大陸の発見
＊1494年　トルデシリャス条約により、スペインとポルトガルとで世界を二分
＊1517年　ルターの最初のテーゼ
＊1533年　カテリーナ・デ・メディチと後のアンリ2世の結婚
＊1572年　聖バルテレミーの虐殺
＊1589年　アンリ4世即位。ブルボン朝始まる
＊1598年　ナントの勅令
＊1600年　マリーア・デ・メディチとアンリ4世の結婚
＊1624〜1643年　ルイ13世、リシュリューの補佐を得て中央集権的君主制へ向かう

●食卓の様子

＊フォーク、陶器、ガラス食器の登場。いずれも、イタリアからフランスに入ってきた
＊アンフィトリヨン（客を招く側）が食事の進行を仕切る。特に肉の切り分けは彼の役目で、象徴的に、「戦士としての手腕」を見せる意味がある

●**調理技術**

＊アメリカ産の新しい食材が、次々と入ってくる：トマト、とうもろこし、いんげん豆、じゃがいも、コーヒー、チョコレート

＊料理用のストーヴでゆっくり火を通すことができるようになった

＊香辛料の消費が減る

＊調理技術は、中世のまま。イタリアの影響で製菓技術だけは進歩した

●**料理、美食に関する著作**

＊ほとんど、中世の手写本の印刷やその再版

＊オリヴィエ・ドゥ・セール著『農業経営論』1600年

グランド・キュイジーヌの誕生　1643〜1715年

●**時代区分と歴史上の出来事**

＊1643〜1715年　ルイ14世の統治

＊1643〜1661年　宰相マザランが幼少のルイ14世の摂政を務める

＊1662年　ヴェルサイユが王都となる

●**食卓の様子**

＊フランス式サーヴィスが3度のセルヴィスに落ちつく

＊食卓の美学では、視覚的要素が最優先される

＊食卓は、シンメトリーな規則正しい配置でしつらえられる。このシンメトリーは、皿の配置、セルヴィスの進め方の両方に見られる
＊１６７４年「カフェ・プロコプ」が開店

●**調理技術**
＊つなぎ（とくに粉を使った）のテクニックが、書き残されたものとしては初めて、L. S. R. の著作にあらわれる
＊ソースという考え方が展開して、ジュとクーリというソースのベースが登場する
＊料理の一分野としてラグー（煮込み）があらわれる。（ポタージュが２つに分かれて、ひとつがラグーになった）
＊ムースが流行する。「プレシューズ」と呼ばれた女性たちの食べ物として賞味された。ものを嚙むという「粗野で散文的な」さまを見せないですんだからである

●**料理、美食に関する著作**
＊フランソワ・ピエール・ラ・ヴァレンヌ著『フランスの料理人』１６５１年
＊ニコラ・ドゥ・ボンヌフォン著『田園の楽しみ』１６５４年
＊ピエール・ドゥ・リューヌ著『新しく完璧な王室のメートル・ドテル』
＊L. S. R. 著『巧みに饗応する術』１６７４年

宮廷のスペ（夜食）　1715～1782年

●時代区分と歴史上の出来事

＊1715～1723年　オルレアン公の摂政時代
＊1723～1774年　ルイ15世の統治
＊1763年　パリ条約。フランスはその植民地領のほとんどをイギリスに譲り渡した
＊1774～1791年　ルイ16世の統治
＊1776年　ギルド（同業者組合）制の廃止
＊1780～1789年　フランスに深刻な経済危機。テュルゴ、ネッケルも解決不能を表明

●食卓の様子

＊フランス式サーヴィスが洗練の頂点に達する
＊食卓での上席権が確定して、食卓は階級社会を映し出す鏡となった
＊食器類が整い、各自が自分の食器を持つようになる
＊シンメトリーが食卓の飾り付けにも及ぶ
＊いたるところにカフェが開店し、大繁盛した

●調理技術

＊料理人が錬金術の影響を強く受けて、食べ物の味の原理を抽出しようと研究を重ねる。ソースは、ますます磨きがかかり念入りに作られた
＊食材がもともと持っている味を大切にしようという原則が尊重される。香辛料の使用がいっそ

う控えめになる
＊偉大な料理人たちが、創作した料理を自分の主人や、著名人たちに捧げる。特有の料理名が生まれる
＊火床のついたオーヴンが初めて実用化される

●料理、美食に関する著作

＊マシアロ著『王室とブルジョワ家庭の料理人』1691年
＊マシアロ著『新・王室とブルジョワ家庭の料理人』1712年
＊ヴァンサン・ドゥ・ラ・シャペル著『現代の料理人』1733年
＊マラン著『コムスの贈り物』1739年
＊ムノン著『ブルジョワ家庭の女料理人』1746年、『宮廷の夜食』1755年

革命：レストランの誕生と美食の黄金時代　1782～1880年

●時代区分と歴史上の出来事

＊1789年　バスティーユ監獄襲撃
＊1793年　ルイ16世処刑
＊フランスに県制が施行される
＊1804年　ナポレオン帝位に就く
＊1818～1830年　王政復古

＊1814〜1824年　ルイ18世の統治（カキ好きの王を、18世＝ディズユイットをもじってディズユイットル＝カキ10個と、当時の人が名づけた）
＊1848年　国民投票でルイ・ナポレオンが大統領に選ばれる
＊1852年　ナポレオン3世帝位に就く
＊1870年　普仏戦争敗戦後、パリ攻囲が解かれる

●食卓の様子
＊最初のレストランが開店（1782年　ボーヴィリエ）
＊ロシア式サーヴィスがレストランの中にも登場し、フランス式サーヴィスと競合する
＊料理名のつけ方がかなりシステマティックになる
＊メートル・ドテルがレストランの主役になる。彼らは、ブルジョワ階級が貴族の生活様式を学ぶときの先生役もはたした
＊美食文学が、新たな権力の担い手たちに、ご馳走の楽しみの手ほどきをした

●調理技術
＊料理の呼び方が整理されたことで、料理の数も飛躍的に増えた
＊食べ物の味の原理に科学的な名がついた。オスマゾームである
＊飾り付けは、アトレ（飾り串）や、熱い料理ではソクルにうつった
＊ルセットは書き方を変えて、会食者の人数に合わせて分量の増減ができるようになった
＊ニコラ・アペールによる「保存食」の発明
＊甜菜から砂糖を精製する方法が開発され、製菓が発展した
＊ガス調理台第1号が登場

●**料理、美食に関する著作**

＊グリモ・ドゥ・ラ・レニエール著『食通年鑑』１８０３年　以降続刊
＊グリモ・ドゥ・ラ・レニエール著『主人役必携』１８０８年
＊ヴィアール著『皇帝の料理人』１８０８年
＊A.ボーヴィリエ著『料理人の技術』１８１４年
＊J.-A.ブリヤ＝サヴァラン著『味覚の生理学』１８２５年
＊A.カレーム著『19世紀フランス料理技術』１８３５年
＊N.アペール著『食べ物の保存』１８４２年
＊U.デュボワ、E.ベルナール共著『古典料理』１８５６年
＊J.グフェ著『料理の本』１８６７年
＊C.モンスレ著『喰いしん坊の手紙』１８７７年

豪華ホテルと近代的ホテル業　１８８０〜１９７０年

●**時代区分と歴史上の出来事**

＊１９０５年　国教分離
＊１９１４〜１９１８年　第一次世界大戦
＊１９１７年　ロシア革命
＊１９３６年　人民戦線政権が有給休暇法を採択

*1939〜1945年　第二次世界大戦
*1954年　インドシナ戦争終結
*1958〜1969年　第5共和制。ド・ゴール将軍が大統領に選ばれる
*ヴェルサイユで現代の偉人を称える大レセプションが開かれる
*1962年　アルジェリア戦争終結
*1969年　N.アームストロング月面に到達

●食卓の様子

*ロシア式サーヴィスが普及する。イギリス式、ゲリドン（サイドテーブル）式、フランス式と呼ばれる3つのヴァリエーションがある
*ホールでのフランバージュ、切り分けなどのテクニックが最盛期をむかえる
*メートル・ドテルがレストランの中心人物になる
*豪華ホテルが、旧体制下の宮廷の「シャトー生活」の豪奢を復活させる
*美食と観光の結びつきとその発展

●調理技術

*盛り付けの簡素化
*調理技術の理論化とその発展
*冷凍技術が調理場で受け入れられる
*料理アカデミー発足
*フランスの料理人が、業界組織の改革に一致団結して取り組む
*ニース、トゥーロン、パリ、ストラスブールに初めてホテル学校が設立される

＊地方料理が見直され、高級古典料理の精神による修正が加わって、復権する
＊レイモン・オリヴェの活躍で、料理と料理人がマスコミの注目を集める

●料理、美食に関する著作

＊J.ファーヴル著『料理万有事典』1883年
＊フィレアス・ジルベール著『月々の料理』1893年
＊『ギド・ミシュラン』第1号　1900年
＊エスコフィエ著『料理の手引き』1902年
＊グランゴワール、ソルニエ共著『料理総覧』1914年
＊キュルノンスキー、A.ドゥ・クローズ共著『フランスの美食の宝物』1923年
＊エドゥアール・ニニョン著『美食家たちの七日物語、あるいは食卓の悦楽』1925年
＊プロスペル・モンターニェ著『ラルース料理大事典』1938年
＊レイモン・オリヴェ著『料理』1965年

1970年以降のヌーヴェル・キュイジーヌ

●時代区分と歴史上の出来事

＊1974年　第1次オイル・ショック。絶えざる経済成長の神話にかげりが出る
＊1975年　ジスカール・デスタンが大統領に選ばれる。エリゼ宮にボキューズと彼の仲間たちを招き晩餐会を催す。グラン・シェフたちが、表舞台に登場する

＊1981年　左翼連合政権が誕生、F.ミッテランが大統領に就任
＊J.ラング文化相、フランス料理の振興策を進める
＊1995年　ジャック・シラク、フランス大統領に
＊1997年　国民議会解散。シラク大統領のもと、リオネル・ジョスパンを首相とする連立政権に
＊2000年　ジョージ・ブッシュ、第43代アメリカ大統領に選出
＊2001年　アメリカへのテロ。ワールド・トレード・センターへのテロ攻撃
＊2002年　シラク大統領再選。2回目の投票で、極右の候補者に対して圧倒的多数の支持で
＊2003年　国連の反対を押し切り、アメリカはイギリス、スペイン、イタリアとともにイラクに宣戦
＊2004年　スペインへのテロ。列車へのテロ攻撃

●食卓の様子

＊大皿ではなく、一人前盛りでのサーヴィスが一般的になる
＊クローシュが再登場する。ただし、今度は一人前盛りの皿用の小型のもの
＊各皿は少量だが皿数の多いムニュ・デギュスタションが現われる。グリニョタージュの現代版である
＊肉料理の切り分けは調理場の中で行なわれる。エギュイエット（薄切り）にするのが流行する
＊軽くて、郷土色を取り入れた料理が、時代の趨勢になる
＊若き指導層が料理に興味を持ち始め、情報を求める。『ゴー・エ・ミヨー』がその役割を担う
＊ワインと醸造学が大衆の強い興味を引きつける

●調理技術

＊ムースとソース・ブール・ブランが流行、ソースを粉でつなぐことがタブーになる
＊盛り付けが凝ったものとなり、東洋的な装飾に刺激を受ける
＊素材の味を尊重し追求することが、新たに時代の要請となる
＊過去の束縛が解かれた時期を過ぎて、料理創造が一般化する。過去とテロワールが、ヌーヴェル・キュイジーヌのインスピレーションの源となる
＊有名料理人が、農産物加工産業の顧問になる
＊農産物加工の進展が工業技術の著しい発展と結びつく。真空調理による加熱-保存技術がレストランでの「組み立て料理」というべきものを生み出す
＊ホテル・エンジニアリングの誕生。型にはまった厨房計画の時代の終焉
＊分子美食学の進展

●料理、美食に関する著作

＊『ゴー・エ・ミヨー』の新ガイド　１９７３年
＊ミシェル・ゲラール著『太らない高級料理』１９７６年
＊ポール・ボキューズ著『市場の料理』１９７６年
＊フレディ・ジラルデ著『素直な料理』１９８２年
＊ジョルジュ・プラリュ著『真空調理』１９８５年
＊ジャン・プランシュ、ジャック・シルヴェストル、エドモン・ネランク共著『伝統料理と最新テクニック』１９８６年
＊ガブリエル・ラローズ、ジャン＝ピエール・プーラン共著『ホテル産業論』１９８４年

＊ドゥミ・プーラン、リオネル・サニエ共著『皿の上の新品、組み立て加工料理の最初の本』１９８８年
＊クロード・フィシュレ著『オムニヴォル』１９９０年
＊ミシェル・マンサン著『基準となる料理』１９９０年
＊エルヴェ・ティス著『フランス料理の「なぜ」に答える』１９９３年
＊Y.マソン、J.-L.ダンジュー共著『プロの料理』２００４年

フランス料理の現在（２００５—２０１６）　跋文《ばつぶん》に代えて

本書のフランス料理史の記述は、２００５年で終わっている。最後に取り上げられたフェラン・アドリアによって引き起こされた「美食の迷走」は、オート・キュイジーヌにおけるフランスの覇権を揺るがせながら、その後世界的な規模で広がっていった。それは、現在ではもはや「迷走」ではなく、ガストロノミーの主流のひとつとして定着したと断言してもよいだろう。

２００５年の政治情勢に影響されたこともあり、著者プーランのアドリアの料理とその波及現象の分析は、いくぶん感情に流されて説明しつくしていないように思われる。現在までのオート・キュイジーヌの動向を記す前に、まずその出発点となったアドリアの料理イノヴェーションについてもう少し詳細に考察してみよう。

フェラン・アドリアの料理革命とは

アドリアがフランス料理から離脱し、新しい料理に取り組んだのは１９９４年のことである。その時点で、レストラン「エル・ブリ」はすでにミシュランの二つ星を獲得していて、アドリアは「フランス料理」のシェフとして名声を築きつつあった。

その後、1994年から97年までのフランス料理、カタルーニャ料理の解体＝再構築の時期を経て、98年以降はフランス料理の影響から脱し、革新的な料理を自由に創造するに至る。アドリアの料理が世界的な注目を集め、国境を越えて影響を及ぼし始めたのは、創造の方向性が定まった98年頃からである。

スペインの料理批評家でアドリアの協力者でもあったパウ・アレノスは、雑誌『アピキウス』（2008年）誌上で、その革命的な料理をテクノ＝エモーショネルと名付け、「科学や新たなテクノロジーを用いて、味覚・嗅覚《きゅうかく》ばかりでなく、五感のすべてに訴えて心を揺さぶる（エモーショネする）」と定義した。

そのイノヴェーションの内容を解説すると次のようになる。
＊料理—エスプーマ（泡）、液体窒素、ガストロバック（減圧加熱調理器・商標）、パコジェット（冷凍粉砕機）、フリーズドライなどのテクノロジーを駆使し、科学的な知見をベースに、地元カタルーニャの食材や伝統料理、さらに世界各地の様々な食材や料理法を取り込んで、独創的な料理を創り出す。それは「サイエンス＝テクノロジー」、「テロワール」、「フュージョン」という現代料理の発想源のすべてを融合したアマルガムとも評せるもので、アドリアはこれらのファクターを軽々と操って手品のように驚きに満ちた料理を次々と案出した。

＊サーヴィスの形態—30品内外の料理を小ポーションで提供する。プーランは「グリニョタージュ（つまみ食い）」と呼んで批判しているが、味覚を優先する少量多品種のサーヴィスは、フランスを含む世界のガストロノミー・レストランの主流となった。このようなレストランではほとんどがコースのみで、料理の流れはすべて店側がコントロールし、19世紀以来の伝統だったア・ラ・カルトは消え去りつつある。

＊盛り付け・プレゼンテーション—大流行したチリレンゲ（中国スプーン）への盛り付けに代表されるように、意表をついた斬新《ざんしん》なプレゼンテーションを次々と開発し、従来の磁器の白い丸皿から離れ、多種多様な色彩、形状、素材の器を積極的に用いる。

＊厨房《ちゆうぼう》組織—エスコフィエによって確立された調理作業を分解して各部門に振り分ける作業システムを改め、原則的に料理を一品ごとに小グループが担当して製作する。十分な厨房スペースと人手は必要だが、複雑で創造的な仕事にも対応が可能である。また、「エル・ブリ」は研究用の厨房を備え、科学者、デザイナー、料理スタッフを交えて試作を繰り返し、そこで開発された料理のレシピと技法は速やかに公開された。

アドリアのイノヴェーションは、料理についてのみ語られること多いが、その領域は盛り付け、サーヴィス、厨房組織など、オート・キュイジーヌに関わるほぼすべての分野に及んでいる。その改革は決して断片的・表層的なものではなく、エスコフィエやヌーヴェル・キュイジーヌの改革に匹敵する大がかり、かつ根源的なものだった。

アドリアはマドリッド・フュージョン（技術交流を目的とする料理の国際学会）を主導し、積極的に世界のトップ・シェフとの技術交流や情報発信を行なう。こうして、彼の研究の成果は速やかに共有され、その改革の影響力は確固としたものとなった。

２０１１年にアドリアは「エル・ブリ」を閉じるが、研究財団を設立して料理技術の成果を発信し、現在も世界のガストロノミーの主役としての役割を演じ続けている。

現在のオート・キュイジーヌの見取り図

パウ・アレノスは、『アピキウス』誌にテクノ＝エモーショネルの定義とともに、エスコフィエから２００８年に至る興味深いフランス料理の年表を掲載している。

その年表では、１９６５〜８０年を「ペール・ヌーヴェル・キュイジーヌ（ヌーヴェル・キュイジーヌの父祖の時代）」、80〜94年を「イスム・ヌーヴェル・キュイジーヌ（ヌーヴェル・キュイジーヌの各主張の分枝＝第二世代）」、94年以降を革新的な「テクノ＝エモーショネル」と、フランス料理の伝統の枠内にとどまる「ヌーヴェル・キュイジーヌ第三世代」の併存する時期としている。

ヌーヴェル・キュイジーヌを現在のオート・キュイジーヌの起点にして、それ以降現在までをヌーヴェル・キュイジーヌの分岐と進化と捉《とら》えるこの分析は、アドリアの改革が始まってからすでに20年を経て、複雑化した現在のオート・キュイジーヌの見取り図を描き、２００５年以降のオート・キュイジーヌの変遷を理解する上で、極めて有効であると思える。アレノスの年表の分類を援用しながら、２００５年から現在に至るオート・キュイジーヌの動向を見てみよう。

まず、フランス国外のオート・キュイジーヌ、テクノ＝エモーショネルの状況から。

テクノ＝エモーショネルの展開―スペインからの波及

アドリアのイノヴェーションの影響は、速やかに地元のカタルーニャと近隣のバスクに波及し、多くの優れた才能が現れた。まず、アドリアの改革の先駆者であり、マドリッド・フュージョンにも協力したファン・マリ・アルサック（「アルサック」）、同じくアドリアの改革を支援したペドロ・スビハナ（「アケラーレ」）、スペインでただ一人の女性三つ星シェフで、日本にも支店を持つカルメ・ルスカイェーダ（「サンパウ」）らが注目を集め、さらに次の世代もアンドーニ・ルイス・アドゥリス（「ムガリッツ」）、そして2度にわたり「世界のベストレストラン50」の第1位に輝いた「エル・セジェール・デ・カン・ロカ」のジョアン・ロカなどが続いた。

その後、アストゥリアス、バレンシアにも美食の地は広がって、優れた料理人が登場するが、特にサン・セバスティアンを中心とするバスクは、「アルサック」「アケラーレ」に、「ベラサテギー（マルティン・ベラサテギ）」、「アスルメンディ」（エネコ・

アチャ・アスルメンディ）が加わり、4軒の三つ星レストランを擁して、世界の美食の中心地の一つとして揺るぎない地位を築いている。

21世紀に入ると、アドリアとの交流を通じてその革命的な料理手法を取り入れる料理人が世界各地に現れた。

その代表的存在として、一段と先鋭化した実験的とも言える料理スタイルを打ち出しながら、『不思議の国のアリス』の「狂ったお茶会」をモチーフにするなど、独特の知的なウィットも漂わせるロンドン郊外「ファット・ダック」のシェフ、ヘストン・ブルメンタール、アドリアの成果を取り込みながら洗練された「テロワール」の表現者として評価され、オランダ版の『ゴー・エ・ミヨー・ガイド』で20点満点とミシュランの三つ星を同時にえるという快挙を成し遂げた「オウト・スルイス」のセルジオ・ヘルマン（2015年に引退・閉店）、スペイン、フランス、ドイツの要素を巧みにフュージョンするマンハイムのファン・アマドール、アメリカの分子ガストロノミーの旗手グラント・アケッツ（シカゴ「アリニア」）などが挙げられる。

テクノ＝エモーショネルの展開――北欧、ラテン・アメリカ

テクノ＝エモーショネルのうねりが広がる中で、最も重要な出来事は、コペンハーゲンの「ノーマ」のシェフ、レネ・レゼピを中核とする新北欧料理の台頭である。

レゼピは「エル・ブリ」、トマス・ケラーの「フレンチ・ランドリー」の厨房で働いた後デンマークに戻り、2003年にメディアでも活躍していた食プロデューサー、クラウス・マイヤーを共同経営者として「ノーマ」をオープンする。その料理は、先端的な調理テクノロジーを用いながらも科学は背景に潜め、北欧の食材を前面に押し出して、時に繊細に、時に荒々しく北欧の自然を皿の上に表現する。レゼピの料理は、多くの北欧諸国の若手料理人たちに刺激を与え、ノーマ・スタイルのレストランが次々にオープンした。一方、マイヤーは料理人、生産者とともに北欧の自然と食文化の調和を基調とした10か条の新北欧料理マニフェストをまとめあげた。かれは北欧閣僚会議に働きかけて、マニフェストの承認を得る。こうして、まさに官民一体となって北欧を美食の地に変貌《へんぼう》させていった。「ノーマ」は2010年から3年続けて「世界のベストレストラン50」の王座について、世界最高のレストランとの評価を受けるが、その名声の高まりと並行してデンマーク、そして北欧の美食への注目度は増し、現在では世界の美食の中心地のひとつとして認識されている。

今や北欧一帯に優れたレストランが散在しているが、代表的なシェフとして、デンマークでは、レゼピのライヴァルと目されていたボー・ベック（コペンハーゲン「ガイスト」）、フランス料理の世界コンクール「ボキューズ・ドール」の勝者で、201

6年に北欧で初めての三つ星を獲得した「ゲラニウム」のシェフ、ラスムス・コフォード、スウェーデンでは、「フェーヴィケン」のマグヌス・ニルション、ノルウェーでは、「ゲラニウム」とともに北欧初の三つ星に輝く「マエモ」のエスベン・ホルンボー・バンが挙げられる。

北欧に続く新たな美食の地として、現在もっとも注目されているのは、ラテン・アメリカである。ラテン・アメリカの躍進を牽引《けんいん》したのは、ペルーのガストン・アクリオで、もともと弁護士を志していたが料理人に転身、パリで学んだ後1994年にリマに「アストリッド・イ・ガストン」を開業した。当初はフランス料理でスタートしたが、次第にペルーの伝統料理の要素を強め、またアドリアとの交流を深めて先端的な料理技術を取り込んで国外でも注目される存在となった。最大の転機となったのは2006年のマドリッド・フュージョンでの「新ペルー料理」のプレゼンテーションで、集まった世界のトップ・シェフ、料理ジャーナリストたちに、ラテン・アメリカにその多様で豊かな食材を利用した新たな美食が生まれたことを認知させた。

アクリオは事業家としての能力も兼ね備え、多業種多業態でレストラン事業を展開し、ラテン・アメリカ諸国をはじめとして、アメリカ、ヨーロッパにも進出している。一方、食博物館の運営などの文化事業、さらに後進の技術教育にも熱意を傾け、ペルーをはじめとするラテン・アメリカ食文化の発展に貢献している。

現在、ラテン・アメリカ諸国には多くの優れた料理人が出現しているが、ブラジルを除けばすべてスペイン語圏ということもあって、バスク、カタルーニャで働き、テクノ＝エモーショネルの洗礼を受けたものが多い。最も注目を集めているのは、アクリオのもとでスー・シェフを務めてリマで独立した「セントラル」のシェフ、ビルフィリオ・マルティネスであろう。ペルー全土から新奇な食材を探し求め、先端的な調理技術を用いてペルーの自然を高度に表現する極めてコンセプチュアルなスタイルが高く評価され、「世界のベストレストラン50」でトップをうかがう勢いである。このほか、アマゾンをテーマに、南米でいち早く世界的な名声をえた「D.O.M.」(ブラジル・サンパウロ)のアレックス・アタラ、メキシコシティの「プジョル」のエンリケ・オリベラ、チリ・サンチャゴの新鋭ロドルフォ・グズマン(「ボラゴ」)など、優れた料理人がラテン・アメリカ各地に、いわば点在している。

これまで見てきたように、フェラン・アドリアの改革を出発点とするテクノ＝エモーショネルの波はまさにグローバル化し、世界各地にガストロノミー・レストランを生み出した。それを後押ししたのは、2003年に始まった「世界のベストレストラン50」の存在である。プーランに指摘されたように、スタート当時は偏向した粗雑な投票方式だったが、次第に改善され、料理批評として『ミシュランガイド』と拮抗《きっこう》する権威を持つに至っている。20世紀初めにフランスの地方の美食をミシュランが発見し評価したように、航空機による移動が主要な旅行の手段となっている時代、世界に点在する美食を紹介する役割を「世界のベストレストラン50」が果たしている、とするのは過大評価だろうか。

ヌーヴェル・キュイジーヌの技術移転

パウ・アレノスがイスム・ヌーヴェル・キュイジーヌと名付けるヌーヴェル・キュイジーヌが枝分かれしていった1980年代初頭は、フランス国外に優れたフランス料理の料理人が登場する、いわばフランス料理の技術移転が始まった時期でもある。80年代では、技術移転先はイギリス(「ガヴローシュ」)、ベルギー(「コム・シェ・ソワ」)、スイス(「ジラルデ」)、ドイツ(「タントリス」「オーベルジーヌ」)などフランスの周辺に限られていたが、1990年代に入ると、フランスとの技術交流が盛んとなり、西ヨーロッパ全域、特にアメリカに一群の優秀な料理人が現れる。

アメリカでは、軽さを追求した洗練されたニューヨーク・スタイルのフランス料理を打ち出したデヴィッド・ブーレイ、独学でフランス料理を学び実験的な料理に取り組んだシカゴのチャーリー・トロッター(2013年死去)、そして、細部まで研ぎ澄ませた精緻《せいち》な料理によって「世界のベストレストラン50」の首位に輝き、かつ「フレンチ・ランドリー」(ナパ)と「パー・セ」(ニューヨーク)の2軒で三つ星を獲得し、世界最高の料理人のひとりと目されるトマス・ケラー。彼らによってアメリカの感性と価値観を盛り込んだヌーヴェル・キュイジーヌが根付いたといえるだろう。

ヨーロッパでは、イギリスのゴードン・ラムゼイ、スペインでただひとりアドリアの改革を批判しカタルーニャの伝統にこだわり続けたサンティ・サンタマリア（「カン・ファベス」、2011年死去）、ドイツのトップを争う「ヴァンドーム」のヨアヒム・ヴィスラーと「アクア」のスヴェン・エルヴァーフェルト、スイスではジラルデからフィリップ・ロシャへと渡された栄光のレストランを引き継ぎ、三つ星を維持しながらも自ら命を絶った「ロテル・ドゥ・ヴィル」のブノワ・ヴィオリエ、ベルギーの「ホフ・ファン・クレーヴ」のペーター・グーセンスなど。

スペイン、イタリア、北欧を除けば、トップ・クラスのレストランは、ほとんどフランス料理の枠内にとどまっているが、スペイン、北欧の感性や調理テクノロジーも消化しながら、フランス以上に個性的な料理を創り出すような状況が訪れている。

現代フランスの流れ―ヌーヴェル・キュイジーヌ第三世代

フェラン・アドリアの料理イノヴェーションに対するフランスの料理人たちの対応はかなり複雑だった。反発、無視、冷ややかな賛同、いずれにしても革命的な料理を全面的に受け容《い》れた料理人は現れなかった。

一方、テクノ＝エモーショネルのグローバル化に抗するように、デュカスを中心にロビュション、ガニェールらが、それまでの技術提携の枠を超えて高級ブランド化し、積極的に海外でのレストラン事業を展開していく。この動きに呼応して『ミシュランガイド』も、２００５年のニューヨークを手始めに、08年に東京、09年に香港《ホンコン》、10年に大阪など、ヨーロッパ圏外の都市版を刊行し、いわばフランスの料理批評のグローバル化を進めていった。

フランス国内に目を移すと、２０００年からリーマン・ショックが起こる08年までの好景気を背景に、パリでは高級ホテルや歴史的大レストランに巨額の投資が行なわれ、施設をリニューアルするとともに、優秀な料理長を迎えて料理の質的向上を図った。こうした状況が、ヌーヴェル・キュイジーヌ第三世代の料理人たちの台頭をもたらした。クリスティアン・ル・スケール（「ルドワイヤン」→現ジョルジュ・サンク「ル・サンク」）、ヤニック・アレノ（「ムーリス」→現「ルドワイヤン」）、フレデリック・アントン（「プレ・カトラン」）、エリク・フレション（ブリストル「エスペランス」）ら大規模な厨房と組織を取り仕切る能力に長《た》けた中堅・若手の実力者たちである。その料理は、いずれも極端な斬新さから距離をおき、ヌーヴェル・キュイジーヌの伝統を現代的な感覚で表現する。中でも07年に「ムーリス」、15年に「ルドワイヤン」と、２度の三つ星をもたらしたヤニック・アレノは、パリ近郊の野菜に目を向けて「テロワール・パリジャン」を打ち出し、また自らのブランドを立ち上げてフランス内外で事業展開を進めて、いまやロビュション、デュカスに続く存在として地歩を固めている。２０００年の「グラン・ヴェフール」から09年の「ブリストル」までの10年間に、パリに9軒の三つ星が誕生したが、これはヌーヴェル・キュイジーヌの登場から20世紀の終わりまでの35年間の数を上回る。この時期、フランス料理はパリを中心に動いていたといえるだろう。

　しかし、07年を境に、オート・キュイジーヌの流れは再び地方に向かう。この年、異例の4軒の三つ星が誕生しているが、中でも華やかな話題となったのは、ピック家に3度目の三つ星をもたらし、またウジェニー・ブラジエ以来ほぼ半世紀ぶりに現れた女性三つ星シェフ、アンヌ＝ソフィー・ピックだった。

　それを追うように、ジェラール・パセダ（マルセイユ「プティ・ニース」）、ジル・グージョン（オード県「オーベルジュ・デュ・ヴュー・ピュイ」）、エマニュエル・ルノー（サヴォワ「フロコン・ドゥ・セル」）、アルノー・ラルマン（ランス「ラシエット・シャンプノワーズ」）、そしてルネとマキシムのメイユール親子（サヴォワ「ラ・ブイット」）が次々と三つ星をえる。これら地方の三つ星のほとんどが、判で押したように、地域の特徴的な食材を活《い》かし、地方の伝統料理を再構成したキュイジーヌ・ドゥ・テロワールのレストランで、確かに今日的な感性を盛り込んだ洗練された料理ではあるものの、そこに一種のマンネリズムを感じてしまうことは、否定できない。

現代フランスの流れ―テクノ＝エモーショネルとネオビストロ

こうしたネオ・クラシシズムともいえる料理に対し、２００５年頃から革新的な料理を標榜《ひょうぼう》する料理人たちの姿も目立ってくる。その先頭に立ったのは、パスカル・バルボ（「アストランス」）で、07年、パリの主流だった豪華な大規模レストランをしり目に、簡素な内装で革新的な料理を提供しながら三つ星に輝いたことは、料理界に大きな衝撃を与えた。その料理は、伝統にこだわらない斬新さをまとっているが、アドリアやブルメンタールのような実験的・挑発的な要素は抑制し、精妙な加熱と微妙なテクスチャーの対照を中心とした、繊細で完成度の高いものである。

このほかボルドーの「コルディアン・バージュ」から「マンダリン・オリエンタル パリ」に招聘《しょうへい》され、いきなり二つ星を獲得したティエリー・マルクス、ノルマンディ地方で日本の感性を組み込んで二つ星を獲得した「サ・カ・ナ」のアレクサンドル・ブルダス、若手料理人の注目株としては、「世界のベストレストラン50」で近年フランスのトップにランクされる「ミラジュール」のマウロ・コラグレコ、「ノーマ」を想起させる自然表現で16年の『ゴー・エ・ミヨー・ガイド』の「今年の料理人」に選ばれた奇才アレクサンドル・ゴーティエ（モントルイユ「グルヌイエール」）が挙げられる。

フランスのテクノ＝エモーショネルともいえるこのような革新的な料理人たちの多くは、アドリアの料理を横目でにらみ、その成果のうちの料理の洗練に益する部分は組み込むが、科学実験的な技法を取り入れることには慎重である。反面、日本料理に積極的にアプローチし、その感性と技法を料理に反映させ、改革の基軸としていることは注目に値する。しかし、フランス国内に存在する26軒（16年）の三つ星のうち、革新的なレストランの三つ星は「アストランス」のみという事実は、いまだにフランスではテクノ＝エモーショネル系の料理が傍流にとどまっていることを物語っている。

1990年代後半、オート・キュイジーヌの流れの傍に、もうひとつの注目すべき動きが現れる。ネオビストロ（現在はビストロノミーともいう）のブームである。

高級ホテルや大規模レストランの隆盛は、地価や人件費が高騰したパリでは、巨額の資金的裏付けがなければもはや高級レストランの経営が成り立たない、という事実の裏返しであった。こうして、従来なら高級レストランのシェフとして腕をふるうはずだった有能な料理人たちが、あえてオート・キュイジーヌに背を向け、投資金額を抑えた簡素な店舗で、レストラン並みの上質の料理を手頃な値段で提供する、このような新しいタイプのビストロを次々に開いていった。

その先駆者はイヴ・カンドボルドで、彼は「トゥール・ダルジャン」、「クリヨン」で腕を磨いた後、1992年に独立。軽装備な店舗でサーヴィスも簡素、さらにプリ・フィクスを採用してコストを下げ、高品質な料理をカジュアルな値段で提供する、このような革新的なコンセプトを打ち出したビストロ、「ラ・レガラード」を開業して破格の成功を収めた。彼の確立したネオビストロのスタイルは多くの模倣者を生み、その影響は90年代の日本のビストロ・ブームにまで及んだ。

21世紀に入ってもブームは衰えを見せず、伝統的なビストロ料理を洗練させたスタイルから、革新的な料理を提供するものまで、そのタイプも様々に分かれている。

数多い評判のネオビストロから、あえて代表店をあげれば、カンドボルドが移った「ル・コントワール」、「ル・トロケ」（クリスティアン・エチェベスト）、東京に支店も持つ「ル・ブール・ノワゼット」（ティエリー・ブランキ）、なぜか「世界のベストレストラン50」にランクインしている「シャトーブリアン」（イナキ・エズピタルト）と「セプティム」（ベルトラン・グレボ）などだろう。

日本のフランス料理とフランスのジャポニスム

終わりにヌーヴェル・キュイジーヌ以降の日本のフランス料理の流れと現在の状況についても触れておこう。

ヌーヴェル・キュイジーヌがフランスを席巻していた1970年代は、また日本のフランス料理の分水嶺《ぶんすいれい》とも言える時期でもあった。それまでホテルと高級洋食店での旧態依然としたフランス料理と、日本化した「洋食」にとどまっていたフランス料理界に新しい風が吹き込まれる。その変化をもたらしたのは、石鍋裕《いしなべゆたか》(「ビストロ・ロテュース」)、鎌田昭男《かまたあきお》(「オー・シュヴァル・ブラン」)、井上旭《いのうえのぼる》(「レカン」)、勝又登《かつまたのぼる》(「ビストロ・ド・ラ・シテ」)ら70年前後に渡仏して研鑽《けんさん》を積み、70年代半ばに続々と帰国した気鋭の料理人たちだった。彼らを迎え入れたのは、当時流行し始めた「ビストロ」の名称を冠したフランス料理店である。こうしてビストロ・ブームが到来した。

しかし、実際にそこで提供される料理は、フランスで彼らが身につけたヌーヴェル・キュイジーヌ。「ビストロ」の名は「旧来のものとは違う新しいフランス料理」というメッセージだった。70年代後半、女性ファッション誌をはじめとしたメディアがこうした「ビストロ」のシェフをこぞって取り上げ、彼らはメディアの寵児《ちようじ》となった。フランス料理店で食事をすることがファッションとなり、それまで富裕層にとどまっていた顧客は、一般のOLにまで達する圧倒的な広がりを見せた。

続く80年代は、日本のフランス料理の黄金期として記憶されることになる。当初、雇われシェフとして出発し、マスコミで名声を得てスターにのし上がった料理人たちがオーナー・シェフとして独立、また、先駆者たちの成功を見て渡仏した膨大な数の料理人が続々と帰国し、フランス料理店の開業ラッシュとなった。

一方、流通環境の目覚ましい進歩により、フォワ・グラ、トリュフなどの高級輸入食材の入手も容易になり、また西洋野菜、ハーブなどの栽培も盛んになる。こうしてオート・キュイジーヌの基盤となる客、料理人、食材、情報のすべてが整い、フランス料理界は空前の活況を見せた。

80年代に覇を競ったレストランは、「クイーン・アリス」（石鍋裕）、「ひらまつ亭」（平松宏之《ひらまつひろゆき》）、「シェ・イノ」（井上旭）、「オテル・ドゥ・ミクニ」（三國清三《みくにきよみ》）、「アピシウス」（高橋徳男《たかはしとくお》）、「コート・ドール」（斉須政雄《さいずまさお》）、地方では、箱根の「オー・ミラドー」（勝又登）、志摩観光ホテル「ラ・メール」（高橋忠之《たかはしただゆき》）など。

しかし、80年代の後半、フランス料理の繁栄に陰りが見えはじめてくる。あまりのフランス料理店の増加による同業種間の競合、フランス料理に次いでブームとなったイタリア料理との異業種間競合、そこにバブル景気による店舗物件の高騰も加わり、フランス料理をめぐる経営環境は次第に厳しくなってきた。

それが決定的になったのは、91年末のバブルの崩壊である。景気の後退によりフランス料理店の経営を支えてきた接待需要がしぼみ、特に高級店の経営は苦しくなって閉店に追い込まれる店も増えていった。このような経済状況のもとでフランス料理界は停滞感に覆われたが、そこに風穴を開けたのは再び「ビストロ」だった。

93年にレストランひらまつがオープンした「カフェ・デ・プレ広尾《ひろお》」がブームの嚆《こう》矢《し》となり、カフェとビストロの複合店「オーバカナル」（三谷青吾《みたにせいご》）が続き、さらに

「レストラン　キノシタ」（木下和彦《きのしたかずひこ》）の衝撃的な成功により、次々とリーズナブルな価格を打ち出すビストロが出店し、第二次のビストロ・ブームが到来した。これらの「ビストロ」が提供したのは、フランスのそれと同様のブルジョワ家庭料理と地方料理で、今度こそ「ビストロ」の名にふさわしい料理だった。

フランスのネオビストロに倣ったプリ・フィクスに、オープン・キッチン、一皿料理からの客同士の取り分けなど、日本独特のシステムを加味することによって新たな客層も開拓される。一方、レストランも大衆的な野菜、豚、鶏、魚、さらに内臓などの食材を使う料理もメニューに載せて料理の幅を広げ、また生産者に近づいて食材の産地や生産者を表記してブランド化に助力するが、それは世界的なテロワール重視の潮流とも重なっている。

90年代後半、すでにアドリアの改革が始まり、フランスでもデュカス、ヴェラ、ブラスらが独自の方向性を打ち出していたが、バブル崩壊の後遺症に伴う停滞感もあってか、日本のフランス料理界の反応は、明らかに鈍かった。だが、2000年以降になると新しい動きの影響が現れてくる。

21世紀に入ってもフランス料理界の基調は低価格路線で、新たに開業するフランス料理店は、ビストロ的な小規模店が多数を占めている。ただ、注目されるのは、20代後半から30代前半の若さで店を持つシェフが多数現れたことだ。ヌーヴェル・キュイジーヌの導入以来、90年代までフランス料理界を主導してきたシェフたちから、中堅、若手への世代交代が顕著になってきたが、これはビストロから、高級レストランにまで及んでいる。

２０００年代半ば、景気回復基調が定まるとともにオート・キュイジーヌに新たな胎動が起こった。フランスの「分子ガストロノミー」やアドリアの技法を取り入れた革新的な料理に取り組むガストロノミー・レストランが次々と開業する。そして２００８年に日本に上陸した『ミシュランガイド』がこうしたレストランを高評価したことによって、この動きはさらに加速し、現在も続いている。

里山をテーマに日本のテロワールを巧みに表現し「世界のベストレストラン50」で最高位にランクされる「NARISAWA」の成澤由浩《なりさわよしひろ》、「アストランス」でスー・シェフを務めて帰国しすぐさま三つ星を獲得した「カンテサンス」の岸田周三《きしだしゅうぞう》、精密な火通しと精巧な盛り付けによって独自の料理を創造する「HAJIME」の米田肇《よねだはじめ》、フランス料理を先端的な技術で表現する「レフェルヴェソンス」の生江《なまえ》史《し》伸《のぶ》、革新的なスペイン料理で三つ星に輝く「カ・セント」の福本伸也《ふくもとしんや》と「Fujiya1935」の藤原哲也《ふじわらてつや》。これがグローバル基準での現在の日本を代表するテクノ＝エモーショネルのシェフのリストということになるだろう。

１９７０年代以降、継続的に膨大な数の料理人が渡仏して腕を磨き日本のフランス料理を発展させてきた。その数は近隣のヨーロッパ諸国をしのいでいる。そのため日本のヌーヴェル・キュイジーヌ第二、三世代の料理人は、数、質、広がり、そして熱意、いずれをとっても、フランスに次ぐポジションにある、そういえると思う。

とても代表的シェフを挙げきれないが、『ミシュランガイド』も参考にすれば、第二世代では谷昇《たにのぼる》（「ル・マンジュ・トゥー」）、宮代潔《みやしろきよし》（「カーエム」）、中道博《なかみちひろし》（「モリエール」）、第三世代では渡辺雄一郎《わたなべゆういちろう》（「ナベノイズム」）、下村浩司《しもむらこうじ》（「エディション・コウジ シモムラ」）、高田裕介《たかだゆうすけ》（大阪「ラシーム」）、川手寛康《かわてひろやす》（「フロリレージュ」）など。

最後に近年のフランス料理におけるジャポニスムともいうべき現象について述べておこう。

すでにヌーヴェル・キュイジーヌの時代から日本料理の影響は取りざたされていたが、特にここ10年ほど日本料理との相互技術交流も頻繁に行なわれるようになったこともあって、さらに日本への傾斜が強まっている。

特に伝統の枠を広げ、個性的な料理を求める料理人たちにとって、今や「日本」は、フランス料理に添えるエスニックな彩りではなく、料理の発想の重要なファクターであり、アドリアの「テクノエモーショナル・キュイジーヌ」への対抗軸としている感さえある。

並行して日本人の料理人を必要とするレストランが増え、今や研修ではなく創造的な仕事をするスタッフとし重要視する店も多い。「日本人なしではパリのレストランは立ち行かない」とまで囁《ささや》かれている。

ジャポニスムを背景に、フランスで『ミシュランガイド』の星を獲得する日本人シェフは激増している。16年は21人（フランス料理のみ）で、パリのみでなくフランス全土に広がりつつあり、ビストロ、ネオビストロを含め様々なタイプのレストランで働く日本人料理長は、１００人をはるかに超えるといわれる。

岸田周三と同じく「アストランス」のスー・シェフを務め、フランスで日本人初の二つ星を獲得した「パッサージュ53」の佐藤伸一《さとうしんいち》をはじめとして、「レストラン・ケイ」の小林圭《こばやしけい》、「ソラ」の吉武広樹《よしたけひろき》、「A.T.」の田中淳《たなかあつし》、「アガペ」の高柳好孝《たかやなぎよしたか》など。以前は考えられないことだが、フランスで働く優れた日本人料理人の多くはフランスにとどまって成功を期していると言われる。日本のフランス料理の空洞化さえ不安になるが、この状況は日本のフランス料理が到達した水準の高さの反映として、素直に誇るべきことだろう。

プーランが本書を書き終えてからの10年で、オート・キュイジーヌの地図は激しく塗りかえられた。アドリアから発した新たなオート・キュイジーヌのグローバル化の流れは世界に拡散し、さまざまな地域に美食の地が現れている。そして時が経つにつれ、それがフランス料理から派生したものかどうかも、見えにくくなっている。

17世紀のグランド・キュイジーヌに始まり、カレーム、エスコフィエ、そしてヌーヴェル・キュイジーヌへと引き継がれた、高度に体系化されたフランス料理の伝統の枠組みに立脚する限りは、フランスには今もなお大きなアドヴァンテージがある。

しかし、新たなオート・キュイジーヌの発想の源が、「サイエンス(テクノロジー)」、「テロワール」、そして「フュージョン」ということになると、フランスが優越するという保証はない。これらのファクターを使って新たに独創的な料理が生み出される可能性は、世界のいずれの地でも、ほぼ等しい。北欧やラテン・アメリカがそれを証明している。

フランスには今も多彩な才能が現れているが、彼らはグローバル化したオート・キュイジーヌの世界では、世界に散らばる優秀な料理人の一部に過ぎないともいえる。フランスは今後も「フランス料理」の中心であることは変わらないにしても、グローバル化が進む限りは、これまでのようにオート・キュイジーヌの覇権を独占する状況に戻ることは難しいだろう。

二〇一七年三月　　　　辻静雄料理教育研究所　山内秀文

Dessagnes 1982.
MENON *"La Cuisinière bourgeoise" Bruxelles 1774, reprint Temps Actuels 1981.*
MENON *"La Science du maître d'hôtel cuisinier" Paris, 1749.*
MOULIN LEO *"Les Liturgies de la table" A.Michel 1998.*
NICOLARDOT L. *"Histoire de la table" Dentu, 1868.*
NIGNON E. *"L'Heptameron des gourmets ou les Délices de la table" Paris, 1919.*
PARIENTE H. & TERNANT G. *"La Fabuleuse Histoire de la cuisine française" Odil, 1981.*
PITTE J.-R. *"Gastronomie française, histoire et géographie d'une passion" Paris, Fayard, 1991.*
POULAIN J.-P. *"Anthroposociologie de la cuisine et des manières de table", 1985.*
POULAIN J.-P. *"Sociologie de l'alimentation" PUF, 2002.*
REVEL J.-F. *"Un festin en Paroles" J.J. Pauvert, 1979.*
RIVAL N. *"Grimod de la Reynière : le Gourmand Gentilhomme" Le Pré aux Clercs, 1983.*
ROLLEY A. *"À table, la fête gastronomique" Gallimard, 1999.*
SERRES O. *"Le Théâtre d'agriculture et le Mesnage des champs" reprint CPBF, 1979.*
TERENCE I. *"Le Monde de la grande restauration en France" L'Harmattan, 1996.*
TIREL G. dit TAILLEVENT *"Le Viandier" 1450, reprint Morcrettes.*
VICAIRE G. *"Bibliographie gastronomique" reprint Slatkine, 1978.*
ZELDIN Th. *"Histoire des passions françaises" Encre, 1979.*

参考文献一覧（著者・名字／アルファベット順）

ARON J.-P. *"Le Mangeur du XIXe siècle" R.Laffont, 1975.*
BARRAU J. *"Les Hommes et leurs Aliments" Temps actuels, 1983.*
BEAUVILLIERS A. *"L'Art du cuisinier" 1814, reprint Morcrettes.*
BERCHOUX J. *"La Gastronomie ou l'Homme des champs à table", 1800.*
BLOND G.&G. *"Festins de tous les temps" Fayard, 1976.*
BONNEFONS N.de *"Les délices de la campagne", 1654.*
BRILLAT-SAVARIN J.-A. *"La Physiologie du goût" 1825, rééd. Champs Flammarion 1982.*
CARÊME A. *"L'Art du la cuisine française au XIXe siècle" Paris, 1835.*
CHÂTELET N. *"Le Corps à corps culinaire" Seuil, 1977.*
CHATILLON-PLESSIS *"La Vie à table, à la fin du XIXe siècle" Paris, 1894.*
COURTINE R.-J. *"La Gastronomie" PUF, 1970.*
CROZE A.de *"Psychologie de la table" Au sans pareil, 1928.*
DROUARD A. *"L'Histoire des cuisiniers en France, XIXe et XXe siècles" éditions du CNRS, 2004.*
DUBOIS U.et BERNARD E. *"La Cuisine classique" Dentu, Paris, 1856.*
DUMAS A. *"Le Grand Dictionnaire de cuisine" Veyrier, rééd 1978.*
ESCOFFIER A. *"Le Guide culinaire" Flammarion, 1902.*
FAVRE J. *"Le Dictionnaire universel de la cuisine" Paris, 1883-1890.*
FISCHLER C. *"L'Homnivore" Odile Jacob, 1990.*
FLANDRIN J.-L. & MONTANARI M. *"Histoire de l'alimentation" Fayard, 1996.*
FRANKLIN A. *"La Vie privée autrefois" Paris, 1889.*
GOTTSCHALK A. *"Histoire de l'aimentation et de la gastronomie" Paris, Hippocrate, 1948.*
GOUFFÉ J. *"Le Livre de cuisine" 1884, reprint Baudoin 1980.*
GRIMOD DE LA REYNIÈRE A. B. *"Écrits gastronomiques" 10/18, 1978.*
GUY C. *"Histoire de la gastronomie en France", Nathan 1985.*
HEMARDINQUER J.-J. *"Pour une histoire de l'alimentation" Colin, 1970.*
KEATCHAM WEATON B. *"L'Office et la Bouche" Calmann Lévy, 1984.*
LA CHAPELLE V. *"Le Cuisinier moderne" Paris, 1735.*
LA VARENNE F. *"Le Cuisinier françois" Paris 1652, reprint Montalba 1983.*
LEBAULT A. *"La Table et les Repas à travers les âges" Laveur, Paris 1910.*
LEOSPO L. *"Traité d'industrie hôtelière" Andrau, 1918.*
L.S.R. *"L'Art de bien traiter" Paris 1654, reprint Morcrette 1978.*
MARIN F. *"Les Dons de Comus ou les Délices de la table" Paris, 1739.*
MASSIALOT F. *"Le Cuisinier royal et bourgeois" Paris 1691, reprint*

本書は、二〇〇五年に㈱学習研究社から刊行された「プロのためのフランス料理の歴史」に大幅加筆、修正して文庫化したものです。

フランス料理《りょうり》の歴史《れきし》

ジャン＝ピエール・プーラン
エドモン・ネランク
辻調グループ 辻静雄料理教育研究所
山内秀文《やまうちひでのり》＝訳・解説

平成29年 3月25日　初版発行

発行者●郡司 聡

発行●株式会社KADOKAWA
〒102-8177　東京都千代田区富士見2-13-3
電話 0570-002-301（カスタマーサポート・ナビダイヤル）
受付時間 9:00～17:00（土日 祝日 年末年始を除く）
http://www.kadokawa.co.jp/

角川文庫 20266

印刷所●株式会社暁印刷　製本所●株式会社ビルディング・ブックセンター

表紙画●和田三造

◎本書の無断複製（コピー、スキャン、デジタル化等）並びに無断複製物の譲渡及び配信は、著作権法上での例外を除き禁じられています。また、本書を代行業者などの第三者に依頼して複製する行為は、たとえ個人や家庭内での利用であっても一切認められておりません。
◎定価はカバーに明記してあります。
◎落丁・乱丁本は、送料小社負担にて、お取り替えいたします。KADOKAWA読者係までご連絡ください。（古書店で購入したものについては、お取り替えできません）
電話 049-259-1100（9:00～17:00/土日、祝日、年末年始を除く）
〒354-0041　埼玉県入間郡三芳町藤久保550-1

©Tsuji Culinary Research Co.,Ltd. 2005, 2017　Printed in Japan
ISBN978-4-04-400232-9　C0122

角川文庫発刊に際して

角川源義

第二次世界大戦の敗北は、軍事力の敗北であった以上に、私たちの若い文化力の敗退であった。私たちの文化が戦争に対して如何に無力であり、単なるあだ花に過ぎなかったかを、私たちは身を以て体験し痛感した。西洋近代文化の摂取にとって、明治以後八十年の歳月は決して短かすぎたとは言えない。にもかかわらず、近代文化の伝統を確立し、自由な批判と柔軟な良識に富む文化層として自らを形成することに私たちは失敗して来た。そしてこれは、各層への文化の普及滲透を任務とする出版人の責任でもあった。

一九四五年以来、私たちは再び振出しに戻り、第一歩から踏み出すことを余儀なくされた。これは大きな不幸ではあるが、反面、これまでの混沌・未熟・歪曲の中にあった我が国の文化に秩序と確たる基礎を齎らすためには絶好の機会でもある。角川書店は、このような祖国の文化的危機にあたり、微力をも顧みず再建の礎石たるべき抱負と決意とをもって出発したが、ここに創立以来の念願を果すべく角川文庫を発刊する。これまで刊行されたあらゆる全集叢書文庫類の長所と短所とを検討し、古今東西の不朽の典籍を、良心的編集のもとに、廉価に、そして書架にふさわしい美本として、多くのひとびとに提供しようとする。しかし私たちは徒らに百科全書的な知識のジレッタントを作ることを目的とせず、あくまで祖国の文化に秩序と再建への道を示し、この文庫を角川書店の栄ある事業として、今後永久に継続発展せしめ、学芸と教養との殿堂として大成せんことを期したい。多くの読書子の愛情ある忠言と支持とによって、この希望と抱負とを完遂せしめられんことを願う。

一九四九年五月三日

角川ソフィア文庫ベストセラー

知っておきたい「食」の世界史　宮崎正勝

私たちの食卓は、世界各国からもたらされたさまざまな食材と料理であふれている。身近な食材の意外な来歴、世界各地の料理と食文化とのかかわりなど、「食」にまつわる雑学的な視点でわかるやさしい世界史。

知っておきたい「酒」の世界史　宮崎正勝

ウイスキー、ブランデー、ウオッカ、日本の焼酎などの蒸留酒は、イスラームの錬金術の道具からはじまり、大航海時代の交易はワインから新たな酒を生んだ。世界中のあらゆる酒の意外な来歴と文化がわかる！

知っておきたい「味」の世界史　宮崎正勝

甘味・塩味・酸味・苦味・うま味。人類の飽くなき「味」への希求が、いかに世界を動かしてきたのか。大航海時代のスパイス、コーヒー・紅茶を世界的商品にした砂糖など、「味」にまつわるオモシロ世界史。

知っておきたい「食」の日本史　宮崎正勝

団子は古代のモダン食品、大仏とソラマメの関係、豆腐料理が大変身したおでん、イスラームの菓子だったがんもどきなど、食材と料理の意外な歴史を大公開。世界中からもたらされた食文化をめぐる日本史。

魯山人の器と料理　辻　義一

「魯山人ならば何と言うか？」後に、これが辻義一の美意識の「物さし」となった。若き日に魯山人のもとで修行したときの思い出を豊富なエピソードで綴り、料理と器の真髄を、美しい写真とともに語る。

角川ソフィア文庫ベストセラー

洋食や たいめいけん よもやま噺
茂出木心護

たいめいけんの初代店主が、洋食やで起こる日々の出来事、師匠や兄弟子に教わった心遣いなどを綴るエッセイ。戦前、戦中、戦後と姿を変えていく東京の街で、一軒の洋食やから、下町の人情を照らし出す。

純米酒　匠の技と伝統
上原　浩

「酒は純米、燗ならなお良し」。酒造技術指導の第一人者が、製麹法・醪等の極意、生酛や山廃酛等の技法など、日本酒が醸される過程を紹介。経験と理論に裏打ちされた真剣勝負の世界と日本酒の未来像を語る。

なんでもないもの
白洲正子エッセイ集〈骨董〉

白洲正子　編／青柳恵介

古伊万里などの食器や民芸雑器、織部・信楽などの茶陶、天啓赤絵や李朝白磁などの中国・朝鮮のやきもの、古代ガラスの工芸品、十一面観音などの仏像にいたるまで、白洲正子の眼を愉しませた骨董たちを綴る。

美しいもの
白洲正子エッセイ集〈美術〉

白洲正子　編／青柳恵介

絵巻物や屏風、扇面、掛幅などの絵画、光悦・乾山や魯山人などのやきもの、能装束や辻ヶ花などの着物、円空や白鳳時代の仏像、硯箱から印籠までの漆工芸など、白洲流の美の発見と古美術に寄せる思いを語る。

かそけきもの
白洲正子エッセイ集〈祈り〉

白洲正子　編／青柳恵介

熊野詣や西国巡礼、十一面観音像をはじめとする古寺・古仏をめぐる旅、近江を中心とした隠れ里への思いなど、神仏の信仰や求道的な祈りに共振する正子の眼差し。かそけきものへの思いと在りようを探る。

角川ソフィア文庫ベストセラー

ジャパノロジー・コレクション
妖怪　YOKAI
監修／小松和彦

北斎・国芳・芳年をはじめ、有名妖怪絵師たちが描いた妖怪画100点をオールカラーで大公開！　古くから描かれてきた妖怪画の歴史は日本人の心性の歴史でもある。魑魅魍魎の世界へと誘う、全く新しい入門書。

ジャパノロジー・コレクション
和菓子　WAGASHI
藪　光生

季節を映す上生菓子から、庶民の日々の暮らしに根ざした花見団子や饅頭まで、約百種類を新規に撮り下ろし、オールカラーで紹介。その歴史、意味合いや技などもわかりやすく解説した、和菓子ファン必携の書。

ジャパノロジー・コレクション
根付　NETSUKE
駒田牧子
監／渡邊正憲

わずか数センチメートルの小さな工芸品・根付。仏像彫刻等と違い、民の間から生まれた日本特有の文化である。動物や食べ物などの豊富な題材、艶めく表情など、日本人の遊び心と繊細な技術を味わう入門書。

ジャパノロジー・コレクション
千代紙　CHIYOGAMI
小林一夫

眺めるだけでも楽しい華やかな千代紙の歴史をひもとき、「麻の葉」「七宝」「鹿の子」など名称も美しい伝統柄を紹介。江戸の人々の粋な感性と遊び心が表現された文様が約二百種、オールカラーで楽しめます。

ジャパノロジー・コレクション
盆栽　BONSAI
依田　徹

宮中をはじめ、高貴な人々が愛でてきた盆栽は、いまや世界中に愛好家がいる。文化としての盆栽を、名品の写真とともに、その成り立ちや歴史、種類や形、見方、飾り方にいたるまでわかりやすくひもとく。

角川ソフィア文庫ベストセラー

ジャパノロジー・コレクション
京料理　KYORYORI
千　澄子
後藤加寿子
京都に生まれ育った料理研究家親子が、季節に即した京都ならではの料理、食材を詳説。四季折々の行事や風物詩とともに、暮らしに根ざした日本料理の美と心を、美しい写真で伝える。簡単なレシピも掲載。

ジャパノロジー・コレクション
古伊万里　IMARI
森　由美
日本を代表するやきもの、伊万里焼。その繊細さ、美しさは国内のみならず海外でも人気を博す。人々の暮らしを豊かに彩ってきた古伊万里の歴史、発展を俯瞰し、その魅力を解き明かす、古伊万里入門の決定版。

ジャパノロジー・コレクション
金魚　KINGYO
岡本信明
川田洋之助
日本人に最もなじみ深い観賞魚「金魚」。鉢でも飼える小ささに、愛くるしい表情で優雅に泳ぐ姿は日本の文化の中で愛でられてきた。基礎知識から見所まで、美しい写真と共にたっぷり紹介。金魚づくしの一冊！

ジャパノロジー・コレクション
切子　KIRIKO
土田ルリ子
江戸時代、ギヤマンへの憧れから発展した切子。無色透明が粋な江戸切子に、発色が見事な薩摩切子。篤姫愛用の雛道具などの逸品から現代作品まで、和ガラスの歴史と共に多彩な魅力をオールカラーで紹介！

ジャパノロジー・コレクション
琳派　RIMPA
細見良行
雅にして斬新、絢爛にして明快。日本の美の象徴として、広く海外にまで愛好家をもつ琳派。俵屋宗達から神坂雪佳まで、琳派の流れが俯瞰できる細見美術館のコレクションを中心に琳派作品約七五点を一挙掲載！

角川ソフィア文庫ベストセラー

ジャパノロジー・コレクション
刀　KATANA
小笠原信夫

名刀とは何か。日本刀としての独自の美意識はいかに生まれたのか。刀剣史の基本から刀匠の仕事場、信仰や儀礼、文化財といった視点まで——。研究の第一人者が多彩な作品写真とともに誘う、奥深き刀の世界。

ジャパノロジー・コレクション
若冲　JAKUCHU
狩野博幸

異能の画家、伊藤若冲。大作『動植綵絵』を始め、『菜蟲譜』や『百犬図』、『象と鯨図屏風』など主要作品を掲載。多種多様な技法を駆使して描かれた絵を詳細に解説、人物像にも迫る。これ1冊で若冲早わかり!

幸福論
アラン
訳/石川　湧

幸福とはただ待っていれば訪れるものではなく、自らの意志と行動によってのみ達成される——。哲学者アランが、幸福についてときに力強く、ときには瑞々しく、やさしい言葉で綴った九三のプロポ(哲学断章)。

方法序説
デカルト
訳/小場瀬卓三

哲学史上もっとも有名な命題「我思う、ゆえに我あり」を導いた近代哲学の父・デカルト。人間に役立つ知識を得たいと願ったデカルトが、懐疑主義に到達する経緯を綴る、読み応え充分の思想的自叙伝。

新版　精神分析入門(上、下)
フロイト
安田徳太郎・安田一郎=訳

無意識、自由連想法、エディプス・コンプレックス。精神医学や臨床心理学のみならず、社会学・教育学・文学・芸術ほか20世紀以降のあらゆる分野に根源的な変革をもたらした、フロイト理論の核心を知る名著。

角川ソフィア文庫ベストセラー

自殺について

ショーペンハウエル
石井　立＝訳

誰もが逃れられない、死（自殺）について深く考察し、そこから生きることの意欲、善人と悪人との差異、人生についての本質へと迫る！　意思に翻弄される現代人へ、死という永遠の謎を解く鍵をもたらす名著。

饗宴
恋について

プラトン
山本光雄＝訳

「愛」を主題とした対話編のうち、恋愛の本質と価値について論じた「饗宴」と、友愛の動機と本質について論じた「リュシス」の2編を収録。プラトニック・ラブの真意と古代ギリシャの恋愛観に触れる。

君主論

マキアヴェッリ
訳／大岩　誠

ルネサンス期、当時分裂していたイタリアを強力な独立国とするために大胆な理論を提言。その政治思想は「マキアヴェリズム」の語を生み、今なお政治とは何かを答え、ビジネスにも応用可能な社会人必読の書。

世界を変えた哲学者たち

堀川　哲

二度の大戦、世界恐慌、共産主義革命——。ニーチェ、ハイデガーなど、激動の二〇世紀に多大な影響を与えた一五人の哲学者は、己の思想でいかに社会と対峙したのか。現代哲学と世界史が同時にわかる哲学入門。

歴史を動かした哲学者たち

堀川　哲

革命と資本主義の生成という時代に、哲学者たちはいかなる変革をめざしたのか——。デカルト、カント、ヘーゲル、マルクスなど、近代を代表する11人の哲学者の思想と世界の歴史を平易な文章で紹介する入門書。